KURT PEIPE

Dem Leben auf den Fersen

KURT PEIPE
MIT MICHAELA SEUL

Dem Leben auf den Fersen

Zu Fuß von Flensburg nach Rom –
die Geschichte meiner Reise
zu mir selbst

DROEMER

Die Folie des Schutzumschlags sowie die Einschweißfolie
sind PE-Folien und biologisch abbaubar.
Dieses Buch wurde auf chlor- und säurefreiem Papier gedruckt.

Besuchen Sie uns im Internet:
www.droemer.de

Ein Unternehmen der Droemerschen Verlagsanstalt
Th. Knaur Nachf. GmbH & Co. KG, München.

Umschlaggestaltung: ZERO Werbeagentur, München
Umschlagfotos: oben Heinz Heiss, unten FinePic, München
Fotos Innenteil: privat
Satz: Adobe InDesign im Verlag
Druck und Bindung: CPI – Ebner & Spiegel, Ulm
Printed in Germany
ISBN 978-3-426-27474-3

2 4 5 3 1

Eine Begegnung in den Dünen

Nun waren auch die letzten Spaziergänger in die Wärme und zu den Lichtern der Stadt heimgekehrt. Der Strand von Eckernförde lag leer und kalt und öde vor mir. Ich würde nicht zum Licht gehen. Ich würde hier am Strand bleiben. Im Dunkeln. Im Kalten. Im eisigen Wind, der nun auffrischte. Es machte mir nichts aus. Ich war angekommen. In mir selbst. Mein Unterwegssein war ein Heimkehren, Schritt für Schritt, obwohl ich laut Meinung mancher Ärzte seit zweieinhalb Jahren gar nicht mehr da sein dürfte.

»Ein halbes Jahr vielleicht«, sagten die Ärzte damals, vor drei Jahren. Doch ich war immer noch da. Vor einem Monat hatte ich erfahren, dass die Medizin nun endgültig nichts mehr für mich tun könne. Mit den Worten: »Kommen Sie wieder, wenn die Schmerzen zu stark werden«, war ich aus dem Krankenhaus entlassen worden. Seitdem ging es mir stetig besser. Schritt für Schritt. Und ich hatte noch eine Menge Schritte vor mir. Rom hieß mein Ziel.

Die Dämmerung war schon fortgeschritten, als ich an dem langen Sandstrand endlich eine Mulde in den Dünen gefunden und alle Vorbereitungen für die Nacht getroffen hatte. An diesem fünften Abend meiner Wanderung liefen meine Handgriffe fast schon routiniert ab. Mit ruhigen Atemzügen blies ich meine orangefarbene Luftmatratze auf, schlüpfte in den Schlafsack und vergrub mich tief in ihm. Obwohl der Wind immer stärker blies, machte es mir nichts aus, unter freiem Himmel zu schlafen. Ich sah eine Menge Sterne und Möwen, die wie Segelflieger auf unsichtbaren Rutschbahnen hoch- und niedersausten, sich in atemberaubenden Sturzflügen Futter streitig machten und ihr Vergnügen mit krächzenden Lauten in die kalte Luft hinausschrien. Dazu das rhythmische Rauschen und Klatschen der Ostseewellen. Weiß aufschäumende Kronenwälle am Strand …

Und da war noch etwas … Täuschten mich meine Augen? Nein, sie täuschten mich nicht. Ich war nicht der einzige Mensch in dieser unwirtlichen Nacht am Strand. Da saß jemand. Im Schneidersitz. Nah am Wasser. Etwa vierzig Schritte entfernt von mir. Ich rutschte noch etwas tiefer in meinen Schlafsack, doch die Gestalt an den Wellen ließ mir keine Ruhe. Fast war es, als rufe sie mich. Dabei sah ich nur ihren Rücken. Eine Frau? Sicher, eine Frau. Es ist überhaupt nicht meine Art, fremde Frauen anzusprechen. Doch ich spürte einen so starken Drang, zu ihr gehen, dass ich etwas tat, was ich nie zuvor im Leben gemacht hatte. So, wie der Wind die Möwen trug, wurde ich getragen von einem tiefen Gefühl der Gewissheit: Steh auf! Geh zu ihr! Du wirst sehen, warum.

Wochen später würde ich diese Entscheidung – mich aus dem Schlafsack zu winden und zu der jungen fremden Frau zu gehen – als eine erste wichtige Station auf meiner langen Reise begreifen. Ich war nicht nur unterwegs zu mir. Ich war auch unterwegs zu den Menschen, und mit dieser Einstellung kamen die Menschen zu mir. Ich habe mich gerufen gefühlt. Oder – wie ich es später ausdrücken würde: geführt. Doch davon wusste ich noch nichts, als ich mich wie magisch angezogen der fremden Gestalt am Wasser näherte. Zwei, drei Meter von ihr entfernt blieb ich stehen. Ich merkte, dass sie mich wahrgenommen hatte, doch sie gab mir kein Zeichen. Dennoch fühlte ich mich nicht unwillkommen. So fragte ich nach einer Weile: »Darf ich in Ihren Kreis eintreten?«

Die Frau antwortete nicht.

Ich spürte fast körperlich, wie sehr sie mit ihren eigenen

Gedanken beschäftigt war. Es war, als würde sie etwas sehr Wichtiges in Gedanken hin und her wälzen. Obwohl die Frau mir nicht antwortete, blieb ich stehen. Komischerweise kam mir das nicht seltsam vor. Seltsam war eher, dass ich zu der Frau gegangen war. Mein Schlafsack war gerade warm geworden. Und nun wartete ich in der Kälte. Im Kreis einer Fremden. Ich hatte zu ihr gehen *müssen*. Es war, als stünde ich neben mir selbst. Oder war der, der da neben mir stand, der Wirkliche? Dem ich nun zum ersten Mal begegnete, hier in Eckernförde. Oder ein Teil von mir? Einer jener Teile, für die es in meinem bisherigen Leben keinen Platz gegeben hatte, weil ich immer nur funktionierte? Einer jener Teile, die nun den Raum einnahmen, den der Krebs in mich gefressen hatte?

Die sitzende Frau gab mir ein Zeichen, so schnell und so klein, dass es leicht zu übersehen gewesen wäre, eine Geste wie eine Frage, wie ein Versuch. Ich setzte mich neben sie. Wir sprachen nicht. Wir saßen einfach nebeneinander im weichen weißen Sand der Ostsee. Die Wellen rollten und brachen sich, das Wasser gurgelte, die Möwen krächzten und der Wind pfiff und säuselte. Wir schauten in eine Richtung aufs Meer hinaus. Sahen über die Bucht hinweg zu den flackernden Lichtern der Stadt, wo sich Autoscheinwerfer träge bewegten. Eckernförde ist eine schöne Stadt, und sicher gab es dort viele behagliche Wohnungen mit Terrinen voller dampfender Suppe auf liebevoll gedeckten Tischen. Abendbrotzeit. Und ich? Saß am Strand in der Fremde neben einer Fremden, die nun plötzlich das Wort an mich richtete mit einer jungen, ein wenig heiseren Stimme.

»Warum sind Sie zu mir gekommen? Ich möchte allein sein. Allein mit dem Meer und den Dünen.«

Obwohl ihr Tonfall brüsk klang, spürte ich: meine

Gesellschaft war willkommen. Ich hatte mich ihrer würdig erwiesen mit meinem Schweigen. In wenigen Worten sagte ich ihr, dass ich ein Wanderer sei auf dem Weg nach Rom und hier am Strand Quartier genommen habe für eine Nacht. Ich sagte, dass ich sie nicht stören wolle, es habe mich einfach gedrängt, zu ihr zu gehen und vielleicht meine Hilfe anzubieten. Ich könnte sie aber auch wieder allein lassen.

»Nein, nein«, sagte sie schnell, »bleiben Sie. Bitte.«

Und so saßen wir wieder und schwiegen und wurden immer vertrauter in diesem Schweigen. Nach langer Zeit, als der Vorhang der Nacht über die Dämmerung gefallen war, begann sie plötzlich zu sprechen. Ohne Punkt und Komma. Sie redete zu mir, als würden wir uns ewig kennen, und einmal glaubte ich, mir das alles nur einzubilden, so als würde ich ihre Gedanken lesen, denn genauso offen sprach sie. Sie erzählte mir ihre ganze Lebensgeschichte und ihren großen Kummer. Von ihrem Mann, der sie nicht verstand, und den beiden Söhnen in der Pubertät, für die sie anscheinend nur die Putzfrau und Köchin war. Von ihrem Kollegen, der sie mobbte. Von ihrer Mutter, der sie es nie recht machen konnte. Von ihrer gestorbenen Katze und den Schulden wegen der Eigentumswohnung. Und dass sie sich so allein fühle. Dass niemand ihr helfen würde. Dass alle immer nur etwas von ihr forderten und sie würde funktionieren und rennen wie ein Hamster im Rad und am liebsten würde sie Schluss machen, endlich einmal Ruhe haben, sie sei mit ihren Kräften am Ende und deshalb sei sie zum Meer gegangen. Um eine Insel zu finden. In sich selbst oder irgendwo, das Meer sei immer da, wenigstens darauf sei Verlass. Schon als Kind habe sie hier Trost gesucht und neuen Mut gefunden. Schon als Kind habe sie sich geborgen gefühlt im immer gleichen Puls des Wassers, der niemals wirklich gleich sei, man müsse genau zuhören, dann würde man erkennen, was das Meer einem zu erzählen habe: Es sei immer etwas anderes. Plötzlich rief sie dem Wind entgegen »Die sollen mal sehen, wie es ohne mich ist!«, und dann schwieg sie erneut, als hätte dieser Ausbruch sie erschreckt.

Mich hatte er seltsamerweise nicht erschreckt, und ich dachte, dass auch ich das Wegsein übte. Weg von meiner Familie. Damit sie sehen, wie es ist, ohne mich. Aber nicht, weil sie mich vermissen sollen. Sie sollen lernen, ohne mich zu leben. Sie sollen sich vorbereiten auf die Zeit, in der ich nicht mehr da sein werde.

»Und Sie?«, fragte die Frau mich plötzlich.

Ich suchte noch nach Worten, da fuhr sie schon fort: »Wer nachts allein am Strand sitzt, der hat ein Päckchen zu tragen. Das ist so.«

»Mein Päckchen ist in mir drin«, erwiderte ich, »Krebs.«

Kaum hatte ich das ausgesprochen, tat es mir leid. Ich hatte auf dieser Wanderung nicht von meiner Krankheit sprechen wollen und dies bisher strikt eingehalten. Ich wollte kein Mitleid und keine Sonderkonditionen wegen des Krebses. Ich wollte behandelt werden wie ein einfacher Wanderer auf dem Weg nach Rom. Doch in dieser Nacht am Strand war es richtig, von meiner Krankheit zu sprechen. Das spürte ich deutlich und so erzählte ich der jungen fremden Frau davon, die nun ihrerseits neben mir sitzen blieb und zuhörte, und dieses Zuhören brachte Worte und Sätze in mir hervor, die ich so noch nie ausgesprochen hatte. Ich sann darüber nach, ob es leichter sei, manche Dinge mit fremden Menschen zu besprechen, die dann gar keine Fremden mehr sind, sondern in diesen Augenblicken vielleicht sogar die Nächsten. Ich begann ganz vorn. Es kam mir vor, als wären die ersten fünf Tage meiner Reise eine Vorbereitung gewesen auf diese Begegnung am Strand, wo ich der fremden Frau die Geschichte meiner Krankheit erzählte, wie ich sie nie zuvor betrachtet hatte. Ich begann dort, wo ich noch geglaubt hatte, gesund zu sein – obwohl ich schon damals ahnte, dass etwas mit mir nicht stimmte. Dreieinhalb Jahre lang dies nun zurück.

✡

Es war im Herbst 2003, und wie immer zu dieser Jahreszeit unternahm ich eine Wanderung mit meiner Frau Sigrid. Beim Wandern konnte ich am besten abschalten von meiner fordernden Arbeit als Gärtnermeister. Das sagte auch meine Frau oft: »Jetzt kann ich mit dir reden. Jetzt hörst du zu.« Wir sind schon immer zusammen gewandert und haben auch jeden Sonntag zu Wanderungen genutzt – zum Leidwesen unserer drei Töchter, die das mit zunehmendem Alter nicht mehr so spannend fanden; da halfen auch die Lagerfeuer und die gegrillten Würstchen nichts.

Mit meiner Frau war ich in jenem Herbst auf dem Rennsteig in Thüringen unterwegs. Aha, jetzt merke ich das Alter, dachte ich, wenn ich mich beim Anstieg schwertat. Wahrscheinlich bin ich überlastet. Das wird der Kreislauf sein. Ich bin eben nicht mehr der Jüngste, dachte ich. Immerhin war ich schon zweiundsechzig. Ich schob meine Schlappheit auf das Alter und die Umstände. Eine gewisse kleine Stimme in mir, die wollte ich nicht hören. Die Stimme, die flüsterte: Da stimmt etwas nicht! Es ist nicht das Alter. Es ist nicht der Kreislauf. Es ist etwas anderes. Etwas Schlimmes. Großes.

Ich wollte meine Frau nicht beunruhigen und verschwieg ihr meinen Zustand, was gut gelang. Sigrid ist ein Stück kleiner als ich. Wir haben einmal gezählt: Wenn ich 100 Schritte mache, macht sie 112. So wanderte sie hinter mir und merkte nicht, wie sehr ich mich anstrengte. Oder sie wollte es nicht merken. Oder ich konnte es perfekt verstecken. Ich versteckte es auch nach dem Urlaub, bis das Schwächegefühl immer lähmender wurde und ich schließlich Blut im Stuhl entdeckte. Aber es passierte nicht jeden Tag. Also noch ein bisschen gewartet, ehe ich mir bei unserem Hausarzt einen Termin geben ließ. Der überwies mich in die Klinik, wo ich einige Tage lang von Kopf bis Fuß untersucht wurde und Bekanntschaft mit mehr Apparaten als Ärzten machte.

Es war ein Freitagnachmittag im November 2003, und meine Frau verspürte während des Blumengießens plötzlich den Impuls, in die Klinik zu fahren. Obwohl kein Besuch verabredet war. Wir wollten eigentlich erst am Abend telefonieren. Sie musste einfach, wie sie mir später erzählte. Wenn man so lange verheiratet ist, hat man eine besondere Verbindung. Meine Frau kam in dem Moment, als drei Ärzte im Krankenhausflur auf mich einsprachen. Oberarzt, Stationsarzt und Chirurg. Sie hatten alles schon in die Wege geleitet für eine Operation am Montag.

»Ich will nach Hause«, sagte ich.

»Das ist völlig ausgeschlossen«, widersprachen sie.

»Über das Wochenende versäumt mein Mann in der Klinik doch nichts«, stand meine Frau mir bei.

»Ihr Mann kann jederzeit einen Darmverschluss bekommen«, sagte einer der Ärzte. »Er befindet sich in akuter Lebensgefahr. Schon an der nächsten Ampel kann es passieren.«

»Ich gehe trotzdem«, sagte ich. »Auf eigene Verantwortung.«

Ich wusste, wie es in mir aussah. Ich hatte meinen Feind selbst gesehen. Schön sah er aus: ein leuchtender Strahlenkranz. Es war bei der Darmspiegelung am Vormittag gewesen. Ich hatte auf eine Betäubung verzichtet, war neugierig und wollte alles mitbekommen. Auf dem Monitor konnte ich die Untersuchung verfolgen. Die Sonde mit der Kamera fuhr den Dickdarm empor ... und auf einmal ging es nicht weiter: Wilde schneeweiße Wucherungen versperrten den Weg in mein Inneres. Von wegen grau und hässlich! Ich war fasziniert von diesem hell leuchtenden Strahlenkranz. Die Untersuchung wurde abgebrochen. Was hinter den Wucherungen lag – das wusste niemand, doch der Strahlenkranz sprach eine deutliche Sprache. Es sah nicht gut aus für mich. Das war mir klar. Und noch etwas war mir klar: Ich würde mich nicht bedingungslos der Schulmedizin ausliefern.

Anstatt am Montag ins Krankenhaus zurückzukehren, suchte ich gemeinsam mit meiner Frau meinen Hausarzt auf. Von ihm wollte ich wissen, was auf mich zukommen würde, wenn ich einer schulmedizinischen Behandlung zustimmte. Man hatte mich im Krankenhaus zwar aufgeklärt, jedoch hatte dieses Gespräch, gespickt mit medizinischen Fachausdrücken, mehr Fragen als Antworten hinterlassen.

»Ich will ganz genau wissen, was mir blüht, wenn ich mich im Krankenhaus behandeln lasse«, sagte ich zu meinem Hausarzt.

»Zuerst eine Operation mit Entfernung des betreffenden Darmabschnittes«, begann er. »Anschließend Chemotherapie, eventuell Bestrahlung ...«

Allein das Wort Chemotherapie forderte meinen Widerstand heraus. Eine Operation konnte ich mir gerade noch eingehen lassen. Alles Folgende nicht. Im Innersten war ich davon überzeugt, dass durch eine Chemotherapie meine gesunden Organe schwer geschädigt werden würden.

»Das mach ich nicht mit«, entfuhr es mir.

»Es mag sein, dass die Chemotherapie anderen hilft«, ergänzte meine Frau dem Arzt gegenüber in versöhnlicherem Tonfall. »Aber man muss daran glauben.«

»Und deshalb würde sie bei mir überhaupt nicht anschlagen«, stellte ich fest. »Mir würde sie nicht helfen, weil ich ihr nicht vertraue. Meiner Ansicht nach ist Chemotherapie Gift für den Körper!«

An der Miene meines Arztes konnte ich deutlich ablesen, was er von meinem Halbwissen hielt. Schon früher hatte er sich gelegentlich über meine Frau und mich amüsiert, weil wir uns für alternative Heilmethoden und Ernährungsfragen interessierten. Für mich war der aktuelle Stand der Wissenschaft bloß der Stand des neuesten Irrtums. Alle paar Jahre ändert sich alles. Mein Hausarzt fasste meine fehlende Begeisterung angesichts der mir bevorstehenden schulmedizinischen Behandlung als persönliche Kränkung auf. Dabei wollte ich ihm doch nur klarmachen, dass dieser Weg der falsche für mich war. Als mein langjähriger Arzt hätte er das eigentlich wissen müssen, auch wenn ich ihn nicht allzu oft aufsuchte. Argumente wurden hin- und hergeschoben. Die Fronten waren klar.

»Ich gehe nicht zurück ins Krankenhaus«, beendete ich die Diskussion.

Mein Arzt ritt eine letzte Attacke. Sie zielte direkt ins Herz meiner Frau, an sie wandte er sich: »Da Ihr Mann so unbelehrbar ist, liebe Frau Peipe, kann ich Ihnen jetzt schon meinen Besuch in etwa einem halben Jahr ankündigen. Ich werde dann den Totenschein für Ihren Mann ausstellen.« Meine Frau schluckte schwer, sagte aber nichts. Sie stand an meiner Seite. Felsenfest und unbeirrbar wie seit siebenundvierzig Jahren.

Wir fuhren nach Hause, und ich begann meine eigene Therapie. Sie bestand hauptsächlich aus Rohkost und Darmspülungen. Insgesamt sechzig Stück machte ich im nächsten Jahr. Allerdings muss ich gestehen, dass ich mich im Dschungel der Methoden zur Krebsbehandlung sehr oft verlaufen habe, auf der Suche nach meinem eigenen Weg.

Ich bin überzeugt, dass man seine Selbstheilungskräfte am besten ankurbelt, wenn man das tut, was zu einem passt. Zu dem ganzen Leben, das man gelebt hat. Aus Kostengründen konnte ich allerdings nicht jede Behandlung durchführen, die mir logisch erschien. Meine Krankheit war trotzdem eine Sonderausgabe, die unser Budget enorm belastete. Wir mussten also sparen. Meine wunderbare Frau ist eine großartige Hauswirtschafterin, die mit geringsten Mittel köstliche Speisen zuzubereiten weiß. Unser Garten lieferte uns genügend Obst und Gemüse, um auch unsere Rohkost abwechslungsreich zu gestalten. Ich war fest davon überzeugt, das Richtige zu tun. Keine Schulmedizin, sondern heilpraktische Behandlungen und Rohkost.

Zuerst ging es mir dann auch ein wenig besser. Dennoch zeichnete sich schnell ab, dass ich meinen großen Wunsch, fünfzig Berufsjahre vollzumachen, nicht erfüllen konnte. Nach achtundvierzig Berufsjahren musste ich den vorzeitigen Ruhestand beantragen. Eine neue Situation, mit der ich überraschend gut zurechtkam. Ich hatte ja auch keine andere Wahl. Ich las viel, und in der ersten Zeit konnte ich auch noch kleinere Spaziergänge unternehmen und meiner Frau im Haus und Garten helfen.

Doch dann wurde ich schwächer und schwächer. Es geschah schleichend. Ich wollte es selbst nicht wahrhaben, ich wollte die Prognose meines Hausarztes widerlegen. Ein halbes Jahr hatte er mir gegeben. Ich lebte darüber hinaus. Und noch ein halbes Jahr und noch ein halbes Jahr und noch ein halbes Jahr – und auf einmal war ich zweieinviertel Jahre über die genannte Zeit hinaus immer noch da.

Doch nun ging es dramatisch bergab mit mir. Schon nach wenigen Schritten musste ich eine Pause machen. Wenn ich vom Keller nach oben wollte, kroch ich auf allen vieren. Mein Leben schien sich dem Ende zuzuneigen. Faszinierend fand ich dabei, wie wach und klar mein Kopf war. Mein Körper war erledigt, da machte ich mir nichts vor. Doch mein Kopf, der arbeitete wie gewohnt.

Ich bereitete mich auf den Abschied vor. Vervollständigte mein Testament und leitete alles in die Wege, was getan werden musste. Manchmal wurde ich gefragt, wie es mir damit gehe. Ich wusste nicht, was ich darauf antworten sollte. Ich machte eben das, was erforderlich war. Ich akzeptierte, dass es so war, wie es war. Ich wollte Haltung bewahren. Weil ich schon immer Haltung bewahrt hatte. Da konnte ich gar nichts dafür. Man ist halt so, wie man ist. Wenn ich in den Spiegel schaue, möchte ich nicht wegsehen müssen.

Drei Jahre nach der Diagnose las ich in der Zeitung von einem Krebsberatungszentrum, das in unserer Nähe eröffnet hatte. An Heilung glaubte ich nicht, aber ich wollte mich mental wieder auf Vordermann bringen. Dieser jämmerliche Zustand war unerträglich für mich. Ich brauchte Kraft für die letzte Etappe, so dachte ich.

Jeder Patient wurde im Krebsberatungszentrum von einem Arzt, der seine Praxis außerhalb des Hauses hatte, untersucht. Es war schon dunkel im Zimmer, als dieser Arzt mich begrüßte und nach seiner Untersuchung verkündete: »Herr Peipe, es tut mir leid, aber Sie können nicht hierbleiben, sonst werden Sie zum ersten Todesfall des Zentrums.«

Der Mann gefiel mir. Ich bin ein Freund klarer Worte.

»Das sehe ich schon ein«, erwiderte ich, »dass mein Tod eine denkbar schlechte Werbung für das neueröffnete Krebszentrum wäre.«

»Ihnen fehlt Blut«, erklärte mir der Arzt. »Sie brauchen Hilfe. Und das muss jetzt ganz schnell gehen.«

Am nächsten Tag schon befand ich mich im Krankenhaus. Mein Hämoglobinwert lag bei 3,5. Normal wäre 16 bis 18 gewesen, dies errechnet sich individuell nach Körpergröße, Gewicht und Alter.

»Eigentlich dürfen Sie nicht mehr leben«, munterte mich eine junge Ärztin auf. »Nur weil der Krankheitsverlauf bei Ihnen schleichend stattfand, konnte sich Ihr Körper daran gewöhnen. Wäre dieser niedrige Hämoglobinwert durch einen starken Blutverlust – vielleicht bei einem Unfall – entstanden, könnte ich Sie jetzt gar nicht mehr pieksen beziehungsweise Sie würden es nicht mehr spüren.«

»Dann wäre mir aber wirklich was entgangen«, versuchte ich mitzuhalten.

Am ersten Tag in der Klinik bekam ich sieben Bluttransfusionen. Am nächsten Tag noch mal zwei. Mit jedem Tropfen Blut ging es mir besser. Täglich, stündlich. Ich blühte förmlich auf. Hatte wieder so etwas wie eine Gesichtsfarbe. Eine Woche lang wurde ich aufgepäppelt, dann erlitt ich den Darmverschluss, der mir drei Jahre zuvor prognostiziert worden war. Entsetzliche Schmerzen weckten mich. Immerhin: Es gab keinen besseren Ort, an dem mir dies hätte passieren können. Ich bekam sofort die Hilfe, die ich brauchte. Außerdem war es klar, dass ich nun keiner Operation mehr entkommen konnte. Am nächsten Tag war es so weit.

Als ich aus der Narkose erwachte, spürte ich den Beutel. Darauf war ich vorbereitet. »Vielleicht müssen wir Ihnen einen künstlichen Darmausgang legen«, hatte mich der Chirurg aufgeklärt. Den Beutel hatte ich also bekommen. Genommen hatte man mir einen Meter Darm, man hatte Krebswucherungen von der Blase entfernt und den Darmausgang durch die Bauchdecke nach außen verlegt. Das alles war nicht schön. Aber ich hatte einen Aufschub erhalten. Ich durfte weiterleben.

✯

»Der künstliche Ausgang … haben Sie den jetzt noch immer?«, fragte die junge Frau am Strand.

Ich nickte.

»Das muss doch furchtbar beschwerlich sein!«, rief sie.

»Man gewöhnt sich an alles«, erwiderte ich lapidar.

»Haben Sie denn nicht mit Ihrem Schicksal gehadert?«

Ich überlegte eine Weile. Die Frage war mir schon einige Male gestellt worden. Ich hatte sie stets verneint. Ich hatte meine Situation so akzeptiert, wie sie war. Doch hier am Strand in Eckernförde wollte ich noch einmal neu darüber nachdenken, denn in diesem Gespräch erschien mir so vieles anders … vorbestimmt.

»Es gab keinen anderen Weg für mich«, sagte ich schließlich. »Es war so, wie es war, und ich wollte versuchen, das Beste daraus zu machen. Allerdings hatte ich damals die große und berechtigte Hoffnung, dass der Darm zurückverlegt werden kann. Dass ich nicht bis an mein Lebensende mit dem Beutel würde herumlaufen müssen. Bei der Reha habe ich eine Reihe von Menschen kennengelernt, denen war der Darm zwar zurückverlegt worden – doch der Schließmuskel versagte. Das ist noch viel schlimmer, weil dann alles unkontrolliert in die Wäsche geht. Viele dieser Patienten wären froh gewesen, wenn sie einen künstlichen Ausgang gehabt hätten.«

»Und bei Ihnen?«, fragte die junge Frau. Wärme und Mitgefühl in der Stimme. Kein Mitleid. Das machte sie noch sympathischer.

Wie auf einer Leinwand zogen die Bilder vor mir über das Meer: mein zweiter Krankenhausaufenthalt drei Monate nach der ersten Operation. Ich hatte auf einen baldigen Termin gedrängt. Ich wollte kein halbes Jahr verstreichen lassen bis zur Rückverlegung des Darms, immer das Gespenst des nicht mehr funktionierenden Schließmuskels vor Augen. Die Ärzte wollten lieber noch warten. Mein Körper müsse sich erst von der schweren Operation im November 2006 erholen. Ich blieb hartnäckig. Nach einigen gründlichen Untersuchungen zeigten sich die Ärzte plötzlich zuversichtlich: »Herr Peipe, das sieht sehr gut aus bei Ihnen. Wir können das wahrscheinlich gut zusammennähen. Vom Rektum her müsste es passen. Sie sind ein Glückspilz!«

Ende Februar 2007 – ich fühlte mich stark genug dafür, hatte fleißig an meiner Kondition gearbeitet und ein sehr schönes Weihnachtsfest im Kreis meiner Familie erleben dürfen – wurde ich erneut operiert. Ich war voller Hoffnung, dass ich bald schon wieder ein normales Leben ohne die lästigen Beutel würde führen können. Doch als ich aus der Narkose aufwachte, spürte ich ihn an meinem Bauch. Ein Alptraum? Mit meinen Händen taste ich danach. Kein Traum. Jede Hoffnung mit einem Schlag zunichte.

Am nächsten Tag erfuhr ich die Details. Wie eine weiße Wolke standen die Ärzte um mein Bett. Erneut war ein Stück Darm entfernt worden, aber längst nicht genug. Metastasen überall. Da sei nichts mehr zu machen, es tue ihnen leid. Und dann: »Wenn die Schmerzen kommen, Herr Peipe, dann sind wir natürlich für Sie da.«

»Okay«, sagte ich, räusperte mich, »dann mach ich noch was.«

Die weiße Wolke nickte und waberte weiter.

✯

Mehr erzählte ich der jungen Frau nicht. An dieser Stelle wäre es mir nämlich ein wenig peinlich geworden. An dieser Stelle war Kurt Peipe selbst abgerutscht. Drei Stunden lang ungefähr, in ein ziemlich tiefes, dunkles Loch. Das war am 28. Februar 2007 gewesen. Einen Monat später, am 29. März, hatte meine Reise begonnen. Und nun, am fünften Tag, saß ich am Meer neben der fremden Frau, die mir mittlerweile wie eine vertraute Freundin erschien.

»Sie konnten nicht so weitermachen wie bisher«, sagte sie bedächtig. »Sie wissen, dass Sie vielleicht nicht mehr viel Zeit haben. Manchmal glaubt man, man hat noch viel Zeit, und es kann genauso schnell zu Ende sein. Das darf man nie vergessen. Dass es immer und jederzeit zu Ende sein kann, und wie beurteilt man dann sein Leben …« Sie fragte nicht mich. Sie fragte sich selbst. Und vielleicht das Meer.

»Genau deshalb bin ich losgegangen«, sagte ich. »Weil ich noch etwas machen wollte und weil ich vorher meistens das gemacht habe, was eben so gemacht werden musste. Ich habe einfach nicht darüber nachgedacht. Ich habe funktioniert.«

»Das heißt, dass die Krankheit Sie aufgeweckt hat?«

»Gern wäre ich gesund«, erwiderte ich aufrichtig. »Trotzdem wüsste ich jetzt im Moment keinen anderen Ort, an dem ich lieber wäre als hier. Aber ich bin hier, weil ich den Krebs habe. Ohne den Krebs würde ich nicht neben Ihnen sitzen. Ohne den Krebs hätte ich Sie gar nicht kennengelernt, weil ich Sie ohne den Krebs überhaupt niemals angesprochen hätte.«

»Sie wollen jetzt aber nicht, dass ich sage, ich sei froh darum?« Sie lächelte ein wenig. Wie zur Probe. Hübsch sah das aus. Und ganz gelöst. Ihr Gesicht wirkte anders als noch vor einer Stunde, und das erkannte ich, ohne das Gesicht deutlich zu sehen; ich ahnte es eher. In unserem Gespräch hatte sich etwas gelöst. Bei ihr und auch bei mir.

So saßen wir nebeneinander im Schutz der Dunkelheit, geborgen unter dem Sternenhimmel und am Meer und auch geborgen in unserer Zweisamkeit. Lange saßen wir so da.

Bis die Frau in ihre Jackentasche griff und ein Handy herauszog. Während sie ein paar Tasten drückte, schaute sie mir unentwegt in die Augen. Und dann sagte sie nur einen einzigen Satz: »Liebling, ich komme jetzt nach Hause.«

Zum Abschied reichte sie mir ihre Hand. Sie war warm und trocken.

»Danke«, sagte sie. »Danke für alles.«

Als ihre schlanke Gestalt in der Dunkelheit verschwand, ließ sie mich als reichbeschenkten Menschen zurück.

Im Reisefieber

In dieser Nacht am Strand in Eckernförde lag ich noch eine ganze Weile wach, obwohl ich sehr, sehr müde war. Es kam mir vor, als bräuchte mein Kopf Zeit, meine Geschichte, die ich der jungen Frau nicht vollständig erzählt hatte, zu Ende zu denken. Als müsste ich in meinen Gedanken den Kreis schließen vom Entschluss, zu dieser Wanderung aufzubrechen, bis hierher.

Schon in den Zeiten, als ich noch gesund war, hatte der Europäische Fernwanderweg Nummer eins mich gelockt. Er wurde 1969 als Zeichen der Völkerverständigung von der Europäischen Wandervereinigung ins Leben gerufen. Geplant ist er vom Nordkap bis nach Sizilien. Bis heute ist er leider noch immer nicht vollständig markiert, erst ab Schweden bis kurz hinter Rom. Zusammen mit meiner Frau wollte ich ihn in Etappen meistern, wenn ich einmal im Ruhestand sein würde.

Dieser Weg ist – im Vergleich zum Jakobsweg – nicht übermäßig bekannt, und das kam mir gerade recht. Der Jakobsweg reizte mich nie. Viel zu sehr in Mode, viel zu überlaufen. Ich wünschte mir Ruhe. Ich wollte allein sein und mich von der Natur heilen lassen. Wenn nicht jetzt: wann dann?

Als ich meiner Frau noch im Krankenhaus von meinem Vorhaben erzählte, war sie alles andere als begeistert. Frisch operiert! In meinem Zustand! Und der künstliche Ausgang! Und die Kosten! Und so weit! Ganz alleine! … Sigrid fielen viele Argumente dagegen ein, nicht nur als ich im Krankenhaus lag, sondern auch, als wir wieder zu Hause waren. Ich war schnell entlassen worden, schließlich konnte ich keine

Erfolgsmeldung bieten. Ich hätte auch nicht länger bleiben wollen. Es ging mir gut. Ich hatte ein Ziel.

»Das ist doch verrückt«, sagte meine Frau.

»Was soll ich den ganzen Tag über zu Hause machen?«, fragte ich.

»Wenn du Arbeit brauchst«, erwiderte meine Frau, nie um eine Antwort verlegen, »dann gibt es im Haus mehr als genug zu tun.«

Ich wollte aber nicht mehr als genug im Haus tun. Ich wollte los. Der Europäische Fernwanderweg rief nach mir.

»Auch im Garten gibt es genug zu tun«, führte meine Frau aus.

Den Garten, den kannte ich. In- und auswendig. Ich wollte etwas anders. Etwas Neues. Etwas noch nie Dagewesenes.

Daran hatte meine Frau zuerst einmal zu kauen. Sie machte sich Sorgen um mich. Wie sollte ich in meinem Zustand alleine gehen? Wie sollte ich auf der Wanderschaft mein Stoma versorgen? Was, wenn mir etwas zustieße. Und dann auch noch die enorme finanzielle Belastung – vor allem, wenn wir in Erwägung zogen, zusammen wandern zu wollen, wie es einst unser Traum gewesen war. Zwei Wanderer verkraftete unser Budget nicht. Da brauchten wir gar nicht lange herumzureden. Es war einfach nicht möglich. Ich alleine konnte gehen. Wenn ich sehr, sehr sparsam lebte. Wenn auch meine Frau sehr sparsam lebte. Dann würden wir es sogar einrichten können, dass sie mich jeden Monat für acht bis zehn Tage begleitete. So lautete der Kompromiss, den wir letztlich fanden, der auch meine medizinische Versorgung sicherstellte.

Meine Frau würde sich um Haus und Garten kümmern, und da sie bald ernten konnte, würde sie wenig einkaufen müssen. Ich selbst würde nur in Ausnahmesituationen in

Pensionen übernachten. Ich würde im Zelt schlafen, in Hütten und Ställen und so preiswert wie nur möglich leben.

»Also ganz recht ist es mir trotzdem nicht«, sagte Sigrid.

»Wenn du zu hundert Prozent dagegen bist, mache ich es nicht«, sagte ich.

»Von hundert Prozent dagegen war nie die Rede.«

»Es ist mein letzter Wunsch.«

»Na dann in Gottes Namen«, sagte Sigrid und gab mir ihren Segen.

Ohne den wäre ich nicht losgezogen. Das Ja meiner Frau machte mich bärenstark. Mein Bauch steckte noch voller Klammern, und im Kopf knallte es geradezu vor Ideen. Ich fühlte mich lebendig und zuversichtlich wie seit langem nicht mehr. Jetzt gab es eine Menge vorzubereiten.

Meine drei Töchter, meine Schwester und mein Bruder unterstützen mich in meinem Vorhaben von Anbeginn. Niemand redete mir ein, ich hätte Chemotherapie und Bestrahlung auf mich nehmen sollen, es hätte ja auch keine heilende Wirkung gehabt, höchstens eine aufschiebende. Lieber ein halbes Jahr oder ein Jahr früher sterben und die Zeit bis dahin nutzen. Was die Chemotherapie aus einem Menschen machen kann, hatte ich selbst gesehen im Krankenhaus an einem Bettnachbarn. Es war auch eine Horrorvorstellung für mich, nach der Operation nur zu Hause zu sein, meiner Frau und allen anderen auf die Nerven zu gehen und auf das Ende zu warten.

Obwohl ich also starke Unterstützung innerhalb meiner Familie fand, war ich dennoch ein wenig unsicher. War mein Wunsch nicht zu egoistisch? Ich würde meine Frau im Frühling und Sommer allein mit dem Haus und unserem Garten lassen. Alle Arbeit würde an ihr hängenbleiben.

Durfte ich dies von ihr verlangen? Durfte ich überhaupt unsere Finanzen durch so viele Sonderausgaben belasten? Ich wollte Rat von einer kompetenten Stelle und wandte mich an die Psychologin im Krebszentrum, mit der ich schon einige Gespräche geführt hatte. »Menschen, die an Krebs der Verdauungsorgane erkranken«, hatte sie mir einmal erklärt, »haben während ihres Lebens häufig nicht loslassen können. Es sind oft Menschen, die sich für alles verantwortlich fühlen.«

Jetzt wollte ich loslassen. Ich wollte einfach losgehen. Aber nicht um den Preis, meine Familie zu vernachlässigen.

»Gehen Sie, Herr Peipe!«, riet mir die Psychologin. »Es ist gut für alle.«

Dies war der letzte Anstoß, den ich brauchte, um mein Vorhaben in die Tat umzusetzen.

Ein klein wenig dachte ich dabei auch, dass meine Frau sich in meiner Abwesenheit schon einmal mit der Situation vertraut machen könnte, wie das dann einmal wäre … wenn ich länger fortbleiben würde … für immer. Doch das sagte ich ihr nicht. Es war aber wirklich so etwas wie eine Art Probezeit. Wie dumm von mir zu glauben, meine Frau würde nicht dasselbe gedacht haben. Wie dumm von mir zu glauben, ich hätte da etwas verheimlichen können. Man muss ja nicht immer alles aussprechen – aber manchmal tut es einfach unendlich gut.

Ungeduldig wartete ich darauf, dass die Operationswunde heilte. Die Klammern, die den Schnitt über die ganze Bauchdecke zusammenhielten, entfernte ich mit einem Seitenschneider nach und nach selbst. Ich hatte genug von Krankenhäusern und Ärzten. Ich hatte jetzt keine Zeit mehr für so etwas. Ich war mit Reisevorbereitungen beschäftigt. Ich wollte los. So schnell wie möglich. Noch im März.

Dreitausenddreihundertundfünfzig Kilometer maß die Strecke, die ich mir vorgenommen hatte. Von der dänisch-deutschen Grenze bis nach Rom. Wenn ich mich manchmal »Rom« sagen hörte, ertappte ich mich dabei, dass ich eine Frage immer mitdachte: »Ob ich wohl so weit komme?« Rom war nicht mein erklärtes Ziel. Wichtig war, dass ich losging. Dass ich den ersten Schritt machte. Und den zweiten. Und den nächsten.

Ich musste viele Schritte tun, ehe ich überhaupt losgehen konnte, die Vorbereitungszeit dauerte Tage, was an meinem Zustand lag. Erstens war ich nach der schweren Operation noch zu schwach, und zweitens musste ich für viele Probleme eine Lösung finden. Ein großes Problem betraf mein Gepäck. Wegen der Stomaversorgung konnte ich nicht mit leichtem Gepäck reisen. Allein für die Versorgung meines künstlichen Darmausgangs benötigte ich Basisplatten, Kolotomiebeutel, Abfallbeutel, Reinigungsflüssigkeit, Lösungsmittel, Hautschutzcreme, Dichtungspaste, Klebestreifen, Kompressen. Diese Utensilien nahmen mehr als die Hälfte des Platzes ein. Zudem konnte ich das Gepäck nicht in einem Rucksack transportieren, da dessen Gurte am Stoma scheuern würden.

Ein Wagen musste her! Ein kleiner, leichter Wagen. Ich erwarb eine verschließbare Vierzig-Liter-Alubox, darunter montierte ich mittig eine Achse, an die zwei luftbereifte Räder einfach an- und abzustecken waren. Eine abnehmbare Schub- oder Zugvorrichtung vervollständigte mein Gefährt.

Eine Art Tragegeschirr diente als zusätzliche Vorrichtung für schwieriges Gelände, damit ich den Wagen wie einen Rucksack auf dem Rücken tragen konnte – sollte es ausnahmsweise einmal nötig werden. Ich ahnte ja nicht, was da »ausnahmsweise« auf mich zukommen sollte, zum Glück nicht.

Die Zeit verging wie im Flug mit all den Vorbereitungen. Meine Familie mahnte immer wieder zur Ruhe. Ich aber hatte keine Ruhe mehr. Ich war wie im Fieber. Ich wollte mich nicht von der Operation erholen und die Beine hochlegen, ich wollte endlich in den Tritt kommen.

Mein Reisegepäck

Gesamtgewicht des Wagens 55 kg

Inhalt außer Utensilien zur Stomaversorgung
Halbschuhe stabil, Lederfett, Ersatzschuhriemen, drei Paar Socken, zweimal Unterwäsche, ein Parka, eine warme Jacke, drei Oberhemden, eine Reservehose, leichte Regenjacke, Hygieneartikel, Waschmittel, Waschschüssel, Neutralseife, Notfall-Verbandsmittel, Spiegel, Fotoausrüstung, Werkzeug (Messer, Zange, Schere, Schlüssel, Ersatzschlauch, Luftpumpe), Kartenmaterial für die Strecke, Notiz- und Tagebuch, feststehendes Fahrtenmesser, Taschenlampe, Trillerpfeife, Nähutensilien, Klebeband. Und die »Interpretation der Briefe des Paulus an die Römer«, ein Buch, das mir mein Freund Hermann als seelische Wegzehrung mit auf den Weg gab.

Auf dem Wagen festgebunden
Zweipersonenzelt, Luftmatratze, Schlafsack, Folienplane, Tragevorrichtung für den Wagen, Flickzeug für Reifen.
Ein Proviantbeutel für die Tagesration Essen und Trinkwasser.

Eine kleine wasserdichte Box für Tageskarte und/oder Wanderbuch, Schreibzeug, Kompass, Streichhölzer, Verbandszeug, Filme, Bindfaden, Schraubenzieher, Sicherheitsnadeln, Handy.

Im Lederbeutel am Körper getragen
Ausweispapiere, Scheckkarten, Geld, Stoma-Ausweis, Blutgruppen-Ausweis, Adressbuch, letzter Krankenhausbefund, OP-Berichte.

In den Händen
Ein Teleskopstab, später zusätzlich ein Krückstock.

Zwei
Die Reise beginnt

29. März 2007. Wir standen auf dem Bahnsteig. Meine Frau, ich und mein Wagen. Donnerstagnachmittag, es war recht frisch, und ein frostiger Wind pfiff über die Gleise.

»Geh du schon heim«, sagte ich zu meiner Frau.

»Ja dann«, sagte sie. Ihre Augen glänzten feucht.

Alles war gesagt. Alles war gepackt. Alles war vorbereitet. Nun begann mein großes Abenteuer.

Eine letzte Umarmung, dann drehte Sigrid sich um und ging. Sie wusste, wohin ihr Weg sie führte. Ich kannte meinen Weg nicht. Seltsamerweise war ich nicht aufgeregt. Angst hatte ich sowieso keine. Ich war einfach nur neugierig, was nun auf mich zukommen würde. Als Erstes kam eine riesengroße Überraschung auf mich zu. Mein Bruder

Martin! Er wollte es sich nicht nehmen lassen, mich persönlich zu verabschieden. Sehr gerührt und tief bewegt wuchtete ich mit seiner Hilfe mein Gepäck ins Abteil.

Elfeinhalb Stunden später stand ich morgens um fünf Uhr dreißig in Flensburg auf dem Hauptbahnhof. Obwohl ich kaum geschlafen hatte, fühlte ich mich frisch und unternehmenslustig. Ein Kanten trockenes Brot, und los ging es Richtung Busbahnhof. Ich musste noch ein kleines Stück mit dem Bus zurücklegen, ehe ich meinen Füßen das Startsignal geben konnte. Nach rund zwölf Kilometern hielt der Linienbus an der Endstation »Kupfermühle«, dem ehemaligen Grenzübergang nach Dänemark. Weit und breit keine Menschenseele in Sicht und auch kein weißes Andreaskreuz mit der Bezeichnung E1 – so sollte meine Wegemarkierung lauten.

Am Start

Also begann ich meine Reise mit der Suche nach dem richtigen Weg, was mir fast ein wenig symbolhaft erschien. Zum Glück ahnte ich nicht, wie oft ich während meiner langen Reise noch nach dem weißen Andreaskreuz suchen würde. Ich glaubte, der Weg sei bestens markiert.

Um meinen Wagen nicht schleppen zu müssen, montierte ich als Erstes die Räder und die Zugvorrichtung. Nach wenigen Handgriffen stand mein Gefährt auf seinen Reifen, und ich betrachtete es ein wenig stolz. Fast bildete ich mir ein, das Wägelchen sähe genauso unternehmungslustig aus, wie ich mich fühlte. Meine Zuversicht schrumpfte kein bisschen, obwohl alle Wegweiser in Dänisch beschriftet waren. Ich lief einen großen Kreis in der Hoffnung, früher oder später den richtigen Weg zu kreuzen. Nach einigen Fehlversuchen entpuppte sich ein kleiner Trampelpfad als der langersehnte Startpunkt: E1, mein Weg nach Rom.

An einer natürlichen großen Bucht der Ostsee entlang führte er mich durch lichte Buchenwälder. Das vielstimmige Frühlingserwachen der Finken und Meisen begleitete mich, hin und wieder meldete sich ein Specht mit einem Trommelwirbel. Ich schaute, roch, atmete und staunte. War glücklich und setzte Fuß vor Fuß. So näherte ich mich Flensburg durch kleine Vororte und Parkanlagen auf meist guten Wegen. Interessant fand ich, dass hier auf deutschem Boden eine dänische Enklave existiert. Alle Straßenschilder und Werbetafeln waren zweisprachig gehalten. Die Häuser gefielen mir ausnehmend gut in ihrer harmonischen Gestaltung. Ich ziehe gern Rückschlüsse von den Häusern und Gärten auf die Bewohner und habe mich noch nie getäuscht. Diese Intuition sollte mir später noch große Dienste leisten, wenn es darum ging, in welchem Garten ich erfolgreich um einen Platz für mein Zelt bat.

Mein Wagen lief wie geschmiert, das Gepäck war kaum zu spüren und ich erreichte in flottem Tempo das Zentrum. Seit achthundert Jahren schon steht die Stadt an der Flensburger Förde und ist seit dem 16. Jahrhundert eine der bedeutendsten Städte im skandinavischen Raum. Die Stadttore, seinerzeit Zugang zu den Handelsstraßen, tragen die Namen Friesisches Tor, Johannistor und Nordertor. Durch letztgenanntes führte mein Weg vorbei an dem großen Hafen

Der berühmt-berüchtigte Wagen

mit seinen Werften, den Anlegestellen der Rumschiffe, dem Gildehaus der Schiffer und Kaufleute, der St.-Nikolai-Kirche und vielen anderen Sehenswürdigkeiten. Die große, langgezogene Stadt nahm mich ganz auf, und ich verschwand ein klein wenig darin. Wo war meine Markierung? Im Zickzack ging es durch Straßen, Gassen, über Plätze. Immer wieder verlor ich die Spur. Bald schon würde ich einen Instinkt für meinen Weg entwickeln, doch als frischer Wanderer verlief ich mich etliche Male. Damit hatte ich nicht gerechnet. Und mit einer weiteren Sache hatte ich nicht gerechnet.

Treppauf …

Ich hatte geglaubt, im Norden sei alles flach. Von wegen! Flensburg liegt auf einem Hügel. Straßen rauf und runter und Treppen. Viele Treppen. Steil und lang. Warm schien die Sonne von einem strahlend blauen Himmel, und da wuchs schon die nächste Treppe vor mir empor. Noch länger und noch steiler als die vorherige. Für Treppen war mein Wagen nicht gebaut. Ich musste Umwege suchen. Oder eben den Wagen vor mir haltend Stufe für Stufe vorsichtig hinunterführen. Oder manchmal versuchen, den Wagen zu heben. Er war viel zu schwer mit seinen fünfundfünfzig Kilogramm für meine mäßige Kondition zu Beginn der Wanderung. Kaum hatte ich eine Treppe gemeistert und hoffte, dies möge die letzte sein, stand ich vor der nächsten.

Auf irgendeiner dieser steilen Treppen geschah es dann: Ein plötzlicher Ruck, und ich hielt nur noch meine doppelte Zug- und Haltevorrichtung aus leichtem Alu in der Hand. Immer schneller werdend rumpelte und raste der Wagen die Treppen hinab. Ein unförmiger und doch federnder eckiger Tänzer, der Purzelbäume schlagend durch die Luft flog. Entsetzt sah ich diesen Kapriolen zu. Nach Lachen war mir nicht zumute, auch wenn das Spektakel reichlich komisch wirken mochte. Mir war ganz flau, und ich hastete hinterher, als könnte ich noch irgendetwas retten.

Jede Treppe hat einmal ein Ende. Auch diese. Geduldig auf der Seite liegend wartete mein Wagen am Fuß der Treppe auf mich. Die zwei Alurohre waren sauber an der Halterung abgebrochen, alles andere war heil geblieben. Glück im Unglück! Und jetzt?

... und treppab

Was ein echter Gärtner ist, der hat immer eine Rebschere dabei. Nach einigem Suchen entdeckte ich eine Weißdornhecke. Schnell geschaut, ob mich auch niemand beobachtete, und dann zwei Hölzer in der passenden Stärke abgeschnitten, um sie in die abgebrochenen Alurohre zu schieben. Die Reparatur gelang auf Anhieb, und mein Wägelchen rollte munter weiter. Doch schon nach kurzer Fahrt brachen die beiden hölzernen Versteifungen ab. Sie hielten der Belastung nicht stand, und mein Wagen lag wie ein umgekippter Käfer, die Räder nach oben, auf der Straße. Ich brauchte etwas Stabiles. Eisenstäbe, kam es mir in den Sinn, und als ich mich suchend umschaute, sah ich einen Bauzaun. Auf einer Baustelle würde es bestimmt Eisenstäbe geben und Werkzeug obendrein. Zwei Arbeiter kamen mir entgegen. Ich zögerte nicht, zeigte auf meinen Wagen und bat um zwei kleine Stücke Moniereisen.

»Wir sind doch keine Bauarbeiter!«, erwiderte der dickere der beiden fast ein wenig empört.

»Wir verlegen die Gasleistung«, ergänzte sein Kamerad.

Ich verabschiedete mich und ging ein paar Schritte weiter. Das konnte doch wohl nicht wahr sein, dass meine Reise mit dem kleinen Wagen an zwei kleinen Eisenstücken scheitern sollte! Es gibt für jedes Problem eine Lösung. Und auf den Kopf gefallen bin ich auch nicht. Nach fünf Minuten hatte ich eine Idee. Mühevoll entfernte ich die abgebrochenen Reste des Zuggestänges mit dem Taschenmesser aus der Halterung unter dem Wagen. Mit einer Nagelfeile glättete ich die Innenhülsen und schob das abgebrochene Zuggestänge in die Halterung ein. Ich befestigte das Ganze mit zwei kurzen Spanngurten, und siehe da: der Wagen fuhr. Treppen konnten mich nun nicht mehr schrecken. Die Zugvorrichtung war zwar um einiges kürzer geworden, und ab und zu stieß mir der Wagen in die Hacken, doch das störte mich wenig. Ich war nicht liegengeblieben, ich hatte mein Gefährt wieder flottgemacht. Ich erhöhte das Tempo, um endlich aus der Stadt zu kommen.

Es ist unangenehm, durch Städte zu wandern. Lärm und Gestank säumen diese Strecken, die manchmal über zwanzig Kilometer ausmachen. Außerdem sind die Wege in Städten spärlich beschildert, und Einheimische wissen selten über Wanderwege Bescheid. Ab Kiel habe ich keine Großstadt mehr durchquert, sondern bin mit dem Bus durch Städte gefahren und dann weitergewandert.

Stunde um Stunde führte mein Weg mich Richtung Süden. Mein Wille war stark. Ich dachte nicht über meine Kondition nach oder daran, etwas zu essen oder zu trinken. Ich ging einfach. Immer weiter. Ich hatte mir diese Wanderung vorgenommen, und ich würde mein Ziel erreichen. So, wie ich alle meine Ziele erreicht hatte. Meine schwere Operation lag gerade mal vier Wochen zurück. Die Wunde war noch nicht verheilt. Es war nicht ungefährlich, was ich da trieb. Ich hatte mich durch das viele Treppensteigen und Heben des Wagens überanstrengt. Die Wunde konnte jederzeit aufreißen. Das war mir durchaus bewusst, und manchmal warnte mich eine kleine Stimme. Ich wollte nicht auf sie hören. Ich wollte weiter. Einfach weiter. Schritt für Schritt. Richtung Süden.

Als die Sonne sich allmählich hinter den Horizont verabschiedete, wurde es höchste Zeit, einen geeigneten Zeltplatz zu finden. Nach dreißig gelaufenen Kilometern plus unzähliger Sondereinlagen war ich rechtschaffen müde und hatte Hunger bis unter beide Arme.

Gut getarnt

In einem Ort namens Sieverstedt fand ich ein kleines Bistro in einem geschlossenen Freibad. Dort konnte ich meinen Hunger und Durst stillen und entdeckte dann sogar ein lauschiges Plätzchen zwischen einem Schwimmbecken und einer Eibenhecke. Dieser gut getarnte Ort bot sich geradezu an als Nachtlager. Ich wartete, bis der Bistrobesitzer seinen Laden schloss und heimwärts fuhr und baute mein Zelt auf. Kein Mensch kam vorbei. Nur ein paar frühlingsfreudige Vögel zwitscherten. Nun war es auch für mich Zeit geworden, mich in meinen Schlafsack zu verkriechen. Kaum hatte ich es mir im Zelt gemütlich gemacht, plötzlich Motorbrummen, Krach, Stimmen, Getöse. Die Feuerwehr! Zwei Wagen mit mindestens zwanzig Mann fuhren direkt auf mein Zelt zu! War ich der Grund für diesen Einsatz? Eine laute Stimme näherte sich meinem Zelt. Dem Tonfall nach der Chef. Ich vermutete, er vermutete, Jugendliche zu ertappen. Ich öffnete mein Zelt. Das Staunen in seinem Blick zeigte mir, dass ich recht gehabt hatte.

»Was tun Sie hier?«, bellte er. »Das ist Gemeindegrund!«

Als ich ihm gegenüberstand, wurde sein Gesicht freundlicher. Ich hätte sein Vater sein können. In kurzen Worten erklärte ich, dass das Tor offen gewesen wäre, ich sei ein Wanderer und habe einen Schlafplatz gesucht, und am nächsten Morgen wäre ich fort, ohne eine Spur zu hinterlassen.

»Hm«, machte der Kommandant. »So weit wollen Sie wandern! Bis nach Rom. Hm.« Er schaute mich an, als wäre ich verrückt. Ich hielt seinem Blick stand.

»Hm. Also ... Wir machen hier eine Übung. Und außerdem putzen wir die Becken. Das wird ein bisschen lauter zugehen.«

»Das macht mir nichts.«

»Na dann, angenehme Nachtruhe.«

Er tippte an seine Mütze und drehte sich um. Ich krabbelte zurück in mein Zelt. Angenehm war die Nachtruhe nun nicht mehr, aber ich war so müde, dass ich trotz des Höllenlärms bald einschlief.

✶

Am nächsten Morgen glänzten die Becken in strahlendem Türkis. Ich wäre am liebsten sofort aufgebrochen, doch mein Zelt war in der Nacht stocksteif gefroren und ließ sich nicht einpacken. Es dauerte eine Weile, bis die ersten Sonnenstrahlen es auftauten. Ich nutzte die Zeit für meine Stomaversorgung. Diese Handgriffe laufen inzwischen wie selbstverständlich ab. Ich erinnere mich aber noch gut an die ersten Male, als ich im Krankenhaus Unterweisung von einer Stomaberaterin erhielt und auch auf die Gefahren aufmerksam gemacht wurde. Ich schiebe einen Abfallbeutel unter die dreiteilige Basisplatte, die aus einem Plastikring besteht, an dem zur Hälfte die Klebefolie angebracht ist, die auf der Bauchdecke liegt. Ich öffne den Kolotomiebeutel zwischen Ring und Folie und lasse ihn in den Abfallbeutel fallen. Dann säubere ich den Ring mit Mullkompressen und einer Reinigungslotion. Abschließend streiche ich ihn sehr fein mit einer Hautschutzcreme ein und klebe anschließend den neuen Kolotomiebeutel wieder auf. Die optimale Hautpflege ist von entscheidender Bedeutung, da keine Luft an die Haut herankommt. Alle zwei bis drei Tage oder unter besonderen Bedingungen – wie später in Italien – täglich musste ich mich komplett neu versorgen und alles neu anlegen, auch die Basisplatte. In dieser Situation liegt der Darm frei, und die Haut wird mit einer speziellen Reinigungsflüssigkeit, Wasser und Seife sehr gründlich gereinigt. In die noch feuchte Haut wird dann eine Schutzcreme einmassiert, und zwar so lange, bis die Haut trocken ist. Dann wird die Basisplatte entsprechend der Darmgröße ausgeschnitten, und auf die Unterseite wird eine Klebepaste aufgetragen, die die Verbindung zur Haut wieder abdichtet.

Ich war zuversichtlich, auch unterwegs eine optimale Stomaversorgung leisten zu können. Ich wusste schließlich, worauf es ankam. Nach einem halben Jahr mit künstlichem Darmausgang hatte ich mich schlichtweg daran gewöhnt – auch wenn es eine wunderschöne Vorstellung war, an das Leben mit einer »normalen« Verdauung zurückzudenken.

Als mein Zelt aufgetaut und verstaut war, wanderte ich weiter zum Haddebyer Norr, der einstmals bedeutenden Wikingerstadt Haithabu. Auf Initiative des Denkmalschutzes sind hier Rekonstruktionen der Wikingerhäuser aufgebaut. Von weitem schon sah ich Männer auf und ab gehen, die lange Rohre in den Händen schwenkten, scheinbar ohne Zweck und Ziel. Als ich näher kam, erkannte ich, dass es sich dabei um so etwas wie Goldgräber handelte: Je zwei Mann suchten mit einem Metalldetektor nach Eisenresten aus der Wikingerzeit.

Weiter ging es, vorbei an verschiedenen Nooren, so nennt man die kleineren und größeren, durch Landzungen oder hölzerne Brücken verbundenen Seen, die einen Weg durch das Gelände ermöglichen. Eine Gegend, die mir das Letzte abverlangte. Diesmal hieß es nicht treppauf und -ab, sondern brückauf und -ab.

Einmal stand ich vor einer riesengroßen Brücke, die einen breiten See überspannte. Je vierzig Stufen führten auf der einen Seite hinauf und auf der anderen Seite wieder hinunter. Wie sollte ich das schaffen? Ein Großvater mit seinem Enkel half mir gerne. Gemeinsam trugen wir meinen Wagen erst die Stufen hinauf und dann wieder hinab. An der nächsten Brücke war ich wieder allein und musste mich abplagen. Und die nächste Brücke war nie die letzte Brücke, und so ging es immer weiter und weiter, immer neue Steigungen und Treppen verzögerten mein Fortkommen, und mir schwante nichts Gutes für meinen weiteren Weg. Viel zu schwer war mein Wagen beladen, als dass ich ihn hätte schultern können. Und auch die Wege waren schlecht. Wiesen und Äcker und dazu ein eisiger Wind.

Ich war froh, als ich am Abend mein Zelt auf einem Privatgrundstück aufschlagen durfte. Eine ältere Frau nickte einfach, als ich fragte, ob ich in ihrem Garten campieren dürfte. Die Nacht war stürmisch und kalt und ich hoffte, dass mir der nächste Tag bessere Wege bringen würde.

Doch es wurde noch schlimmer. Die Markierung führte mich ins Moor hinein. Der Weg wurde eng und enger, bis er schließlich gerade zwei Fußbreit maß. Ich hatte keinen festen Grund unter den Füßen. Moose, Farne und Heidekraut bildeten einen Stolperweg mit tiefen Furchen. Links und rechts schimmerte eine schwarz bis rötlich gefärbte Brühe und wartete nur darauf, dass ich vom Pfad abkommen und knietief einsinken würde. Mein Wagen kippte mal nach rechts, mal nach links und sank dann auch noch ein. Mit viel Mühe und nass geschwitzt trotz der Kälte brachte ich die drei Kilometer durch das Moor hinter mich und beneidete die Hasen, die ich aufscheuchte und die pfeilschnell über das Moor flohen.

Meine sonstigen Begleiter an diesem Tag waren Sturm, Kälte und Hunger. Körperlich war ich geschlaucht. Seelisch ging es mir gut, vor allem, nachdem ich einen Entschluss gefasst hatte: Ich würde mich von meinem Wagen trennen. Am Telefon bat ich meine Frau, sie möge mir meinen Rucksack postlagernd in die nächste größere Stadt schicken. Ich würde nur das Allernötigste auf den Rücken packen und den Rest in der Kiste nach Hause senden.

Mein Zelt schlug ich an diesem Abend auf einer Waldwiese auf. Am nächsten Morgen weckten mich die Rufe streitender Fasanenhähne, die um ihr Revier kämpften. Die Landschaft lag schneeweiß von Reif, und in unmittelbarer Nähe ästen friedlich drei Rehe, die sich durch meine Anwesenheit nicht stören ließen. Es berührte mich tief, dass ich von den Tieren einfach als dazugehörig empfunden wurde. Ich konnte sie lange beobachten, denn ich musste warten, bis mein steif gefrorenes Zelt aufgetaut war. Zum Glück wärmte es die Sonne mit ihren ersten Strahlen, und ich konnte einpacken und weiterziehen – Richtung Eckernförde, auf die Begegnung mit der jungen Frau am Strand zu.

Drei

Packesel

Als ich am Morgen nach der Begegnung mit der jungen Frau am Strand von Eckernförde in den Dünen erwachte, hatte ich das Gefühl, etwas wäre in mir und mit mir geschehen, ohne es genauer in Worte fassen zu können. Als wäre ich ein Stück weiter geöffnet für die Menschen und das Leben und vielleicht auch für mich selbst. Ich fühlte mich zuversichtlich und stark. Kein Abschiedsschmerz wegen meines Wagens beschwerte mich, dafür allerdings die finanzielle Belastung, die der Erwerb von zwei Rucksäcken bedeuten würde. Per Handy hatte ich von meiner Frau erfahren, dass die Post solche großen Gegenstände wie meinen Rucksack nicht postlagernd verschicken würde. Ich würde also einen neuen kaufen müssen. Im übertragenen Sinne stand wiederum Loslassen auf dem Programm, nämlich den Wagen und damit die Hälfte meines Gepäcks. Es gab keine andere Möglichkeit. Die Zeit- und Kräfteeinsparung, die ich erreicht hatte, wenn die Strecke gut war, hatte ich bei schlechten Wegeverhältnissen doppelt und dreifach büßen müssen.

In Eckernförde musste ich vor einem Sportgeschäft noch eine Weile warten, ehe es öffnete. Der Geschäftsführer nahm sich persönlich meiner an und wurde nicht müde, mir immer neue Rucksackmodelle vorzuführen. Gutgelaunt zog er die verschiedenen Exemplare aus den Regalen. Ich entschied mich für zwei Stück – einen großen und einen kleinen – und hatte dann das Problem, wo ich mein Gepäck umpacken sollte, denn es regnete in Strömen.

»Am besten Sie machen das gleich hier«, lud mich der Geschäftsführer ein und schaffte mir Platz. Ich benötigte aber immer mehr Raum, denn ich weidete mein Wägelchen komplett aus, legte alles auf den Boden – schließlich musste ich gründlich darüber nachdenken, was wirklich wichtig war für meine weitere Wanderung. Längst hatte ich ein Viertel der Verkaufsfläche des Geschäftes in Beschlag genommen und fühlte mich zunehmend unwohl. Bestimmt war ich dem Geschäftsführer lästig. So viel hatte er nun auch wieder nicht an mir verdient, dass ich seinen Laden stundenlang blockieren durfte.

»Machen Sie ruhig weiter!«, forderte er mich gutgelaunt auf, als er einen meiner fragenden Blicke bemerkte. Und so machte ich weiter, und manche Kunden stiegen mit hochgezogenen Füßen wie Störche in Sumpfwiesen auf der Futtersuche über meine Gepäckstücke. Zum Schluss lieh mir der Geschäftsführer sogar noch Werkzeug, damit ich meinen Wagen demontieren konnte. Als ich um einen Staubsauger bat, um den von mir verursachten Schmutz zu entfernen, wurde ich freundlich, aber bestimmt in meine Schranken verwiesen. Das sei nicht meine Aufgabe. Diese Hilfsbereitschaft rührte mich tief, und ich bat den Geschäftsführer um einen kleinen Eintrag in mein Wanderbuch. Beim Abschied schlug er vor, ich solle meine beiden Rucksäcke im Laden stehenlassen, während ich die Alukiste bei der Post aufgab. Dieses Angebot nahm ich gerne an.

Die schwere Kiste auf die Schulter gestemmt, ging ich durch die schöne Fußgängerzone der Stadt Eckernförde Richtung Postamt. Auf der gegenüberliegenden Straßenseite tauchte eine junge Wanderin auf. Hochbepackt trug sie einen Rucksack auf dem Rücken und einen zweiten vor sich auf der Brust. Nur mit Mühe blickte sie über den Rucksack vor sich auf die Straße. Im Stillen dachte ich bei mir, na, die wird noch viel Mühe und Plage haben. Ich konnte mir nicht vorstellen, dass man derart bepackt mit Freude wandern könnte. Ich bedauerte sie und schüttelte gleichzeitig den

Kopf über die Unvernunft, sich mit so viel Gepäck zu belasten. Darüber vergaß ich fast das Gewicht meiner Alukiste auf der Schulter, und ich hätte es mir nicht träumen lassen, dass es mir in wenigen Stunden ebenso ergehen würde wie der jungen Frau.

Ich freute mich sehr auf das Weitergehen. Nur noch schnell die Kiste aufgeben, und dann los. Doch so schnell, wie ich mir das dachte, lief es nicht. Ich befand mich schließlich auf der Post. Natürlich waren nicht alle Schalter geöffnet, und vor den beiden geöffneten hatten sich zwei lange Schlangen gebildet. Ich musste mich auf Warten einstellen, und das fiel mir schwer. Ich wollte endlich raus. Los! In kleinen Schritten und mit langen Pausen ging es langsam voran, und manchmal war einer der beiden Beamten hinter dem Schalter für eine Weile verschwunden. Niemand murrte. Ich wurde immer ungeduldiger, und obwohl mir das nicht gefiel, konnte ich es nicht ändern. Ich war noch nicht lange genug unterwegs, um ruhig und gelassen im Hier und Jetzt zu sein und die umständlich vorgetragenen Wünsche mancher Kunden vor mir nicht persönlich zu nehmen. Endlich war ich selbst an der Reihe. Ich deutete auf meine Kiste, die der Beamte misstrauisch beäugte.

»Dieses Gut kann ich nicht annehmen«, beschied er und holte aus. »So eine Kiste habe ich noch nie angenommen. So was transportiert die Post nicht. Da müssen Sie sich nach einem anderen Paketdienst umsehen.«

»Bei uns in Baden-Württemberg wird so etwas Tag für Tag von der Post befördert«, entfuhr es mir, und mit dieser Bemerkung stimmte ich den Beamten nicht gnädig, ganz im Gegenteil. Er winkte mich beiseite, ich solle den Schalter frei machen. Ich blieb stehen. Er winkte noch mal. Ich blieb stehen. Es war mir wahrscheinlich anzumerken, dass ich das Postgebäude nur ohne Kiste verlassen würde. Es war mir ernst. Absolut ernst. So ernst, dass der Postbeamte nun nachzudenken begann. Tief und tiefer wurden die Falten auf seiner Stirn. Dann nickte er nachdenklich und ging langsam zu seiner Kollegin am Nebenschalter, mit der er sich flüsternd beriet. Beide schüttelten sorgenvoll die Köpfe und verzogen die Gesichter, warfen Falten und erwogen bedächtig irgendetwas. Wie treue Schäfchen standen wir Wartenden in der Halle, Zeugen gewichtiger Verhandlungen. Diesmal war ich der Verursacher der Verzögerung und konnte den wachsenden Unmut der Anstehenden deutlich in meinem Rücken spüren. Endlich war die Beratung der beiden zu Ende. »Mein« Beamter kam zurück an seinen Schalter und verkündete, per Express könne er meine Kiste annehmen, das sei aber teuer. Er reichte mir einen Adressaufkleber, ich trat zurück, um den Schein auszufüllen, und stellte mich dann erneut an. Zehn Minuten später stand ich wieder am Schalter und durfte meine Kiste auf die Waage legen: zweiunddreißig Kilo.

Der Beamte versuchte meinen Aufkleber auf dem Kistendeckel zu befestigen, doch der wollte nicht kleben. Triumphierend sah mich der Herr des Schalters an: »Ich hab's doch gewusst! Von Anfang an!«

Und dann erklärte er genüsslich, ohne Anschrift könne er die Kiste nicht annehmen, wir hätten uns die Prozedur sparen können, und beim nächsten Mal würde er gleich hart bleiben, anstatt sich zu solchen Ausnahmen überreden zu lassen, die dann doch scheitern würden.

Vor meinem inneren Auge tauchte der gute alte Postanhänger auf. Freundlich fragte ich, ob es nicht vielleicht doch eine Lösung gäbe, zum Beispiel in Gestalt eines Anhängers.

Der Beamte musterte mich verblüfft. Ja, vielleicht habe er noch welche, sagte er dann zögernd, er sei aber nicht sicher und müsse erst einmal suchen – sprach's und verschwand für mindestens fünf Minuten.

Die Wartenden murrten nun lautstark, vor allem, weil seine Kollegin nun auch verschwunden war. Mein Beamter tauchte mit einem Anhänger auf, reichte ihn mir. Ich ging nach hinten, füllte ihn aus, stellte mich an und fünfzehn Minuten später war ich erneut an der Reihe. Draußen schien die Sonne. Ein frühlingshafter Apriltag lockte. Ich verbrachte meinen Vormittag auf der Post in Eckernförde. Doch ich kam voran. Mit kleinen Schritten. Es ging schon ans Bezahlen. Dreißig Euro.

Da ich durch den Kauf der beiden Rucksäcke nicht mehr genügend Bargeld hatte, bat ich den Beamten, die Kiste unfrei zu versenden.

»Unfrei!«, wiederholte er, als würde er einen dreckigen Putzlappen aufheben. Wieder traten die bereits bekannten Falten auf seine Stirn.

»Unfrei«, wiederholte er abermals. »Nein, das geht nicht.« Hilfesuchend schaute er zu seiner Kollegin. Die zeigte ihm den Rücken.

»Wissen Sie, unfrei«, wurde er vertraulich, »wenn das nicht bezahlt wird vom Empfänger – dann bleibt die Post auf ihren Kosten sitzen.«

»Aber der Empfänger ist meine Frau, und die zahlt ganz bestimmt.«

»Das haben schon ganz andere gesagt«, behauptete der Beamte.

»Meine Frau zahlt!«, beharrte ich.

»Geht's jetzt da vorne mal weiter!«, wurde ein Ruf laut.

Dann gab er sich einen Ruck und nahm die Kiste an. Ich verließ das Postgebäude, als wäre ich auf der Flucht.

Beim Sportgeschäft holte ich endlich meine beiden Rucksäcke ab.

Mein geläutertes Gepäck sah nun folgendermaßen aus:

Gewicht insgesamt: Je nach Proviantanteil 25–30 kg. 2 Rucksäcke, Luftmatratze, Schlafsack, Zweipersonenzelt, eine Garnitur Ersatzkleidung, für zwei Monate Vorrat zur Stomaversorgung, Reinigungsmittel, Parka, Pullover, leichte Regenjacke, Schal, Strohhut, Verbandmaterial, Ersatzbrille, Kulturbeutel mit Inhalt, Waschmittel, Bindfaden, Kartenmaterial, Kompass, Schreibzeug, Tagebuch, Streichhölzer, Taschenmesser, Fahrtenmesser, Ersatzschuhriemen, Adressenbuch, Universal-Wörterbuch Italienisch, Handy und außerdem Tagesproviant und drei Liter Wasser.

Der nette Geschäftsführer half mir, meine Rucksäcke zu schultern, und reichte mir mein Handy, das er freundlicherweise in der Zwischenzeit auch noch aufgeladen hatte. Ich merkte gleich, dass die neue Gepäckorganisation einen kritischen Punkt für meine Stomaversorgung darstellte: Ein Gurt lief genau darüber. Ich ließ mir allerdings nichts anmerken, bedankte mich sehr herzlich und verließ das Geschäft einigermaßen verzweifelt. Wie sollte ich mit dieser Last weiterkommen? Das Bild der jungen Wanderin vom Vormittag stieg vor mir auf. Genauso sah ich nun selbst aus. Ein Rucksack hinten, einer vorne und ich dazwischengequetscht und meine wunde Stelle an der Seite in großer Gefahr.

Meine Wanderung führte an der Ostsee entlang. Steilküste. Kein Weg mehr. Tiefer Sand, Schotter. Auch ohne Gepäck wäre das Vorankommen anstrengend gewesen. Ein manch-

mal verzweifelter Kampf. Zweimal stolperte ich und stürzte. Die Rucksäcke zogen mich nach unten, und ich lag auf dem Rücken wie ein Käfer.
Abends am Telefon erzählte ich Sigrid kein Wort davon. Ich hoffte auf bessere Zeiten, als ich mein Zelt bei Sturm auf einer Anhöhe am Strand festzurrte.

Vier

Vom Regen in die Traufe

Es regnete ohne Unterlass. Ich war bis auf die Knochen durchnässt. Den ganzen Tag in den nassen Klamotten, und abends im Zelt schnell alles ausgezogen, in den Schlafsack geschlüpft und gehofft, dass es am nächsten Tag besser wird.

Abends gegen acht schaltete ich das Handy ein. Um diese Zeit war ich jeden Tag mit meiner Frau zum Telefonieren verabredet. Kurze Gespräche, Lebenszeichen, um die Kosten so gering wie möglich zu halten. Meine Frau hat eine sehr schöne Stimme. Wenn ich die gehört habe, dann ging es mir immer gut. Sie hat mir Kraft gegeben. Ich habe gespürt, dass sie bei mir ist. Und obwohl ich selten zum Handy griff, würden die Telefonkosten am Ende meiner Reise mit 1600 Euro zu Buche schlagen, was vor allem an den teuren Auslandsgesprächen lag, auch wenn ich angerufen wurde.

»Alles in Ordnung?«, fragte ich Sigrid, und sie fragte es mich. Ja, es war eigentlich alles in Ordnung. Ich war am Leben und unterwegs. Das feuchte Zelt und der klamme Schlafsack waren mir tausendmal lieber als ein Krankenhausbett. Das wäre die Alternative gewesen.

Kurz vor der Entlassung aus dem Krankenhaus hatte ich

mit dem Oberarzt der Chemoabteilung gesprochen. Er hatte mir erklärt, dass eine Heilung durch Chemotherapie bei mir nicht möglich sei. Wenn überhaupt etwas bewirkt werden könne, sei es eine Verzögerung des Krebswachstums. Die Erfolgschancen dafür lägen bei etwa zehn Prozent. Ich dachte an meinen Bettnachbarn im Krankenhaus. Er hatte die Chemo auf sich genommen. Ein Bündel Elend. Ich dachte an die vielen Menschen, die mir bei der Reha begegnet waren. Viele von ihnen waren depressiv, sie waren mutlos und hatten wenig Lebenswillen. Sie hatten aufgegeben.

Vielleicht fiel es mir leichter, weil ich nur das Nötigste hatte machen lassen. Oder es ging mir so gut, weil ich das für mich Richtige gefunden hatte. Ich erinnerte mich selbst an die Zeit, als ich nicht wusste, wie ich dem Krebs begegnen sollte. Wie sollte ich das Zellwachstum beeinflussen, das ohne Unterlass in mir tobte. Zellen, die sich aus dem Bauplan meines Körpers heraus selbständig gemacht hatten, keinem Gesetz mehr folgten und wie in einem anarchischen Rausch wuchsen, wuchsen, wuchsen.

Schritt auf Schritt setzte ich ihnen nun entgegen. Ruhig und zuversichtlich. Ich fühlte mich gut und manchmal sogar glücklich. Im strömenden Regen. Im eisigen Wind. Glücklich. Mit Dankbarkeit dachte ich an die Menschen, die mir dabei geholfen hatten, diesen Weg zu beschreiten. Ich wünschte mir, es gäbe viele Anlaufstellen für Betroffene wie mich. Orte, wo krebskranke Menschen ihren eigenen Weg finden können. Wo sie ermutigt werden zu erforschen, was das Richtige für sie ist. Im Krankenhaus bekommt man nur die Meinung der Ärzte zu hören, meistens Schulmediziner. Fast alle Patienten im Krankenhaus und in der Reha, die ich kennenlernte, delegierten die Verantwortung für ihre Krankheit an die Ärzte. Dabei gibt es so viele Wege zur Heilung, wie es Menschen gibt.

Vielleicht hätte ich selbst auch aufgegeben, wenn ich im Krankenhaus geblieben wäre? Nein, hätte ich nicht. Ein Peipe gibt nicht auf, und auch die beiden Rucksäcke, meine gefrorenen Gliedmaßen und die Schmerzen in den Knien, die ich plötzlich bekommen hatte, würden mich nicht zum Aufgeben zwingen. Ich würde weitergehen. Immer weiter. Solange ich wanderte, war ich am Leben.

Obwohl es ohne Unterlass regnete, stechender, peitschender, eiskalter Regen, hatte ich keine Angst vor einer Erkältung. Ich war selten krank gewesen. Zweimal nur erinnerte ich mich an eine Krankmeldung im Betrieb. Einmal hatte mir ein Kollege mit dem Hammer versehentlich auf die Hand geschlagen, beim zweiten Mal hatte ich irgendeine Entzündung. Ansonsten war ich immer gesund gewesen. Oft hart gegen mich selbst. Das hatte nicht nur Nachteile, wie ich nun erfuhr. Ich war es gewöhnt, mich zu fordern – und auch meinen Körper. Das musste nicht unbedingt zu meinem Schaden sein. Ich war der Meinung, dass der Körper gefordert werden musste. Mit dieser Wanderung forderte ich ihn bis zum Äußersten. Also musste er sein Bestes geben. Er musste immer kräftiger und gesünder werden. Das war meine Überzeugung. Nicht schonen, sondern fordern. Es mag durchaus Menschen geben, für die Schonung wichtig ist. Dazu gehöre ich nicht. Und helfen kann einem eigentlich keiner bei der Suche nach dem richtigen individuellen Weg. Auch wenn es alle wollen. Helfen kann man sich nur selbst. Mir half die Natur, die ich Schritt für Schritt durchwanderte. Landauf und landab, über Stock und Stein, immer weiter.

Durch Kiel mit dem Bus und eine Weile Containerschiffe beobachtend, führte mich mein Weg ins schöne Schwentinetal. Diese Moränenlandschaft beeindruckte mich tief und half mir über die Schmerzen in den Knien hinweg, die ich nicht wahrhaben wollte. Auch und vor allem die Bäume trieben mich an, diese wunderbaren Bäume, die meinen Weg säumten.

Fünf

Von Bäumen und Menschen

Während meiner Wanderung durch die Holsteinische Schweiz berührte mich der Anblick der Bäume, noch in ihrem Winterkleid mit einer Ahnung auf das kommende Frühjahrserwachen, zutiefst. Die Hügellandschaft der Holsteinischen Schweiz, gelegen zwischen Kiel und Lübeck, zu durchwandern, ist ein großartiges Erlebnis. Diese Moränenregion mit ihren zahlreichen Seen ist geprägt von lichtdurchfluteten Wäldern mit vielen Bodenwellen und Wasserrinnsalen. Darin eingebettet weite offene Flächen, über die eine frische Brise vom Meer herüberweht.

Die Buchen-, Linden- und Eichenwälder hatten es mir ganz besonders angetan. Anders als in den mir gut bekannten schwäbischen Wäldern sind die Bäume hier von einem gedrungenen Wuchs. Die nahe liegende Ostsee mit ihren oft stürmischen Winden hat einen ganz eigenen Typus von Bäumen geschaffen. Nicht himmelhoch aufragend, sondern gedrungen und kompakt stehen sie fest in ihrem Erdreich. Mit mächtigen Stämmen den Stürmen trotzend, wirken sie wie außerhalb der Gesetze.

Die weite, leicht hügelige Landschaft in ihrer pulsierenden Frühlingsfreude, Gräben und Tümpel, das erste zarte Grün und das nimmermüde fröhliche Konzert der Vögel unter den hellen Strahlen der Sonne. Dies alles stimmte mich so licht und hell und legte zugleich lang und tief verschüttete

Gedanken frei – auch über die Verbindung von Mensch und Baum. Eintauchen in das diffuse Licht, durch die Lücken der Stämme schauen, wie durch ein offenes Fenster hinaus ins weite Land. Und in mich selbst hinein.

Hier standen sie, links und rechts an meinem Weg, uralte Bäume. Generationen von Menschen sind an ihnen vorbeigeschritten, haben sich ihrem Schutz anvertraut. Beim Eintritt in solche alten Alleen trete ich ein wie in einen gotischen Dom. Mächtige Linden oder Buchenstämme rahmen meinen Weg. Wölben mit ihren Zweigen eine grüne Kuppel über die staubige Straße. Den Menschen Schutz bietend vor der Hitze des Sommers, den kalten Stürmen des Winters und den peitschenden Regenschauern. Diese mächtigen Bäume, mit Stämmen so dick, dass es mehrerer Männer bedarf, sie zu umfassen, diese Bäume hatten es mir angetan.

Während ich Stunde um Stunde mit freudigem Herzen unter dem Dach der Bäume wanderte, erlebte ich in Gedanken, wie viele Generationen von Menschen diesen Weg vor mir beschritten haben mögen: Bauern mit ihren Gespannen auf dem Wege zu ihren Feldern, Kaufleute und Reisende, Kinder, Liebespaare, Hochzeitsgäste und Trauernde. Soldaten hoch zu Pferde oder in langen Kolonnen mit staubigen müden Füßen, den Abend und das Ende des Weges herbeisehnend.

Viele dieser Menschen waren vielleicht auch mit dem Gefühl der Geborgenheit und des Schutzes der Bäume unterwegs. So wie ich.

Sechs

Gespräche auf dem Marktplatz

Am achten Tag meiner Wanderung erlebte ich den ersten Morgen ohne Reif und konnte mein Zelt sofort einpacken. Mittags hielt ich Rast auf einer Bank auf dem Marktplatz der Schusterstadt Preetz und genoss das bunte Treiben. Um das Jahr 1850 hatte die Stadt ca. 4600 Einwohner, davon waren 160 selbständige Schuhmachermeister, 360 Gesellen und 160 Lehrlinge. Von dieser glorreichen Vergangenheit ist nur der Name Schusterstadt geblieben, denn Preetz mag heute wegen vieler namhafter Fleisch- und Wurstfabriken eher eine Schlachterstadt sein.

Es herrscht eine eigenartige Atmosphäre in diesen alten Fachwerkstädten. Wenn Autos und Handy nicht unsere moderne Zeit anzeigen würden, könnte ich mich zweihundert Jahre zurückversetzt fühlen. Vielleicht haben sich die Menschen trotz all der innovativen Errungenschaften unserer Zeit nicht wirklich in ihrem Wesen verändert. Eines ist auf jeden Fall geblieben, so scheint es mir: Die Neugierde auf Besucher in der Stadt.

Eine Frau musterte meine beiden Rucksäcke und mich, und schon saß sie neben mir und wollte wissen: Woher? Wohin? Kaum hatte ich dies beantwortet, erzählte mir die

Siebzigjährige, dass sie selbst auch einmal eine lange Wanderung unternommen habe. Tausend Kilometer. Ganz allein. In Spanien. Schon breitete sie ihre südländischen Impressionen auf dem Marktplatz aus. So lebendig, so frisch und mitreißend, dass ich selbst manchmal nicht mehr so genau wusste, wo ich mich befand, und auch erst nach einer Weile bemerkte, dass sich ein weiterer Zuhörer zu uns gesellt hatte, der dann auch das Wort ergriff.

Früher, da sei er auch gewandert, und wie! Aber jetzt machten die Beine nicht mehr mit. Das Entscheidende sei, dass man nie aufhöre, im Kopf zu wandern. Im Kopf, da habe er alle seine Wanderungen gespeichert und könne sie jederzeit abrufen. Wenn er manchmal mit seiner Frau beim Kaffee sitze, dann würden sie von den früheren Wanderungen zehren: die deutschen Mittelgebirge, die österreichischen und italienischen Alpen. Auch er erzählte lebhaft und anschaulich, und hohe Gipfel wuchsen auf dem Marktplatz von Preetz. Die Glocken der nahen Kirche schlugen die halbe Stunde, die volle Stunde.

Eine sehr alte Frau auf einem fast genauso alten Fahrrad steuerte zielstrebig auf uns drei zu, begrüßte meine zwei Nachbarn mit einem Kopfnicken und sprang dann mit anmutigem Schwung vom Rad. Ich konnte es kaum glauben, dass sie schon vierundachtzig Jahre alt sein sollte. Ohne zu zögern, beteiligte sie sich an unserem Gespräch, führte es zurück nach Preetz und erteilte mir einen Schnellkurs in Heimatkunde. Vom Kloster der Benediktinerinnen über die Weber und Töpfer, Goldschmiede und Schuster bis zu den Schlachtern erzählte sie, als habe sie das alles selbst miterlebt.

Auf einmal waren zweieinhalb Stunden vergangen – wie im Flug. Mit Freude merkte ich, dass ich dies nicht bedauerte, obwohl ich meine Mittagspausen sonst kürzer hielt.

Früher habe ich nie Zeit gehabt für Menschen. Ich war immer beschäftigt, und es gab keine Lücken, die ich auf Parkbänken sitzend fremden Menschen hätte widmen können. Es war schön so, wie es nun war. Sehr schön. Beglückend sogar. Einfach miteinander reden. Mit Fremden, die zu Bekannten werden. Und dann weitergehen und ein Stück dieser Begegnungen im Herzen tragen.

Sieben

Knapp der Verhaftung entronnen

Bei meiner Wanderung durch Holstein durchquerte ich auch das schöne Neustadt. Da wird doch die Fernsehserie Küstenwache gedreht, kam es mir in den Sinn, und schon spekulierte ich auf einen Stempel in meinem Wanderbuch. Die Sonne schien hell vom Himmel, und es war sehr warm. War diese Idee eine Auswirkung der Hitze, oder stach mich einfach der Hafer im Übermut des Frühlings?

Die Polizeistation befand sich in einem prächtigen Haus mit beeindruckender Fassade aus der Gründerzeit. Die Tür war fest verschlossen, und vor den Fenstern wachten stabile Eisenstäbe. Wovor hatten die da drinnen Angst?

Ich entdeckte einen runden altmodischen Klingelknopf und drückte ihn einmal, zweimal, nichts rührte sich. Unverdrossen klingelte ich ein drittes Mal. Endlich öffnete sich ein kleines Fenster in der Tür, ein Augenpaar musterte mich lang und prüfend, dann ertönte der elektrische Türöffner. Ich drückte die schwere Türe mit aller Kraft auf und trat ein in eine angenehm kühle Halle. Hier könnte ich es eine Weile aushalten, ging es mir durch den Kopf.

Durch die offene Tür sah ich in ein Büro, wo sich ein

junger Polizeibeamter abmühte, einer schon in die Jahre gekommenen Schreibmaschine Buchstaben abzutrotzen, so wirkte es: wie ein Kampf. Links vor mir an einem halbrunden Tresen stand eine junge Polizeibeamtin, die mich erwartungsvoll musterte.

»Worum geht es?«, fragte sie. Es klang nicht freundlich.

Umso freundlicher trug ich mein Anliegen vor. Ich sei auf der Wanderschaft von Norden nach Süden. Ob sie mir zum Beweis meines Hierseins einen Stempel in mein Tagebuch drücken könnte.

Nun war es heraus, und das bedauerte ich fast ein wenig, denn ich wäre gern noch länger in der angenehm kühlen Polizeistation geblieben. Das sollte ich auch, wie sich schnell herausstellte, denn die in meinen Ohren harmlose Bitte war für die Polizistin alles andere als harmlos. Reichlich unwirsch fuhr sie mich an, was ich mir einbilde, da könne ein jeder kommen und einen Stempel wollen. Und überhaupt! Wenn ich schon so eine ungewöhnliche Bitte hätte, müsste ich die auch freundlicher vorbringen, als ich es getan hätte. Schließlich sei das hier eine Behörde, und ich wollte etwas von ihr, nicht sie von mir!

Ich hätte geschworen, sehr freundlich gebeten zu haben, ganz einfach, weil ich das immer bin, und wollte auch etwas erwidern, doch da legte sie erst recht los: Der Stempel sei ein Amtssiegel und könne nicht nach Gutdünken verwendet werden.

»Dann gehe ich eben wieder«, sagte ich. Es war viel zu heiß, um die junge Dame darauf hinzuweisen, dass Behörden ihren Bürgern dienen sollten.

»Ich kann sehr wohl entscheiden«, erwiderte sie, »wann und wo ich einen Stempel aufdrücke. Das liegt in meinem Ermessen, da brauche ich Ihren Rat nicht!«

»Nein, selbstverständlich nicht«, stimmte ich höflich zu.

»Also dann geben Sie mir Ihr Büchlein rüber, damit ich stempeln kann«, befahl sie ruppig.

Ich legte es auf den Tresen. Die Beamtin nahm einen Stempel zur Hand und suchte dann nach einem Stempelkissen. Das dauerte eine Weile. Ich genoss die Erholungspause im Kühlen und freute mich schließlich an dem wunderschönen Stempel ohne Fehl und Tadel, astrein aufgedrückt.

»Toll!«, lobte ich und fügte dann ein wenig schelmisch hinzu »Jetzt fehlt nur noch die Unterschrift.«

»Die was?«

»Was ist ein Stempel ohne Unterschrift schon wert? Keinen Pfifferling«, behauptete ich.

»Jetzt reicht's aber!«, rief die Beamtin und wollte dann wissen, ob ich überhaupt keinen Respekt vor Amtsvorgängen hätte.

»Oh, ich wusste nicht«, erwiderte ich in gespielt erschrockenem Tonfall, »dass Sie nicht unterschriftsberechtigt sind.«

Aus dem Nebenraum hörte ich es prusten.

»Und dann kriege ich nächste Woche eine neue Waschmaschine geliefert«, vermutete die Beamtin.

»Sehe ich aus wie ein Waschmaschinenverkäufer?«, fragte ich.

»Eigentlich nicht«, gab sie zu

»Na dann gehe ich wohl besser«, seufzte ich.

»Sie kosten mich Nerven!«, stöhnte die Beamtin und unterschrieb den Stempelabdruck.

Ich bedankte mich sehr herzlich und verabschiedete mich. Sie erwiderte meinen Gruß und rief mir nach: »Es ist heiß draußen! Vergessen Sie das Trinken nicht! Und alles Gute auf allen Ihren Wegen!«

Seltsamerweise klang das eigentlich nicht so, als hätte sie es bloß gesagt, weil sie mich nun endlich los war.

Acht

Auf den Knien

Die Schmerzen in den Knien ließen sich nun nicht mehr leugnen. Jeder Schritt eine Qual. Nur langsam kam ich vorwärts. Im linken Knie hatte es begonnen, ich hatte versucht, es zu schonen, und das rechte stärker belastet, nun schmerzten beide; Dolche in den Gelenken, Schritt für Schritt. Ich wanderte wie ein Fakir auf einem Messerpfad und hätte mich am liebsten ausgeruht, doch ich musste mich beeilen. Musste Lübeck erreichen.

Dort würde ich meine Frau Sigrid treffen, die zehn Tage mit mir wandern wollte. Sosehr ich mich auch ärgerte – es half nichts. In jämmerlichem Zustand würde ich ihr begegnen müssen. Mein ganzes Gewicht und das des Gepäcks auf Stöcke gestützt, weil die Beine mich nicht mehr trugen. Den zweiten Stock hatte ich mir zusätzlich gekauft. Sollte dies der Beginn des Endes sein? Es wäre die Kapitulation vor dem Krebs. Das kam nicht in Frage. Weiter. Weiter, Kurt! Entweder der Krebs gewinnt oder du, und wenn du gewinnen willst, dann musst du weitergehen. Also geh!

So erreichte ich völlig durchnässt Lübeck bei eisigem Regen und Wind. Ein Wetter zum Daheimbleiben. Ich suchte nach einer Möglichkeit, das Zelt aufzubauen. Fand nichts Passendes in der Stadt. Also erkundigte ich mich nach einem Zimmer.

In Bahnhofsnähe stieß ich auf eine günstige Pension. Endlich eine heiße Dusche und die Kleider reinigen und die Knie mit kalten Umschlägen behandeln. Auf dem Bett liegen. Ausruhen. Erkennen, wie angenehm die Nähe zum Bahnhof war. Da war mein Weg zu Sigrid nicht weit. Gleichzeitig war das ein erschreckender Gedanke. Dass ich nun Schritte sparen musste. Und auf der anderen Seite das große Glück:

ein Bett! Ein Dach über dem Kopf! Egal, dass es hereinregnete. Das Zimmer war günstig und bot genug Platz, mein nasses Gepäck zum Trocknen auszubreiten. Eine Heizung fehlte, doch ich fühlte mich fürstlich. Und dann auch wieder kläglich.

Wie sollte das weitergehen mit diesen schmerzenden Knien? Wie würde Sigrid auf meinen Zustand reagieren? Was trieb ich überhaupt hier in Lübeck in diesem Zimmer wie der arme Poet von Spitzweg unterm Dach. Meine Gedanken drehten sich im Kreis, und es dauerte lange, bis ich einschlief, eine Gnade: Im Schlaf vergaß ich die Schmerzen.

Regenprasseln weckte mich am nächsten Tag. Ich blieb sehr lange im Frühstückszimmer im Erdgeschoss sitzen, wo eine freundliche junge Frau mit großen warmen braunen Augen mir einiges aus ihrem Leben erzählte, während sie das Frühstück servierte. Dass ihre kleine Tochter krank und sie seit Monaten nicht mehr zu Hause in Polen gewesen sei, dass sie aus Kummer die ganze Nacht nicht geschlafen habe und es in Lübeck immer nur regne. Das ist wohl wahr, stimmte ich zu und blieb gern ein wenig länger im Frühstückszimmer sitzen. Dort war wenigstens geheizt. Viel zu langsam rückte der Zeiger der großen Wanduhr vor.

Sigrid sollte um zwölf Uhr mittags ankommen, um zehn schon zog es mich Richtung Bahnhof. Ich hatte gehofft, dort eine warme und trockene Wartehalle zu finden. Doch der Bahnhof von Lübeck präsentierte sich als Großbaustelle. Überdachte Wege zu den Bahnsteigen, links und rechts davon Sandwichbuden. Überall fegte ein eisiger Wind. Nirgendwo eine Nische zum Aufwärmen. Endlich wurde der Zug angekündigt, der mir meine Sigrid bringen sollte. Pünktlich auf die Minute rollte er ein, und es dauerte nicht lange, da entdeckte ich in der Ferne eine kleine Frau mit einem großen Rucksack. Meine Sigrid!

Während ich auf sie zuging, und der Wind Wolken wie Schafherden über den Himmel trieb, leuchtete der erste Sonnenstrahl dieses Tages auf unser Gleis. Einen kurzen Moment nur. Dann brach das Gewitter los. Wie ich aussehen würde! Zwei Stöcke! Ich könne ja kaum gehen! Die Wanderung müsse abgebrochen werden! Das sei nicht zu verantworten! Das wäre der reine Wahnsinn! Ich müsse endlich zur Vernunft kommen!

Traurig ließ ich die Predigt über mich ergehen. Sie hatte ja recht, meine Sigrid. Und trotzdem. »Du kannst machen, was du willst«, sagte ich. »Ich hör nicht auf.«

Ich wollte mich nicht ins Bett legen und ausruhen, sondern mit Sigrid die schöne Stadt Lübeck besichtigen. So eine Stadttour war wie Ausruhen für mich. Nach langem Hin und Her war Sigrid einverstanden. Schließlich war dies doch auch ein Kompromiss. Einen Tag in Lübeck bleiben, anstatt gleich weiterzuwandern. In meiner kleinen Pension tauschten wir mein Zimmer unterm Dach gegen ein Doppelzimmer. Die Altstadt von Lübeck, Rathaus, Fußgängerzone, eine Marzipankonditorei und der Kanal waren einige unserer Stationen der Stadtbesichtigung.

Wie im Flug verging der Tag, und als wir abends in der Pension eintrafen, fanden wir einen völlig aufgelösten Wirt vor. Die Polin, die bei ihm gearbeitet habe, sei einfach verschwunden, wie vom Erdboden. Einen großen Zettel habe sie hinterlassen in der Küche. Ein einziges Wort stünde darauf: Heimweh! So was könne man doch nicht bringen! Nach allem, was er für sie getan habe! Jetzt sei er völlig allein. Das sei der Dank! Dabei habe sie umsonst schlafen und essen können. Typisch Polen, erkannte er und setzte gleich noch einen drauf: So sind sie, die Frauen. Würden immer nur seine Gutmütigkeit ausnutzen, die er uns sofort bewies, indem er seine Lebensgeschichte an der Rezeption ausbreitete. Dass er finanziell Schiffbruch erlitten habe und keine Rücklagen für das Alter vorhanden seien, so sei er nun also gezwungen, bis zu seinem Tode hier zu hocken und auf Gäste zu warten, die er nun auch noch allein versorgen müsse, da ihn seine Mitarbeiterin so hinterrücks verlassen habe, obwohl sie es so gut bei ihm gehabt hätte, wie gesagt, Kost und Logis und auch noch ein Taschengeld. Wer solle jetzt das Frühstück zubereiten, wer die Zimmer richten? Fragen über Fragen, auf die er keine Antwort wusste und bis zum nächsten Morgen auch keine gefunden hatte: Das Frühstück fiel aus. Ich zögerte nicht, dies beim Bezahlen in Rechnung zu stellen.

Beim Verlassen der Pension war ich mir mit Sigrid einig: Wenn alle Stricke reißen, muss man selbst seinen Hintern hochheben und mit dem Schaffen anfangen. Mit Jammern ist kein Blumentopf zu gewinnen.

Neun

Wander-Doping

Das Wandern zu zweit war anders als das Wandern allein, und ich hatte es mir auch anders vorgestellt. Ich hatte geglaubt, munter neben Sigrid laufen zu können, doch meine Knie zwangen mich zu einem langsamen Schritt. Sigrid rannte vorneweg. Wie damals bei unserer Wanderschaft in Thüringen auf dem Rennsteig, als ich nicht wahrhaben wollte, dass etwas mit mir nicht stimmte. Meine Knie konnte ich nicht ignorieren. Jeder Schritt eine Qual. Manchmal gelang es mir, mich abzulenken. Doch das Wandern war keine Lust. Und dennoch gab es keine Alternative für mich, und das war ein ständiger Zündstoff zwischen meiner Frau und mir, die sich große Sorgen um mich machte.

Wir wanderten in Richtung des Elbe-Lübeck-Kanals. Dieser Kanal ist die Verbindung für die Binnenschifffahrt zwischen Elbe und Ostsee. Bei seiner Fertigstellung im Jahr 1900 sehr gut ausgelastet, ist die Bedeutung des Kanals heute nur noch gering, da Schleusen und Brückenabmessungen zu klein sind.

Durch den Naturpark Lauenburgische Seen verläuft parallel zum Kanal die historische Alte Salzstraße. Dort trafen wir drei E1-Wanderer. Insgeheim hatte ich mich schon gewundert, dass mir nie ein Wanderer begegnet war. In der Zeitung hatte ich gelesen, im Jahr 2007 wären über einhunderttausend Menschen auf dem Jakobsweg unterwegs gewesen. Was für ein Unterschied zum Europäischen Fernwanderweg Nummer eins, wo ich während meiner Wanderung insgesamt nur zehn Wanderer treffen sollte, die sich zudem lediglich Teiletappen vorgenommen hatten. Sieben dieser zehn waren übrigens allein wandernde Frauen!

Auch die zwei Männer und eine Frau; die uns an diesem Morgen am Elbe-Lübeck-Kanal begegneten, planten in mehreren Jahresetappen zu je zwei bis drei Wochen von Konstanz zur Kupfermühle an der Dänischen Grenze zu laufen. Bei unserer Begegnung waren sie den dritten Tag unterwegs, und einer der Männer hatte ernsthafte Probleme mit großen Blasen an seinen Füßen, die ihm das Laufen zur Qual machten. Auch ich hatte Blasen. An den Händen, die ja nun mein ganzes Gewicht trugen, weil ich mich auf die Stöcke stützte. An manchen Stellen waren die Blasen aufgeplatzt; und das rohe Fleisch schaute heraus. Ich versuchte diese Stellen vor Sigrid zu verbergen.

Die Nacht verbrachten wir am Ratzeburger See, nahe der Gemeinde Buchholz. Ein in der Nähe wohnender Förster gab uns auf die Frage nach einem geeigneten Zeltplatz diesen schönen Tipp. Am frühen Morgen ging es weiter in die große Kreisstadt Ratzeburg im Herzogtum Lauenburg, die bereits 1154 durch Heinrich den Löwen gegründet wurde. Der heutige Luftkurort ist durch drei Dämme mit dem Festland verbunden.

Auf dem Marktplatz rasteten wir eine Weile. Ich konnte das bunte Treiben leider nicht so entspannt beobachten, wie es mir lieb gewesen wäre. In meinen Knien tobte ein dauernder Schmerz; und noch belastender als der Schmerz war meine Sorge, dies könnte etwas Schlimmes sein, das mich am Weitergehen hindern würde. Die ständigen Anspielungen meiner Frau machten diese Sorge nicht kleiner. Als ich das Schild einer Arztpraxis entdeckte, beschloss ich spontan, mich untersuchen zu lassen. Sigrid wollte währenddessen Proviant einkaufen.

Da ich keinen Termin hatte, musste ich warten. Sehr lange. Fast zwei Stunden. Doch das Warten lohnte sich, denn der Arzt stammte aus Baden-Württemberg, und wir fanden gleich einen guten Draht zueinander. Er verstand, dass ich weitergehen musste, und redete mir nicht ein, nach Hause zu fahren und mich zu schonen, sondern gab mir einige Spritzen ins Knie und verordnete eine Elektrobehandlung sowie eine elastische Bandage. Außerdem bekam ich ein Rezept für ein starkes Schmerzmittel. Beim Abschied allerdings sagte er zu mir: »Ich zweifle sehr daran, dass Sie noch lange weitergehen können. Aber ich habe großen Respekt vor Ihrem Plan. Es ist mir völlig klar, dass nichts in der Welt Sie stoppen kann. Sie werden erst aufhören, wenn Sie am Boden liegen.«

Kannte er mich besser als meine Frau? Sigrid nämlich

wollte immer noch, dass ich mein Vorhaben aufgab. Gut, dass sie nicht mit beim Arzt gewesen war, so konnte ich ihr erleichtert berichten, dass meine Knie nicht ernsthaft verletzt wären, nur ein wenig überanstrengt und entzündet. Die Spritzen zeigten Wirkung, und ich fühlte mich zuversichtlich, was man mir allerdings nicht unbedingt ansah. Auf meine zwei Stöcke gestützt humpelte ich hinter Sigrid her.

Gegen Abend, es dämmerte schon, gingen wir am Rand eines schönen alten Buchenwaldes entlang. Die großen Bäume mit ihren mächtigen Kronen ragten dunkel und grau in den Abendhimmel. Bald schon würden die ersten grünen Knospen einen lichten Schimmer um sie breiten. Meisen und Finken zwitscherten ihre letzten Lieder des Tages. Fortwährend hielt ich Ausschau nach einem geeigneten Zeltplatz. Einige Häuser tauchten auf mit hohen Hecken um die Grundstücke. Eines zog mich förmlich an.

»Da frag ich mal«, beschloss ich.

»Das kannst du doch nicht machen!«, sagte Sigrid.

»Doch, das mach ich.«

»Bei Wildfremden klingeln!«

»Ich hab das schon einige Male gemacht, und es ist gar nicht so schwer, auch wenn es am Anfang Überwindung kostet.«

»Ich weiß nicht so recht«, blieb Sigrid skeptisch.

»Wenn man etwas möchte, dann muss man auch fragen«, erwiderte ich.

Meine Frau seufzte. Sie hatte es nicht leicht mit mir. Ich war nicht mehr der Kurt, den sie von zu Hause kannte. Ich hatte mich verändert, und daran musste sie sich erst gewöhnen. Auch ich musste mich daran gewöhnen. Seit ich wanderte, war ich zu einem anderen geworden und veränderte mich noch immer, Schritt für Schritt. Ich hatte Sigrid viele

Schritte voraus. Doch wir würden schon noch ein für beide passendes Schrittmaß finden, da war ich sicher. Schließlich war es immer so gewesen. Das zeichnet eine gute Partnerschaft aus. Mal geht der eine ein Stückchen vor, mal der andere, und dann geht man wieder ein Stück zusammen, und so bleibt es immer interessant.

Eine junge Frau, von fünf Mädchen umringt, erschien am Gartenzaun. Drei Kinder gehörten zu ihr, zwei waren Freundinnen der Töchter, wie wir später erfuhren. Selbstverständlich könnten wir unser Zelt im Garten aufschlagen. Sigrid staunte, ich freute mich, wie leicht es ging.

Zusammen mit der jungen Frau und den Kindern suchten wir im Garten nach einem geeigneten Zeltplatz. Die Sonne war gerade untergegangen, und ich beeilte mich, das Zelt aufzubauen. Sigrid sortierte unser Gepäck, und die Kinderschar, aufgereiht wie die sprichwörtlichen Orgelpfeifen, beobachtete uns unablässig. Jeder Handgriff weckte Neugier. Wozu die Heringe da seien, wozu die Spannseile, wie lange wir schon unterwegs seien, ob es ins Zelt hineinregne, ob wir Angst vor wilden Tieren hätten, wo wir aufs Klo gehen würden und vieles mehr. Von mir aus hätten die Mädchen immer weiter fragen können, mir ging das Herz auf dabei und ich dachte an meine eigenen drei Töchter und ihre unablässigen Fragen vor vielen Jahren.

Der Ruf der Mutter zum Essen unterbrach unser fröhliches Zusammensein. Die Mädchen wollten bei uns bleiben. Hin und her wurde verhandelt zwischen Kindern und Mutter, bis sie die Idee hatte, Sigrid und mich zum Abendessen einzuladen.

Meine Reaktion auf diese Einladung war einer der großen Fehler, die ich diesbezüglich aus Unwissenheit gemacht habe. Ich lehnte die Einladung ab mit der Begründung, dass wir das nicht annehmen könnten. Hier stand mir meine eigene Erziehung im Wege: Man soll nichts annehmen, was man nicht erwidern kann – wie hätte ich mich für diese Einladung revanchieren sollen?

Diese Haltung erlebe ich heute noch als vorherrschend in meiner Generation. Ich selbst habe meine Meinung mittlerweile geändert. Unterwegs habe ich gelernt, dass ich den Menschen, die mir etwas geben möchten, mit meiner Ablehnung die Freude am Geben verderbe. Diese Einsicht ist mir leider ein wenig spät gekommen. So manches wäre einfacher für mich gewesen, wenn ich das früher begriffen hätte. Doch lieber spät als nie!

Endgültig verstanden habe ich es erst viel später auf meiner Wanderung, als ich auf der Bank an einer Schulbushaltestelle eine kurze Verschnaufpause einlegte. Es war heiß, und meine Rucksäcke erschienen mir an diesem Tag besonders schwer. Eine jüngere Frau setzte sich neben mich. Sie wartete auf den Schulbus und ihren Sohn. Wir kamen ins Gespräch, und sie lud mich spontan zum Mittagessen ein. Ich hatte Hunger, und ich hatte Durst, und ich war müde. Doch ich sagte: »Nein danke.«

»Ich wohne in der Nähe, das vierte Haus dort hinten«, versuchte es die freundliche Frau noch einmal.

»Ich habe heute noch einen weiten Weg vor mir und muss mich sputen«, lehnte ich ab.

Es stimmte zwar, dass ich noch einen weiten Weg vor mir hatte, doch mein erklärtes Ziel waren die Menschen. Ob ich zwanzig oder vierundzwanzig Kilometer schaffen würde, das spielte an diesem Tag keine Rolle, da ich allein unterwegs war und Sigrid nicht auf mich wartete. Ich lehnte die Einladung ab, weil sie mir peinlich war und ich mich nicht revanchieren konnte.

Ich glaubte, wenn man mir etwas gäbe, müsste ich etwas

zurückgeben. Ich glaubte, der Austausch, das Zurückgeben, beziehe sich allein auf materielle Dinge. Aber vielleicht interessierte sich die Frau einfach für meine Wanderung? Vielleicht fühlte sie sich einsam? Vielleicht hatte sie das Bedürfnis, mir etwas Gutes zu tun? Vielleicht wollte sie ihrem Kind, das sie an der Bushaltestelle erwartete, zeigen, dass es verrückte Rentner gab, die sich zu Fuß auf den Weg nach Italien machten. Oder sie wollte gar nichts. Wollte einfach einem Impuls folgen. Etwas geben. Ohne groß darüber nachzudenken. Einfach so. Das habe ich verhindert – und es dann endlich begriffen an der enttäuschten Stimme und dem enttäuschten Blick der jungen Frau, mit dem sie sich verabschiedete, als ihr Sohn aus dem Bus sprang.

Diesen Fehler machst du nicht noch einmal, schwor ich mir. Nach jenem Tag nahm ich gerne und dankbar an, was mir geschenkt wurde. Ich ging immer davon aus, es geschähe mit offenem Herzen. Und wenn jemand etwas nur um der Höflichkeit willen anbot, dann war das nicht mein Problem. Ich nahm das mir Angebotene gern und dankend entgegen.

Doch bis dahin war es noch ein Stück Weg, und so saß ich mit Sigrid vor dem Zelt und verspeiste unseren mitgebrachten Proviant unter den neugierigen Blicken der Mädchen, deren Köpfe immer mal wieder an den Fenstern des Hauses auftauchten. Strikt lehnte ich auch das spätere Angebot der Badbenutzung ab. Ich wollte der netten Frau und ihrem Mann, der mittlerweile nach Hause gekommen und uns ebenfalls herzlich begrüßt hatte, keine Umstände machen.

Heller Sonnenschein weckte uns am Morgen. Es war schon acht Uhr; so lange hatten wir noch nie geschlafen. Ich öffnete den Zelteingang und schaute hinaus in den Garten, wo der

Tau der Nacht, Millionen von Perlen glitzernd in der Morgensonne, in den Gräsern hing. Auf der Terrasse des Hauses saß die junge Frau vor einem gedeckten Frühstückstisch. Sie erspähte mich und winkte. Sogleich stürmten die drei Orgelpfeifen zum Zelt. Anscheinend waren sie von ihrer Mutter zur Ruhe angehalten worden, solange wir schliefen.

Die junge Familie zeigte sich unbelehrbar. Mit hartnäckiger Freundlichkeit wurden wir zum Frühstück gebeten. Als wir Platz nahmen an dem üppig und liebevoll gedeckten Tisch, sagte der Hausherr, eigentlich hätte er uns gestern schon einladen wollen, doch er habe gehört, dass wir da eigen seien, und so habe man beschlossen, uns mit diesem Frühstück zu überraschen beziehungsweise vor vollendete Tatsachen zu stellen.

Der sympathische junge Mann rief anschließend in seiner Firma an, dass er eine Stunde später kommen würde. Er wollte uns gerne noch ein wenig Gesellschaft leisten. So saßen wir in der Frühlingssonne auf der Terrasse, die Kinder fragten uns Löcher in den Bauch, die wir mit frischen Brötchen sofort wieder füllten, und es war eine so herzliche und schöne Stimmung, dass mir der Abschied schwerfiel. Irgendwann reichte mir die junge Frau eine Tube Salbe. Sie hatte bemerkt, dass ich Schmerzen litt, und schenkte mir eine Salbe gegen Kniebeschwerden, die ihr selbst sehr geholfen hatte. Meine Augen wurden feucht bei all dieser Zuwendung, und der Abschied fiel noch schwerer.

Doch wir mussten weiter. Es war schon zehn Uhr, als wir den Kindern noch eine Kleinigkeit für ihre Sparbüchsen zusteckten und diesen paradiesischen Ort verließen mit satten Mägen und vollen Herzen.

Zehn

Der Tag der verlorenen Hose

Schon während des Frühstücks hatte ich gemerkt, dass der Kolotomiebeutel an meinem Körper sich füllte. Es war mir peinlich, das Badezimmer unserer freundlichen Gastgeber zu benützen, da ein Wechsel des Beutels immer mit Geruch verbunden ist. Ich hoffte, in der nahen Stadt Mölln eine saubere Toilette zu finden.

Durch die Schmerzen in meinen Knien, die auch die Salbe der jungen Frau nicht lindern konnte, stützte ich mich schwergewichtig auf meine beiden Stöcke und ging in gebückter Haltung eine lange Treppe Richtung Stadtmitte hinunter.

Durch diese Haltung löste sich langsam die Verklebung der Basisplatte an meinem Körper. Am Fuß der Treppe spürte ich, wie sich die Basisplatte komplett vom Körper entfernte und der ganze Beutelinhalt vom Bauch abwärts in die Hosenbeine rutschte.

Park der verlorenen Hose mit Sigrid, danach

Das ist wohl das Schlimmste, was einem Kolotomieträger außerhalb seiner Wohnung passieren kann. Sehr peinlich und sehr unangenehm. Um mich herum Autos, Menschen, Stadtleben. Keine Toilette in Sicht.

Sigrid las an meinem Gesicht ab, was geschehen war. Sie deutete nach links. Ein Park? Nichts wie hin. Mit kleinen Schritten! Welche Erleichterung, als ich einen künstlich angelegten See entdeckte. Da wurden meine Schritte gleich ein wenig größer. Meine Frau blieb hinter mir. Das Missgeschick war ihr ebenso peinlich wie mir. Welche Frau geht schon gerne im Stadtpark mit einem Mann spazieren, der die Hosen voll hat.

Ich bat Sigrid, auf einer Parkbank zu warten, bis ich mich gereinigt hätte, was am Ufer in der Deckung einer Trauerweide relativ gut gelang. Vorsichtig streifte ich meine Rucksäcke und die Jacke ab und stand schließlich im Adamskostüm am Stadtsee. Unterwäsche, Hemd und Strümpfe wusch ich im See aus, reinigte mich selbst und erneuerte mein Stoma von Grund auf. Das alles dauerte eine Weile, und nach kurzer Zeit tauchte Sigrid auf, um mir zu helfen.

Wir lachten, als wir uns vorstellten, wie die Leute reagieren würden, wenn ich in Unterhosen weiterwanderte. Meine Cordhose, das war klar, würde ich zurücklassen. In einer Plastiktüte verstaut entsorgte ich sie in einem Abfallbehälter und zog schließlich meine Ersatzhose an.

Till Eulenspiegel und ich

Wie passend, dass mir dies in Mölln, der Eulenspiegelstadt, passierte. Deren Namensgeber war nämlich nur äußerlich ein Narr mit seinem Markenzeichen: Narrenkappe mit Eselsohren und Schellen. Seine Streiche verraten einen klugen Kopf, der mit schalkhaftem Erfindungsreichtum Missstände aufdeckte. Einmal hatte Till Eulenspiegel – fast wie ich, wenn auch ohne Not – sein nacktes Hinterteil in Mölln gezeigt: Er hatte es allerdings zum Fenster hinausgehalten, nicht bloß dem Stadtsee entgegengestreckt …

Elf

Von Busfahrern und Busfahrerinnen

Langsam, Tag für Tag, näherten Sigrid und ich uns Hamburg durch die Ausläufer des Sachsenwaldes hinunter ins Tal der Bille. Die Sonne schien hell durch die mächtigen Kronen alter Eichenbäume und sandte ihr wechselvolles Licht bis auf den Boden, wo vereinzelt Buschwindröschen und Scilla ihre Blüten durch das alte Laub der Bäume streckten.

In zahlreichen Windungen floss die Bille Richtung Hamburg. Unser Weg folgte dem Flusslauf, auf und ab. Dieser kleine Fluss hatte sich tief in die Landschaft eingegraben, und so waren reizvolle Auen, Höhlen und Abbrüche entstanden. Abwechslungsreich war diese Wanderung durch Wald und Tal, vorbei an dem Gut Silk mit seinem großen Anwesen.

Nach einigen Stunden mündete unser Weg in eine parkähnliche Landschaft. Die Geräusche der Stadt kamen näher, die Waldesruhe war vorüber. Wir waren wieder in der Gemeinschaft von Menschen mit all ihren Lauten und Klängen. Nach der tagelangen ruhigen Wanderstrecke schmerzte das zu Anfang fast ein wenig in den Ohren. Und auch im Herzen. Hamburg war das Ende unserer ersten gemeinsamen Etappe. Übermorgen würde Sigrid mit dem Zug nach Hause fahren.

In Reinbek angekommen, galt es für uns aber zunächst einmal ein preiswertes Quartier für zwei Übernachtungen zu finden. Das war schwieriger als gedacht, obwohl uns einige sehr nette Einheimische bei der Suche halfen. Wir hatten keine andere Wahl, als auf die Außenbezirke auszuweichen. Man riet uns, mit dem Stadtbus nach Ohe zu fahren, denn Hamburg und Reinbek waren ein zu teures Pflaster für uns.

Mit unserem ganzen Gepäck war es nicht so leicht, in

den engen Bus zu steigen. Kaum schaffte ich es mit meinen schmerzenden Knien die hohen Stufen hinauf, und es dauerte ein wenig, bis ich vor dem Fahrer stand und fragte, was die Fahrt mit Rückfahrkarte kosten würde. Ich erhielt eine brummige Antwort und zwei Fahrscheine für fünf Euro.

Während der Fahrt rechnete ich aus, dass uns der Aufenthalt in der Nähe der Großstadt teuer zu stehen kommen würde. Unsere Reisekasse war bereits überstrapaziert. Wenn wir für jede Fahrt fünf Euro bezahlen sollten, hätten wir auch gleich in Reinbek bleiben können, schließlich würden wir auch U- und S-Bahn-Tickets benötigen.

Nach fast zwanzig Haltestellen und einer zwangsläufig kleinen Stadtrundfahrt durch die Außenbezirke waren wir endlich in Ohe, fanden das uns empfohlene günstige Quartier und machten uns frisch, ehe wir ohne Gepäck erneut nach Hamburg aufbrachen.

Diesmal mussten wir nicht lange auf den Bus warten. Eine freundliche Busfahrerin zeigte Geduld, bis ich eingestiegen war, und machte dann von sich aus den Vorschlag, eine Tageskarte für acht Euro zu erwerben, mit der wir den ganzen Tag alle Verkehrsmittel Hamburgs nutzen könnten. Ich staunte nicht schlecht und bedankte mich herzlich für ihre entgegenkommende Freundlichkeit, die mir in Erinnerung an ihren brummigen Kollegen wie eine Wohltat erschien. Ich schilderte ihr den Vorfall dann auch kurz, sie zuckte mit den Achseln und dann ging es los Richtung Hamburg.

Am U-Bahnhof Reinbek, der Endstation, stiegen wir aus und machten uns auf den Weg in den Untergrund. Wir standen schon kurz vor der Treppe im Inneren der Station, als wir plötzlich einen Ruf hinter uns vernahmen: »Hallo! Hallo!« Eher aus Neugier drehte ich mich um. Es war die Busfahrerin! Noch ganz außer Atem vom Laufen fragte sie uns, ob wir unsere Fahrscheine vom Vormittag noch hätten.

Verdutzt suchte ich in meinen vielen Taschen, und siehe da, zwischen Kleingeld und Messer fand ich sie und reichte sie der Busfahrerin. Daraufhin drückte sie mir einen Fünfeuroschein in die Hand und sagte, wir sollten nun mit unseren Tageskarten weiterfahren, die andere Sache würde sie intern mit ihrem Kollegen klären.

Mir verschlug es die Sprache – und das kommt selten vor. Die Fahrerin wünschte uns noch einen schönen und erlebnisreichen Tag in Hamburg, drehte sich um und rannte zurück zu ihrem Bus. Sigrid und ich schauten ihr staunend nach. Was für ein vielversprechender Beginn unserer Stadtbesichtigung!

Die gemeinsame Zeit in Hamburg verging wie im Flug, und dann musste ich Sigrid auch schon zum Zug bringen. Das machte mich traurig, denn gerade in den letzten Tagen hatten wir uns richtig »eingelaufen«. Der holprige Beginn war vergessen, meinen Knien ging es dank der Tabletten ein klein wenig besser, und wir waren das eingeschweißte Wanderteam, das wir sonst auch sind.

Ich hätte viel darum gegeben, mit Sigrid weiterwandern zu können, doch das war nicht möglich. Dafür reichte das Geld einfach nicht, und so versuchten wir, das Beste daraus zu machen.

Sigrid sprach von zu Hause, wie viel Arbeit dort auf sie wartete, vor allem im Garten. Ich dachte an den Weg, der vor mir lag. Beim nächsten Mal, wenn wir zu zweit wandern würden, nahm ich mir vor, werden wir keine solchen Anfangsschwierigkeiten aufkommen lassen.

Der Abschied von Sigrid fiel mir dann auch sehr schwer. Als ich ihr den Rucksack ins Abteil gehoben hatte und sie am Zugfenster stand, ihre warmen braunen Augen und ihr liebevoller Blick auf mir ruhend, ging mir ein Lied von Reinhard Mey durch den Kopf, das ich ihr schon so manches Mal vorgespielt und in Gedanken oftmals gesungen hatte:

Wie vor Jahr und Tag lieb ich sie noch.
Vielleicht leiser, doch bewusster noch.
Jedoch, was ich dir sagen mag:
Ich liebe dich wie vor Jahr und Tag.

Zwölf

Die Diamantennacht

Allein zog ich weiter, bei kaltem, windigem Wetter durch bis an den Horizont reichende Obstplantagen und schmucke Bauerndörfer, immer in Richtung Süden der Fischbeker Heide zu.

Sehr spät am Abend, die Sonne hatte sich schon am westlichen Horizont verabschiedet, suchte ich in dieser großartigen Heidelandschaft einen Platz zum Übernachten.

Unübersehbare Hinweistafeln hatten mich vielfach darauf aufmerksam gemacht, dass das ganze Gebiet bis hin zu den Schwarzen Bergen ein Naturschutzgebiet wäre. Zelten war nicht gestattet. Ich hielt mich an dieses Verbot und hoffte, in der Nacht vom Regen verschont zu bleiben. Auf einer leichten Anhöhe fand ich schließlich einen geeigneten Platz. Eine kleine Gruppe von Birken, deren weiße Stämme die Dämmerung erhellten, sollte mit ihren Ästen mein Dach für die Nacht bilden.

Ich befreite mich von meinen beiden schweren Rucksäcken und atmete wie jeden Abend erst einmal auf, froh, die Lasten von meinen Schultern zu streifen. Aus trockenen Kiefernzweigen baute ich einen Windschutz, blies meine Luftmatratze auf und legte sie dann ins Heide- und Blaubeerkraut. Nun noch schnell die Rucksäcke mit Ästen abgedeckt, und dann nichts wie hinein in den Schlafsack in der Hoffnung, dass mir bald warm würde.

Ich lag ganz still zwischen dem Heidekraut und spähte durch einen schmalen Sehschlitz in die Nacht. Ein starker Wind ließ die Gipfel der Bäume vor und zurück schwingen, und ganz schwach lag der Salzduft des Meeres in der Luft. Einzelne Vogelstimmen verabschiedeten sich in die Nacht. Nur die großen schwarzen Rabenvögel wollten keine Ruhe geben; ihr Ruf war weithin zu hören.

So lag ich, schaute in den dunklen Abendhimmel, sah den dahineilenden Wolken zu, und über das Schauen und Horchen muss mich der Schlaf übermannt haben.

Als ich aufwachte, war rings um mich pechschwarze Nacht. Kein Licht weit und breit. Keine Stadt, kein Dorf, kein Gehöft, kein Auto. Nichts. Bloß ich ganz alleine und der Wind und die Bäume und in der Ferne das Meer. Wie weiße Feengestalten standen im Umkreis die Birkenstämme, Wächter meines Schlafes und Hüter der Geheimnisse der Nacht. Es war eine unheimliche, aber schöne Stimmung, und je wacher ich wurde, desto klarer wurde mein Blick, und die Feen verwandelten sich zurück in Birken.

Dennoch war offensichtlich gezaubert worden, während ich schlief, denn die drohenden dunklen Wolken waren verschwunden. Wie blank geputzt stand der Himmel hoch über mir.

Durch starke Luftströmungen in großer Höhe war das Licht der Sterne nicht wie üblich stetig und ruhig: Der Himmel war übersät mit glitzernden, blinkenden Sternen. Als hätte ein Riese beim Spielen in eine Schatztruhe mit Diamanten gegriffen und sie mit einer schwungvollen Handbewegung in weitem Bogen über den Nachthimmel gestreut, einfach so, um zu zeigen, wie unermesslich reich er sei. Unermesslich reich wie ich in diesem Augenblick.

Eine helle Sternschnuppe zog im rasenden Flug einen weiten Bogen über das Firmament und kurze Zeit später zwei kleinere, die sich auf ihrem Wege mehr Zeit ließen.

Plötzlich ein leises Rascheln, mehr zu ahnen als zu hören, und drei schemenhafte Gestalten wenige Meter vor mir. Ganz still liegend, nur die Augen bewegend, beobachtete ich die drei Rehe. Die nun ihrerseits mich beobachteten. Aus klaren Augen schauten sie mich unverwandt an. Ohne Angst. Ohne das Flackern von Flucht im Blick. Sie blieben einfach da, so, wie auch ich einfach da war. Wir gehörten zusammen. Sie empfanden mich als zugehörig, einen Teil der Natur. Und so empfand ich es auch in dieser Nacht, die ich bis heute die Diamantennacht nenne.

In dieser Nacht spürte ich mit jeder Faser meines Körpers eine Verbundenheit mit dem ganzen Universum. Ich war ein Teil der belebten und unbelebten Materie. Ich war zu Hause unter dem weiten Himmelszelt und schämte mich meiner Tränen ob der Schönheit und Erhabenheit dieses Augenblickes nicht.

Viele Tage später erkannte ich, dass diese Nacht den Beginn meiner Verwandlung markierte. Ich wandelte mich vom funktionierenden zum bewusst erlebenden Menschen. Einen geheimnisvollen Schleier lüftend, spürte ich das wahre Leben in seiner einfachen Klarheit.

Dreizehn

Ein Flaschengeist im Wald

Stunde um Stunde trugen mich meine Füße durch den weichen weißen Sand der Heide, und mit jedem Schritt sank ich ein klein wenig ein. Feine Staubwölkchen stiegen von meinem Weg auf. Dieses Gehen wie durch Schnee machte müde, und meine Knie schmerzten. Der lange Pfad im heißen Sonnenschein schien kein Ende nehmen zu wollen. Links und rechts des Weges lockte kühler Schatten von Birken und Kiefern, doch ich musste weiter, immer weiter. Niemand begegnete mir. Ich war allein. Und ich war durstig. Seit dem gestrigen Abend war mein Proviant aufgebraucht, und auch meine Wasserflaschen waren leer.

Schon oft hatte ich unterwegs Hunger und Durst verspürt. Doch an diesem Tag war der Durst besonders quälend. Trocken mein Mund, die Zunge dick, keine Spucke mehr.

Eintönig zog sich der Weg dahin, wenig Abwechslung in der Landschaft, nur die Sonne immer heißer. Wüste, dachte ich. Kleine vertrocknete Kadaver toter Tiere passten gut in dieses Bild. Ob ich im Kreis lief? So wie meine Gedanken … An Sigrid. Den Rennsteig. Den Krebs. Meine Töchter, Eltern, Freunde, den Beruf. Mein ganzes Leben marschierte ich auf und ab in diesen Stunden in der Wüste. So viel hatte ich noch nie über mein Leben nachgedacht wie auf dieser Wanderung. Mein ganzes Leben. All die Jahre, in denen ich vor allem funktioniert hatte. Das hätte ich mir nicht träumen lassen, dass ich es einmal so bezeichnen würde. Man tat eben, was getan werden musste. Das war normal. Nun eröffneten sich mir plötzlich Alternativen. Ich habe ja immer nur funktioniert. Gut geschmiert, wie in einer Schiene. Bis mein Körper nicht mehr wollte. Aber wie er jetzt lief! Jeder

Schritt ein Danke, und über mir der diamantene Himmel, für immer. Niemals würde ich ihn verlieren, so stark hatte er sich eingebrannt in meine Seele.

Was geschah da mit mir?

War es die Hitze, der Wassermangel, litt ich unter Halluzinationen? Ich war nicht mehr allein. Plötzlich links neben mir: ein anderer. Sah aus wie ich, nur irgendwie dünner, durchsichtiger. Ging neben mir her. Wie ein Spiegelbild. An meiner linken Seite. Später war ich es selbst, der da links schritt mit dem leichten Körper wie durchsichtig, und schaute nach rechts und sah einen Peipe gehen mit den schweren Rucksäcken und den Stöcken … und spürte keinen Schmerz, ging leicht und sicher mit großer Zuversicht, und alles war gut so, wie es war, und ich fragte mich nicht, ob ich träumte oder verrückt geworden war. Ich ließ es einfach geschehen.

Ich war immer ein betont rationaler Mensch. Da ist rechts, und dort ist links. Gegen die Kirche als Institution habe ich Einwände, weil sie Menschenwerk ist. Der Urglaube jedoch, der alle Menschen verbindet, pulsierte stets stark in mir.

Dennoch war ich auch ein Zweifelnder. Denn in dieser Sphäre gibt es keine Beweise. Doch auf einmal war es nicht mehr wichtig, wo – in übertragenem Sinne – rechts und links war, der Weg lag vor mir, und ich spürte: Ich kann den Glauben nicht hinterfragen. Der Glaube ist ein Teil meiner Seele. Er ist da, auch wenn mir das Wort Glaube nicht gefällt. Groß, wahr und überwältigend wie die diamantene Nacht.

Gedankenverloren hatte ich nicht aufgepasst, ein Stolpern, und schon fiel ich zu Boden. Wie bei jedem Sturz zogen mich die beiden Rucksäcke schwer nach unten. Mühsam rappelte ich mich hoch und hatte gar keine Lust weiterzugehen. Wäre gern ein wenig liegen geblieben. Doch ich musste weiter. Ich brauchte Wasser und etwas zu essen. Also schritt ich voran, stets Ausschau haltend nach einer Wasserstelle. Es gab kein Wasser in dieser Gegend, kilometerweit nicht, bis der Weg einen leichten Schlenker in einen Kiefernwald hinein machte.

Dort sah ich von weitem etwas Rundes, Rotes auf dem Boden liegen, das da bestimmt nicht hingehörte. ... Eine Flasche? Litt ich doch an Halluzinationen? Eine Fata Morgana im Kiefernwald? Ich beschleunigte meine Schritte, näherte mich dem roten Etwas – und tatsächlich: Eine Flasche, und sie war auch noch voller Wasser; genießbar, wie ich nach einem Probetropfen feststellte. Herrliches, fast frisches Wasser ohne Beigeschmack. Ich genoss drei kräftige Züge und verstaute den Schatz dann in meinem vorderen Rucksack. Ich wusste ja nicht, wann ich an die nächste Quelle gelangen würde. Bei jedem Schritt das Glucksen des Wassers in der Flasche zu hören erfüllte mich mit Zuversicht und Freude.

Spät am Abend schlug ich mein Zelt mitten im Wald auf. Für diesen Tag und den nächsten Morgen war die Flasche Wasser mein einziger Proviant. Trotz meines großen Hungers war ich froh und zufrieden. Irgendeine Macht, das fühlte ich seit Tagen, hatte sich meiner angenommen. Da war etwas, und das wollte, dass es mir gutging. Ich konnte es nicht mehr leugnen: Ich fühlte mich geführt.

So wanderte ich weiter mit meinen Schmerzen und wurde gleichzeitig immer freier und leichter. Immer bewusster wurde ich vom Wanderer zum Pilger der alles hinter sich gelassen hat: losgelassen. Der nur dabeihatte, was er tragen konnte – in seinen Rucksäcken und in seinem Herzen –, und an die Häuser fremder Menschen klopfte und um Wasser bat.

Viele Menschen wollten mir während meiner Reise kein Leitungswasser für meine Flasche geben. Sie füllten Mineralwasser in die Flasche, obwohl mir das nicht so lieb war. Ich nahm es dankend an. Es erschien mir wie ein Symbol. Wasser brauchen wir alle, und ich bat andere Menschen um Wasser, das sie mir gerne gaben.

Einmal fragte ich eine Frau, die im Garten mit einem Schlauch ihre Beete goss, ob sie mir etwas in meine Flasche füllen würde. Sie lehnte ab, weil es Brunnenwasser sei, und lief ins Haus, Sprudelwasser zu holen; reichte mir zudem ein Käsebrot mit frischen Salatblättern und zwei Äpfel über den Zaun. Fast überall wurde ich gastfreundlich empfangen.

Wenige Male bloß klopfte ich an verschlossene Türen, und dann verstand ich es auch. Wenn es schon spätabends war und eine alleinstehende Dame vorsichtig die Tür öffnete – und schnell wieder schloss. Oder wenn jemand nicht so recht wusste, wie er auf meine Bitte, das Zelt in seinem Garten aufzuschlagen, reagieren sollte. Sobald ich spürte, dass die Angst überwog, zog ich weiter. Doch das geschah nur selten. Meistens fühlte ich mich willkommen, und die Menschen wiesen mir gerne einen Platz für mein Zelt zu, und viele gaben mir darüber hinaus auch Proviant, Wasser oder etwas anderes. Zuversicht, Hoffnung, ein Lächeln, interessante Impressionen, tiefe menschliche Begegnungen.

So erkannte ich nach und nach, dass die Welt nicht so schlecht ist, wie sie in den Medien dargestellt wird. Dass die Menschen nicht so rücksichtslos, raffgierig, egoistisch und kaltherzig sind, wie in den Zeitungen behauptet. Ganz im Gegenteil: Ich lernte sie kennen als Brüder und Schwestern. Etwas mehr Schwestern, muss ich gestehen, da ich viel häufiger von Frauen als von Männern angesprochen und unterstützt wurde. Frauen zeigten sich insgesamt hilfsbereiter, neugieriger, offener. Von ihnen konnte ich mehr lernen, was Zuhören, Gemeinschaft und Fürsorge betraf. Das war keine Überraschung für mich. Dass die Frauen den Männern diesbezüglich einiges voraus haben, war mir schon früher klar, wenn ich auch noch nicht erkannt hatte, wie wichtig diese Werte sind. Nicht nur zu funktionieren, sondern ganz Mensch zu werden?

Es fiel mir auf, dass allein wandernd mehr Menschen auf mich zukamen als in der Zeit, in der ich mit Sigrid unterwegs war. So zeigte sich auch meine eigene Offenheit. Allein unterwegs war ich empfangsbereiter für die Umwelt als in der Gemeinschaft mit Sigrid, wo meine Antennen sich vor allem auf sie, weniger auf die Umgebung richteten.

So gern ich mit ihr gegangen wäre, es war gut, dass ich alleine war. Vielleicht hätte sich der zweite Peipe, dieser leichte und durchsichtige Geselle, der immer öfter an meiner linken Seite erschien und in dessen Position ich mehr und mehr schlüpfte, sonst nicht offenbart. Er, der vielleicht immer da war. Aber ich hatte ihn nicht wahrgenommen. Nun entwickelte er sich im stummen Dialog Schritt für Schritt. Ich hoffte, die Zeit, die mir noch blieb, möge lang genug sein, um eine bleibende Veränderung in mir zu bewirken. Nie mehr wollte ich in den alten Trott zurückfallen. Nicht verlieren, was ich mir erobert hatte. Ein neues Leben. Oder ein altes Leben? Ich empfand es als mein eigentliches Leben. Ich war an meinem Kern angelangt.

So ging ich weiter, immer weiter, und mein Gehen verwandelte sich. Eine Zeitlang schaute ich weniger nach außen und mehr nach innen, wo es auch Bäume gab und Berge, Dünen und Gewässer, Schluchten und Steinbrüche, Hindernisse, Wolkenkissen. So wanderte ich in meinem Inneren durch die Jahre, während ich die Lüneburger Heide durchquerte wie ein Grenzgebiet, innen und außen, und spürte mein Ziel: eins werden mit allem. So erreichte ich die Leere, als ich durch alle Höhen und Tiefen im Inneren gewandert war. Eine erholsame Leere. Eine Leere wie Nichts und wunderbar.

Drei Tage hielt ich mich dort auf und wanderte immerfort. Wanderte durch die weite Leere. Nie zuvor war ich hier gewesen. Es war wie eine Geburt. Ich lag im Heidekraut und weinte, und es war gut so. Alles war gut so. Ich konnte nun beginnen, die Leere zu füllen mit all dem Neuen, das wuchs in dieser nie gekannten wunderbaren tiefen inneren Ruhe. In mir war keine Angst. Keine Furcht vor dem Tod. Nicht mal vor dem Sterben. Ich war angekommen. In der Stille bei mir selbst. Dort konnte mir nichts geschehen.

Vierzehn

Klopfet an, so wird euch aufgetan!

Ich überlegte mir, wie das wäre, wenn ein Wanderer früher an meine Haustür geklopft hätte. Meine Frau hätte mich gerufen: »Kurt, da ist einer«, hätte sie gesagt, und ich hätte mir die Bitte des Fremden angehört und ... Ich sah der Wahrheit ins Auge.

Wahrscheinlich hätte ich den Mann weitergeschickt ins Dorf, dort gab es ein Gasthaus. Ob ich deshalb unter einem schlechten Gewissen gelitten hätte? Vermutlich ja. Und wenn ich ihm trotz meiner Bedenken – wieso eigentlich Bedenken? – Obdach gewährt hätte: Hätte ich ruhig geschlafen in dieser Nacht?

Warum war das alles so kompliziert? Was war denn schon dabei: Ein Wanderer bittet um ein Nachtlager, und fertig. So etwas war früher, als die Zäune zwischen den Menschen noch niedriger waren, gang und gäbe.

»Ich hätte dich nicht hereingelassen«, vertraute mir meine Schwägerin kürzlich betroffen an.

»Ich mich auch nicht«, konnte ich sie da trösten und wunderte mich, dass mich fast niemand abgewiesen hatte.

Ein einziges Mal nur wurde meine Bitte um einen Zeltplatz abschlägig behandelt, ich wurde an diesem Ort sogar unfreundlich empfangen. Aus diesem Grund möchte ich den Ort nicht nennen und »verstecke« ihn deshalb hier an diesem Punkt meiner Reise, wo er eigentlich nicht hingehört, denn es geschah nicht in der Gegend der Lüneburger Heide, wo es so flach ist, dass man morgens schon sieht, wer abends zu Besuch kommt. Vielleicht hat es den betreffenden Personen im Nachhinein leidgetan, oder es handelte sich bei unserem Zusammentreffen um ein Missverständnis. Mir hat es schwer zu schaffen gemacht, und ich habe mich Tage danach noch bedrückt gefühlt.

Früh am Nachmittag trat ich durch ein Tor in ein gut erhaltenes, im Flair des Mittelalters blühendes Städtchen. Viele Besucher säumten die Straßen, gepflegte Häuser und saubere Plätze erfreuten mich, der ganze Ort wie ein Vermächtnis aus alter Zeit. Kirche, Pfarrhaus und Gemeindehaus lagen nah zusammen.

Der Küster der Kirchengemeinde mähte den kleinen Rasen vor dem Haus. Ich sah ihm eine Weile zu, dann kam mir der Gedanke, ihn zu fragen, ob ich vielleicht auf dem Rasen beim Gemeindehaus mein Zelt aufschlagen dürfe. Auf meinen Gruß blickte der Küster mich nicht gerade freundlich an, ich spürte instinktiv, meine Anwesenheit störte ihn. Dennoch trug ich meine Bitte vor. Schließlich befand ich mich hier doch auf christlichem Hoheitsgebiet? Er antwortete mir, es gäbe keinen Rasen.

Diese Antwort reizte mich, es erneut zu versuchen, und

ich fragte, ob es eine andere Möglichkeit gäbe, wo ein Wanderer wie ich sein Zelt aufschlagen oder übernachten könne. Der Küster brummte »Hm, ja, vielleicht«, drehte mir den Rücken zu und kehrte den Hof. Ich wartete. Nach einigen Minuten schlenderte der Küster zu mir. »Ich hab da eine Idee.«

»Ja?«

»Das alte Pfarrhaus steht leer. Da könnten Sie bleiben. Aber vorher muss ich den Pfarrer fragen.«

»Danke! Das verstehe ich voll und ganz – wann kommt der Herr Pfarrer denn?«

»In einer Stunde etwa.«

»Also kaufe ich derweil Proviant in der Stadt ein und warte dann auf der Bank unter der Linde.«

Vor dem Gemeindehaus an einen Tisch in der Sonne saßen drei Damen mittleren Alters ganz vertieft in schriftliche Arbeiten. Der Küster räusperte sich. »Wir können die drei Damen fragen. Die wissen vielleicht Bescheid. Aber lassen Sie mich sprechen.«

»Gerne«, nickte ich und schwieg, während der Küster den Damen mein Anliegen vortrug. Sie musterten mich abschätzend, und eine davon schämte sich nicht, mich sehr langsam von oben bis unten zu taxieren. Unwohl fühlte ich mich unter ihrem Blick, und unfreundlich war die Atmosphäre.

»Nein, das können wir nicht entscheiden«, meinte schließlich eine der Damen, »das muss der Pfarrer selbst verantworten.«

Unausgesprochen zum Landstreicher degradiert kam ich eine Stunde später wieder. Der Pfarrer blieb unsichtbar. Die Damen saßen noch immer am Tisch, der Küster strich einen Fensterladen.

Ich wartete. Nach zwei Stunden war noch immer kein

Pfarrer eingetroffen. Niemand sprach mit mir. Ich wurde ignoriert. Wie ein Bettler eben. ›Klopfet an, so wird euch aufgetan‹, ging's mir durch den Sinn. Ein Spruch, der für diese Christenmenschen nicht galt? Mein Hinterteil schmerzte von der steinernen Bank. Der Küster räumte seine Arbeitsutensilien ein und verschwand in der Kirche. Die Damen beobachteten mich verstohlen. Ich rührte mich nicht unter der Linde, der Dinge harrend, die da wohl kommen mochten. Es kam aber nichts. Kein Pfarrer, kein Küster, keine Antwort.

Um achtzehn Uhr läuteten die Kirchenglocken zur Abendandacht. Im Eilschritt rauschten die Damen an mir vorbei, der Gottesdienst rief, würdigten mich keines Blickes, die letzte im Trio drehte sich um und flüsterte, der Herr Pfarrer käme später. Die Damen verschwanden in der Kirche, wo sie anscheinend Wichtiges erwartete. Ich blieb draußen. Kein Pfarrer in Sicht.

Oder benutzte er einen Hintereingang? Auch der Küster und die Damen schienen diesen Eingang/Ausgang zu benutzen. Ich sah sie nie wieder, packte mit den Glockenschlägen gegen neunzehn Uhr meine Rucksäcke und verließ die schöne Stadt, wanderte in den Wald, wie es sich für einen Landstreicher wie mich wohl gehörte.

Ich schlug mein Zelt schließlich unter dem grünen Dom des Waldes auf und spürte mit allen Sinnen: Hier bin ich willkommen. So willkommen, wie ich bei allen Menschen war, die ich unterwegs traf. Ein so großes Geschenk, dass mir die Worte fehlen, es zu beschreiben.

Ob ich eine Intuition für diese Orte besaß oder zu den freundlichen Menschen geführt wurde oder Freundlichkeit erntete, weil ich selbst den Menschen offen begegnete?

Und immer wieder diese tiefe Dankbarkeit. Dass ich dies

erleben durfte. Dass ich überhaupt noch da war. Dass ich so vielen interessanten und warmherzigen Menschen begegnete, die mir ihre Geschichten erzählten, mit denen ich tiefe Gespräche führte. Das alles musste doch einen Sinn haben. Mein Dasein war nicht umsonst. Mit meinem Zuhören konnte ich vielleicht etwas zurückgeben. Ich bekam unendlich viel geschenkt auf eine neue Art und Weise, eine unsichtbare und tief bewegende.

So ging ich und ging, weiter und weiter, setzte meine Füße voreinander im immer gleichen schnellen Schritt auf meinem vielleicht letzten langen Weg auf Erden. Wurde immer ruhiger dabei. Abschalten konnte ich beim Wandern stets. Sobald ich in meine Wanderstiefel schlüpfte, war alles vergessen.

Doch diesmal war es anders. Ich schaltete nicht ab, wollte das auch gar nicht. Ich schaltete vielmehr an, und gleichzeitig fuhren Antennen, von deren Existenz ich nichts geahnt hatte, nach außen. Und auch nach innen. So wanderte ich wie eine einzige Empfangsstation, und ich empfing von innen und von außen. Was ich empfing, machte mich ruhig und ruhiger, und immer tiefer wurde meine Zuneigung zu den Menschen.

Es heißt, dass man sich im Alter nicht mehr ändern könne. Ich habe mich verändert. Mit jedem Schritt. Bewusst wurde mir dies erst, als ich viele Schritte getan hatte.

Was war nun wichtig? Wirklich wichtig? War es wichtig, welcher Politiker was gesagt hatte? War es nötig, dass mich das in Rage brachte, wie früher so oft? Nein, es war nicht nötig. Es war mir nicht wichtig. Nicht mehr. Jahrelang war ich mit dem Kopf gegen die Wand gelaufen.

»Du kannst doch sowieso nichts ändern, mach dich doch

nicht verrückt«, hatte Sigrid oft zu mir gesagt. Ich konnte nicht nachlassen. Keine Ruhe finden. Wenn ich den Eindruck hatte, etwas würde schieflaufen, dann musste ich eingreifen, handeln, es ändern. Es zumindest versuchen.

Nun sah ich auch Dinge, die schieflagen, aber ich musste nicht mehr dagegen anrennen, ich konnte Abstand nehmen. So wie zu der einen großen Sache, die schieflag in meinem Bauch. Und ich nahm Abstand. Beschäftigte mich nicht mit der Schieflage, sondern damit: Was ist für mich wichtig? Meine Familie. Die Menschen, die mir begegnen. Alles, worauf ich unmittelbar Einfluss nehmen kann. Das war mir wichtig, und ich wollte mich so verhalten, wie es meinen Werten entspricht. Darauf kam es an. Die große weite Welt, die brauchte ich nicht mehr. Schritt für Schritt verabschiedete ich mich von ihr – und war ihr gleichzeitig nie zuvor in meinem Leben verbundener … mit jedem einzelnen Menschen, der mir begegnete, mit jedem einzelnen Baum, den ich passierte.

Fünfzehn

Gedankenwandern

Spät war es geworden an diesem Tag, eine lange, beschwerliche und abwechslungsreiche Strecke hatte ich durchwandert. Die weite offene Heidelandschaft offenbarte mir dabei ihre schöne, stille Seite. Überall eine Ahnung von Frühling in der Luft. Mulden, kleine Wasserläufe und bewaldete Höhen, Birken- und Kiefernwälder säumten meinen Weg.

Über Handeloh und die Försterei Wehlen durch den Staatswald hindurch sah ich endlich aus dem Wald heraustretend den größten Ort im Naturschutzgebiet der Lüneburger Heide: Undeloh. Schon die ersten Schritte in den Ort hinein erfüllten mich mit Freude: saubere Straßen, schmucke Häuser, freundliche Menschen. An den Fenstern mancher Häuser entdeckte ich Schilder, die Zimmer oder Ferienwohnungen anpriesen. Mein Blick wurde sehnsüchtig, und ich begann zu rechnen. Konnte ich mir ein, zwei Tage Pause gönnen? War ich das meinen Knien nicht sogar schuldig, die mich so weit getragen hatten, trotz der ständigen stechenden Schmerzen, an die ich mich fast schon gewöhnt hatte?

Ja, beschloss ich, ich durfte rasten. Bedächtig musterte ich die Angebote und entschloss mich für ein Haus in einem Obstgarten. Die rotbackige Wirtin mit blonden Zöpfen bis zur Taille zeigte mir ein schönes großes Zimmer, gemütlich und einladend mit geschnitzten Bauernmöbeln. Auch der Blick aus dem Fenster sagte mir zu: Obstbäume und eine Lindenallee. Ich spürte, dass dies ein guter Ort für mich war, und mietete mich ein. Zuerst nur für eine Nacht, dann verlängerte ich. Ich brauchte dringend eine Pause. Es waren nicht nur die Knie. Auch die linke Ferse schmerzte mittlerweile stark. So legte ich mir eine Zwangserholung von drei Tagen auf.

»Lieber jetzt mal ordentlich ausruhen, als dann später gar nicht mehr laufen können«, sagte ich abends am Telefon zu Sigrid. Meine Frau war froh, dies zu vernehmen, und hätte sicher gern gehört, ich würde die Pause noch weiter verlängern und mich schonen. Doch das hätte meine Reisekasse unverantwortlich strapaziert.

Am ersten Tag in Underloh wusste ich nach dem reichhaltigen Frühstück nicht, was ich tun sollte. Meine Beine zuckten. Wollten wandern. So war ich es nun mal gewöhnt, trotz der Schmerzen. Ich besichtigte den Ort und kaufte Proviant ein.

In der anschließenden Ruhepause fand ich endlich die Gelegenheit, mich dem Buch zu widmen, das mir mein Freund Hermann mitgegeben hatte: eine Interpretation der Briefe des Paulus an die Römer. Seltsam, dass ich gerade jetzt zu lesen begann ... es war, als hätte ich erst eine gewisse Strecke zurücklegen müssen, um zu verstehen, was dieses Buch mir sagen wollte. Nun war ich reif, seine Botschaft zu empfangen und seinen Inhalt auf uns Menschen der heutigen Zeit zu übertragen. Ich konnte keinen großen Unterschied zwischen den Zeitgenossen Paulus' und meinen eigenen, mir eingeschlossen, entdecken. Wir haben uns zwar in neue Gewänder gehüllt, haben Güter angesammelt und mit Hilfe der Technik vieles erreicht, doch das alles kann nicht darüber hinwegtäuschen, dass wir am Ende die gleichen Menschen geblieben sind, denen die Ersatzgötter keine Erlösung verschaffen. Eine Angst ist stets präsent: sich selbst zu entdecken. Jeder neue Tag wird in hektischer Betriebsamkeit verplant. Doch wie stehen wir am Ende da, wie gewichten sich die beiden Seiten Soll und Haben, Geben und Nehmen, Denken und Fühlen, Funktionieren und Zulassen ... Loslassen?

Wieder ertappte ich mich beim Bilanzieren meines eigenen Lebens und spürte, wie etwas in meinem Inneren stärker wurde in seiner Freude, endlich zu mir durchzudringen, endlich gehört zu werden. Ich kannte seinen Namen. Und ich wusste, dass ich noch einen weiten Weg zu gehen hatte, um mich ihm bedingungslos zu öffnen.

Es war gut, dass ich alleine war. So musste ich mich den alten und den neuen Bildern, die in meiner Seele aufstiegen, stellen. Nichts lenkte mich ab. Ich war einfach da. Mit jeder Minute gedieh meine Zuversicht, dass alles genau so, wie es nun war, gut und richtig war. Ich war auf dem richtigen Weg. Meinem Weg. Ich war geführt, und die Bereitschaft in mir wuchs, dieser neuen Stimme zu vertrauen und ihr zu folgen. Hatte sie mich nicht mein Leben lang begleitet? Auch wenn mir dies gar nicht bewusst war?

Ich bin der Meinung, da wir dankbar alles Gute und Schöne aus des Schöpfers Hand nehmen, sollten wir auch das Negative tragen. Bloß die Rosinen aus dem Kuchen zu picken gilt nicht. Gerade durch Leid können Menschen sehr stark und wahrhaftig werden … aber auch zerbrechen. Deshalb ist es unendlich tröstlich zu wissen, dass wir getragen sind. Geführt. Wenn wir es zulassen … loslassen.

Sechzehn

Harte Landung

In der Nähe von Bispingen rollte ich unter einem mächtigen Eichenbaum meine Luftmatratze aus. Zu müde und zu faul, mein Zelt aufzubauen, vertraute ich auf mein Glück, dass es in der Nacht nicht regnen würde.

Nach einer knappen halben Stunde hatte ich mich so weit erholt, meinen Proviant aus dem Rucksack zu kramen und den gröbsten Hunger zu stillen. Ein Stück Brot, ein Stück Käse und Wasser aus der Flasche. Dieses Wenige musste ich gegen eine Schar von Ameisen verteidigen, die eine Armee mobilgemacht zu haben schien. Die Vögel hingegen bereiteten sich auf die Nachruhe vor. Immer zahlreicher lagerten sie in der Krone der Eiche. Von Ferne hörte ich das Hämmern der Spechte, Rehböcke machten sich lautstark bemerkbar, überall raschelte und knackte es.

Spät in der Nacht stieg der Neumond über die Baumwipfel und tauchte Wiese, See und Wald in ein gespenstiges, nebelverhangenes Licht.

Am nächsten Morgen wurde ich von denselben Gefährten begrüßt. Ameisen, die etwas von meinem Brot und Käse ergattern wollten, Vögel, die den Morgen schmetternd willkommen hießen, und auch die Rehböcke riefen mir einen Gruß herüber.

In Windeseile packte ich mein Gepäck und freute mich auf den neuen Tag, der mich nach Soltau führen sollte, der Wirtschaftsmetropole der Zentralheide. Riesengroße Gutshöfe, oftmals umgeben von Wasser, säumten meinen Weg. Viele lagen inmitten parkähnlicher Anlagen mit herrlichem altem Baumbestand; dazwischen große Büsche von Rhododendron, die ihre ersten Blüten zeigten. Manchmal gehörte zu solch einem Anwesen auch eine Ansammlung kleiner Wohnhäuser.

Ich schlenderte durch Soltau, vorbei am Alten Rathaus und dem Norddeutschen Spielzeugmuseum und streifte spätnachmittags den Stadtteil Tetendorf. Mächtige alte Bäume luden zum Verweilen ein, der ganze Ort strömte Erhabenheit und Ruhe aus.

Ein großes, sehr sauberes Anwesen in hervorragendem Zustand mit gepflegten Außenanlagen weckte meine Aufmerksamkeit. Eigentlich hatte ich noch ein paar Kilometer laufen wollen, doch die Rasenfläche unter den alten Bäumen lockte mich.

Vor einem der Nebengebäude entdeckte ich eine ältere Dame, die damit beschäftigt war, Narzissen zu schneiden. Schnell waren wir in einem Gespräch über Blumen, ich selbst züchte Fuchsien, und im Austausch mit der Narzissenliebhaberin geriet ich ein wenig ins Schwärmen, weit weg von meiner Fuchsienzucht im Gewächshaus in meinem Garten. Fuchsienblüten sind wie kleine Balletttänzerinnen. Leicht und beschwingt tänzeln sie im Wind, bieten ihre graziöse Schönheit frei und offen dem Betrachter. Sie sind aber auch kapriziös und sehr empfindlich, brauchen eine immerwährende pflegende Hand. Die größte Faszination an den Fuchsien macht für mich der unterschiedliche Blütenaufbau aus. Eine Rosenblüte zum Beispiel variiert in der Größe der Blüte und der Farbenpracht, der Blütenaufbau ist aber immer derselbe. Dagegen zeigen viele Fuchsiensorten einen unterschiedlichen Aufbau, besonders die Wildformen.

»Das ist ja hochinteressant!«, rief die Dame, und es freute mich, ihr etwas Neues erzählt zu haben. Im Gesprächsverlauf fragte ich sie beiläufig, ob sie die Herrin diesen prächtigen Hofes sei. Sie bejahte. Allerdings habe sie dieses an ihren Sohn und die Schwiegertochter übergeben, die das seit Generationen betriebene landwirtschaftliche Gehöft und Gasthaus in *Ferien auf dem Bauernhof* verwandelt hätten.

»Dürfte ich mein Zelt für eine Nacht auf dem Rasen hinter Ihrem Haus aufstellen?«, fragte ich.

»Ja«, sagte die Frau, zögerte. »Das heißt … im Prinzip ja. Es wäre mir lieb, wenn meine Schwiegertochter das erlauben würde. Ich habe mich aus all diesen Entscheidungen gänzlich zurückgezogen.«

»Das verstehe ich«, sagte ich und setzte mich auf eine Bank, während die Dame ihre Schwiegertochter suchte und nicht fand. Ein Konflikt stand ihr wie ins Gesicht geschrieben, als sie zurückkehrte. Gastfreundschaft und Bedenken kämpften miteinander. Sie wusste nicht, wofür sie sich entscheiden sollte. Ich drängte mich nicht auf. Irgendwie kam das Gespräch auf einen Fahrradschuppen für die Räder der Gäste. Es sei sauber dort und trocken, pries sie die Unterkunft an und fragte mich dann direkt, ob ich vielleicht dort übernachten wollte.

»Sehr gerne«, nickte ich. Ein Dach über dem Kopf war mir gerade recht, so würde ich mir den Zeltaufbau sparen.

Die Dame war auch zufrieden und führte mich zu dem

Schuppen. Er war perfekt für mich, und ich bedanke mich herzlich, woraufhin sie mir noch eine Waschgelegenheit hinter dem Haus zeigte.

Ich hatte gerade alles für die Nacht vorbereitet, die Luftmatratze auf den Betonboden gelegt und den Schlafsack ausgerollt, da hörte ich Hundegebell und Kinderlachen. Kurz darauf wurde an die Schuppentür geklopft und eine junge großgewachsene Frau mit einem zirka zehnjährigen Zwillingspaar, Mädchen und Junge, und zwei gescheckten Hunden stand in der Tür: die Schwiegertochter, die von dem Gast im Schuppen erfahren hatte und ihn begrüßen wollte.

Ich erzählte kurz von meinem Vorhaben, bis nach Rom zu wandern, und bedankte mich auch bei ihr für die Schlafgelegenheit.

Sie schüttelte den Kopf. »Wissen Sie, das ist mir gar nicht recht.«

»Oje«, entfuhr es mir. Bedeutete dies, ich müsste den Schuppen verlassen und mir woanders einen Schlafplatz suchen?

»Ich habe kein gutes Gefühl, wenn ich Sie hier auf dem harten Boden schlafen lasse. Im Haus sind Zimmer frei. Zu dieser Jahreszeit haben wir noch keine Gäste. Bitte, quartieren Sie sich doch im Haus ein.«

»Das ist sehr freundlich …«, begann ich und überlegte, wie ich es am besten formulieren sollte, dass ich ein solches Zimmer nicht bezahlten könne. Sie schien meine Gedanken gelesen zu haben, denn sie sagte schnell, fast ein wenig atemlos: »Es gibt ein sehr komfortables Zimmer im Erdgeschoss mit schöner Aussicht und Terrasse. Das Bett ist weich und das Wasser warm, Sie können nach Herzenslust duschen, und morgen bekommen Sie ein reichhaltiges Frühstück, das Sie kräftigt für Ihren weiteren Weg. Sie brauchen nichts dafür bezahlen, Sie sind unser Gast.«

Ich war sprachlos ob dieser Großzügigkeit, die mir peinlich war. Freilich waren das weiche Bett und die heiße Dusche verlockend ... doch ich fühlte mich nicht wohl dabei, das Angebot anzunehmen. Wieder einmal stand ich unter der Knute meiner Erziehung, die mir eingebleut hatte, ich dürfe ein solches Angebot nicht annehmen, wenn ich keine Gegenleistung parat hätte. Man fällt anderen Menschen nicht zur Last, so lautete mein Glaubenssatz. Es fehlte mir die Einsicht, dass ich nicht zur Last fiel, sondern ganz im Gegenteil, etwas zu geben hatte, einfach dadurch, dass ich da war und so war, wie ich bin.

Ich erwiderte, dass ich ihr Angebot nicht annehmen könne, sosehr es mich auch bewege. Ich wolle ihr keine Umstände machen und der Platz hier im Schuppen genüge mir vollauf.

»Überlegen Sie es sich«, bat sie mich noch einmal.

»Da gibt es nichts zu überlegen«, blieb ich stur.

»Tja dann«, seufzte die Frau, und die Enttäuschung stand ihr so deutlich ins Gesicht geschrieben, dass ich einen kleinen Stich im Magen verspürte. »So eine Bescheidenheit ist mir meinen Lebtag noch nicht begegnet.«

Ich wusste nichts zu erwidern, konnte nur mit den Schultern zucken.

»Dann wünsche ich Ihnen eine gute Nacht und viel Erfolg auf Ihrer weiteren Wanderung«, verabschiedete sie sich, winkte Kindern und Hunden und verschwand im Gutshaus.

Eine Stunde später gab meine Luftmatratze den Geist auf. Pfffft machte es, und ich lag ungepolstert auf dem harten Betonboden. In der Dunkelheit war ans Flicken der Matratze nicht zu denken.

Ich begriff es noch immer nicht. Erst einige Zeit später, bei der bereits erwähnten Begegnung mit der Frau an der

Schulbushaltstelle sollte ich endlich erkennen, dass die Ablehnung einer ehrlich gemeinten Hilfe wie eine Ohrfeige aufgefasst werden kann. Wie alt musste ich werden, um dies zu begreifen! Es sollte mir nicht mehr passieren. In Zukunft gönnte ich den Menschen die Freude, anderen etwas Gutes zu tun, und verzichtete auf meine kleinliche Reinwaschung, die »Revanche«, die ich mit gleicher Münze leisten zu müssen geglaubt hatte, anstatt zu erkennen, dass auch die Annahme eines Geschenkes als Revanche gelten darf.

Siebzehn

Wille und Glaube

Immer wieder besucht er mich, der Schmerz. Ein Gast, der keine Heimat findet, keine Ruhe. Macht sich breit in meinem Bauch, dehnt und streckt sich, reißt Wände ein und Grenzen, unstillbar gierig. Die Metastasen wuchern gegen meine inneren Organe an, verdrängen sie, unbarmherzig.

Ich kann diese Schmerzen beherrschen mit meinem Willen. Fasse sie mental. Ziehe ein Netz um sie. So weise ich ihnen einen Platz zu. Ich bestimme über sie, nicht sie über mich. Ich nehme sie schlichtweg zur Kenntnis – weiter kümmern sie mich nicht. Je mehr Aufmerksamkeit ich ihnen schenken würde, desto größer würden sie, desto gieriger, gewaltiger, vernichtend.

Auf meiner Wanderung war dies besonders wichtig für mich. »Ich habe noch Zeit«, hielt ich dem Schmerz entgegen. Tabletten nahm ich keine. Bis heute nicht. Jedes Medikament, das eine Wirkung hat, hat auch eine Nebenwirkung. Ich möchte so lange wie möglich einen klaren Kopf behalten. Mein klarer Kopf ist mein Kapital gegen den Krebs.

Der menschliche Körper ist ein hochintelligentes Wesen. Wenn er merkt, dass es ums Ganze geht, mobilisiert er alles, was er hat, und noch mehr. Bei mir heißen diese eisernen Reserven Wille und Glaube. Sie sind die starken Säulen meiner Selbstheilungskräfte und mein Motor.

So lief ich durch Deutschland, und die Schmerzen kamen und verschwanden. Wenn sie auftauchten, dann wusste ich immer, sie würden auch wieder abtauchen. Ich ordnete mich ihnen nicht unter. Ich beherrschte den Schmerz, indem ich ihm keine Aufmerksamkeit schenkte. Ich registrierte ihn, aber ich ließ ihn nicht an mich heran. Ich gab ihm keine Macht, mich zu beeinträchtigen. Und so konnte er mich nicht beeinträchtigen.

Denn unsere Vorstellung ist stärker als die Wirklichkeit, die wir ohnehin nur subjektiv erleben können. Das sollten wir nie vergessen: Wir sind, was wir denken, und wir fühlen, was wir für die Wahrheit halten.

Achtzehn

Unter Fuhrknechten

Sonnig und sehr warm war es, durch Wald und Flur führte mich mein Weg von Wietzendorf kommend, wo ich in einem alten Park bei einem bäuerlichen Anwesen mein Zelt aufschlagen durfte. Ich hatte ordentlich Tempo gemacht, wollte weiter, noch immer war ich im hohen Norden und schon dreißig Tage unterwegs.

Der Heideort Müden war in meinem Wanderbuch als Etappenziel gedacht, doch ich entschied mich dafür, weiterzulaufen, Tempo zu machen. Zuerst an der Örtze entlang, überschritt ich die Gleise der Museumseisenbahn, ging an dem Ort Hermannsburg vorbei, tief in den Staatsforst hinein.

Dehningshof hieß mein neues Ziel. Doch damit hatte ich mir im Übermut wohl zu viel vorgenommen. Stunde um Stunde verging, meine Beine wollten schon lange nicht mehr, und die Schultern schmerzten von den tief einschneidenden Rucksackgurten. Es gab kein Zurück, ich musste weiter, vorwärts, brauchte Wasser und Proviant, und so trieben mich Hunger und Durst voran. Welche Erleichterung, als die ersten Schilder auftauchten: Dehningshof 5 km, dann 3 km – 1 km, fast hatte ich mein Ziel, an der Alten Heerstraße nach Celle, erreicht. Zum Teil war die Heerstraße im Originalzustand längst vergangener Zeiten gepflastert. Holprig der Weg, und ich bedauerte die Zugpferde der Fuhrleute, die schwerbeladene, eisenbereifte Wagen nach Celle zogen. Wie mag sie das Gehen und Traben auf dem groben Pflaster geschmerzt haben, immer den drohenden Peitschenschlag der Fuhrleute im Nacken.

Das einzige Gehöft mitten im Wald war eine alte Fuhrmannsschenke. Ich trat in die historisch eingerichtete Schankstube, legte aufatmend mein Gepäck ab, setzte mich auf eine Bank und streckte wohlig meine Füße unter den Tisch. Hier bleibe ich eine Weile, beschloss ich.

Zuerst ein kühles Bier bei der freundlichen Bedienung bestellt, die Lebensgeister kehrten langsam zurück und ich schaute mich zufrieden in der behaglichen Gaststube um. Draußen auf der Terrasse war viel Betrieb, die Kellnerinnen hatten alle Hände voll zu tun, den Wünschen der Gäste nachzukommen. Ich saß alleine an meinem Platz im kühlen Schatten, das war mir gerade recht; Sonne hatte ich heute mehr als genug getankt.

Allmählich tat das Bier seine Wirkung, eine wohlige Müdigkeit überkam mich. Jetzt ein Bett hier im Haus, das wäre das Größte, aber mein Geldbeutel war zu klein für dieses Größte. So saß ich in der Schenke und geriet ins Träumen. Hörte draußen Pferde schnauben und wiehern und schwere Wagen rattern, Fuhrleute riefen nach Wasser und Hafer und Peitschen knallten.

Auch direkt vor mir knallte, nein, klapperte es. Teller und Besteck.

»Danke!«, sagte ich schnell und machte mich mit großem Appetit über Kartoffeln und Heringe her, zwang mich zum langsamen Essen. Ich wollte so lang wie nur möglich verweilen an diesem gemütlichen Ort. Nichts lockte mich, mein Gepäck aufzunehmen und neue Pfade zu beschreiten, so müde waren meine Beine, so gequält die Knie. Von draußen erklang fröhliches Lachen an mein Ohr, da saßen mehrere gesellige Runden beieinander, und ich fühlte mich ein wenig einsam. Ich vertrieb mir die Trübsal, indem ich meine Zeche bezahlte.

Wieder auf meinem Weg, dauerte es einige Zeit, bis meine Beine mitmachen wollten, sie waren auf Ruhe eingestellt. Die wollte ich ihnen gerne gönnen, doch ich brauchte zuerst einen Zeltplatz für die Nacht. So lief ich weiter, immer weiter, bis das schwarze Tuch der Nacht den Wald einhüllte. Im letzten Licht baute ich mein Zelt auf, von Mückenschwärmen begeistert umtanzt und geplagt die ganze lange Nacht.

Neunzehn

Ein Gewaltmarsch

Der vorherige Tag war anstrengend gewesen, er tobte noch immer in meinen Knochen, und ich wollte den heutigen ruhiger angehen lassen. Es schien wieder ein warmer Tag zu werden, und da war es vorteilhaft, den größten Teil der Etappe am Vormittag zu bewältigen. In Windeseile packe ich meine Siebensachen und wanderte durch die Südheide in Richtung Celle, die große Herzogstadt an der Aller und das südliche Tor zur Lüneburger Heide.

Am Stadtrand fiel mir eine Bushaltestelle auf, und wie ich es mir vorgenommen hatte, wählte ich diesen bequemen Weg in die Stadt hinein. Städte sind nun mal keine Freude für einen Wandersmann wie mich. Rund sieben Kilometer später stieg ich aus – direkt vor dem Celler Schloss, erbaut im Stil der Renaissance und des Barocks. Sofort schlug mich die Stadt in ihren Bann, und mit zunehmender Begeisterung besichtigte ich, auf meine beiden Stöcke gestützt, viele der Sehenswürdigkeiten. Die Innenstadt ist von Zerstörungen durch den Krieg weitgehend verschont geblieben, und so präsentieren sich die etwa vierhundertachtzig restaurierten Fachwerkhäuser in einem ausgezeichneten Zustand. Die Stunden vergingen wie im Flug, und schon wurde es Zeit für mich, den letzten Bus zu meinem Ausgangspunkt am Stadtrand zu erwischen.

Erst gegen achtzehn Uhr schritt ich wieder auf meinem Wanderweg. Gerne hätte ich stattdessen in einem der schmucken Gasthäuser in der Innenstadt übernachtet und dem Treiben der Menschen auf der Straße zugesehen, doch diesen Wunsch musste ich mir aus Kostengründen verwehren. Ich würde draußen nächtigen. Leider fand ich keinen passenden Lagerplatz. Mein Weg führte mich durch Industrieanlagen, Umgehungsstraßen, über öffentliche Plätze, Sportanlagen und durch Wohnsiedlungen der Außenbezirke.

Zu allem Übel war mein Wanderzeichen auch noch verschwunden, alles Suchen half nichts, ich hatte den Weg verloren. Die wenigen Passanten, die ich auf der Straße traf, konnten mir keinen Rat geben, im Gegenteil, die einen meinten hierhin, die anderen dorthin, und alle zeigten in verschiedene Richtungen. So stand ich an einer der großen

Ausfallstraßen der Stadt, und wieder einmal lehrte mich die Wirklichkeit, dass Einheimische meistens keine Auskunft über Wanderwege geben können, ja sie nicht einmal kennen.

»Ein Wanderweg? Hier?«, so lautete die häufigste Gegenfrage. Und dann wurde mir der Weg über die Straße erklärt. Doch auf Straßen wollte ich nicht laufen. Ich war ein Wanderer, kein Auto.

So nahm ich meinen Kompass zur Hilfe, um die grobe Marschrichtung festzustellen. Es dämmerte bereits. Ich kam an einigen Sport- und Freizeiteinrichtungen der Stadt vorbei. Auf einem Fußballplatz feierten fröhliche Menschen eine Grillparty, und ich fragte den Platzwart, ob ich mein Zelt auf dem Rasen aufschlagen dürfe. Er selbst hatte zwar nichts dagegen, doch der Platz war städtisches Eigentum. »Und darüber kann ich nicht bestimmten, das müssen Sie verstehen.«

Ich verstand.

Bedauernd zuckte der Platzwart mit den Schultern und schickte mich zu einem fünf Kilometer entfernten Campingplatz. Der lag allerdings in entgegengesetzter Richtung. Ich bedankte mich und ging weiter. In meine Richtung. Aus der Not heraus beschloss ich, schon mal ein Stück des morgigen Weges vorwegzunehmen, in der Hoffnung, bald einen Zeltplatz zu finden.

Die Sonne verzog sich hinter dem Horizont, und immer noch führte mich mein Weg durch die Außenbezirke Celles, kaum zum Zelten verlockend. Nicht nur wegen der kargen landschaftlichen Impressionen, sondern auch wegen der Sicherheit. Je städtischer die Umgebung, desto wahrscheinlicher, dass ein paar Jugendliche auf die Idee kämen, dem zeltenden Wanderer einen Schabernack zu spielen. Deshalb blieb ich lieber fern der Städte, außerhalb von Ortschaften und achtete stets auf einen gewissen Sichtschutz zur Straße oder zum Ort hin. Außerdem habe ich mein Zelt immer erst aufgebaut, wenn es dämmerte. Nicht auffallen, lautete hier meine Devise.

Meine müden Beine wurden nach einem dreißig Kilometer langen Tagesmarsch und der langen Stadtbesichtigung immer schwerer, schmerzten und wollten sich ausruhen. Hunger und Durst meldeten sich zunehmend hartnäckig. Ich lief weiter und erreichte endlich einen Grüngürtel und ein Waldstück. Es war nun schon ziemlich dunkel. Wie gern hätte ich mein Zelt aufgeschlagen, doch rechts und links des Weges lauerten Millionen Mücken, die sirrend über dem sumpfigen Gelände aufstiegen. Auch sie waren hungrig, und ich wollte nicht ihr Braten sein.

Also weiter, immer weiter. Laut Karte lag der nächste Ort sieben Kilometer entfernt. Wenigstens hatte ich zwischendurch mein Wanderzeichen wiedergefunden. Wie sich später herausstellte, hatte die fehlende Markierung bei Celle ihren Grund darin, dass der Weg hier eine kurze Strecke über Privateigentum führt und der Eigentümer anscheinend hin und wieder das Zeichen entfernt – und damit den Spürsinn der Wanderer herausfordert.

Immer dunkler wurde es, am Himmel nur noch ein schwacher Schimmer im Westen. Von einem Ende des Waldstückes und den Lichtern des nächsten Dorfes war nichts zu sehen. Trotz meiner starken Schmerzen marschierte ich schneller, mit beiden Stöcken voran, die Beine nachgezogen, so ging es in gleichmäßigem Rhythmus über die einsame Waldstraße. Ein Beobachter hätte vermuten können, ich sei auf der Flucht. Das war ich auch. Auf der Flucht vor Hunger und Durst. Wollte raus aus dem Wald, essen, trinken, schlafen. Doch die Qual hatte noch lange kein Ende, ein

Sumpfgebiet bremste mein Tempo, und an jeder Wegkreuzung musste ich nach meinem Zeichen suchen, was in der Dunkelheit schwierig wurde. Gegen zweiundzwanzig Uhr trat ich endlich aus dem Wald heraus, sah in der Ferne die Lichter des Ortes.

Gleich beim ersten Haus mit Rasenfläche klopfte ich an. Lange rührte sich nichts, dann schaute aus einem kleinen Toilettenfenster das ängstliche Gesicht einer älteren Frau heraus, die wie ein Porträtfoto wirkte in der Dunkelheit, umrahmt von dem Fensterstock. Ich trug ihr meine Bitte vor, sie schüttelte den Kopf so heftig, dass ich ihren Haarknoten erkennen konnte, nein das könne sie nicht erlauben, sie wohne hier nur zur Miete.

Beim nächsten Haus mit Rasenfläche trug ich mein Anliegen einer Sprechanlage vor, aus der eine verzerrte Stimme knarzte, zu so später Stunde würde die Tür nicht mehr geöffnet – gute Reise.

Ein paar hundert Meter weiter entdeckte ich ein kleines Gasthaus – »heute geschlossen«. Weiter lief ich Richtung Ortsmitte, wo ich etwas Helles leuchten sah. Ein Restaurant? Nein, eine Tankstelle. Besser als nichts, hier würde ich wenigstens Wasser bekommen. Ich bekam viel mehr.

Eine Angestellte, die mir wie ein Engel erschien, rief für mich bei einer Pension an – die einzige in diesem Ort, die ich niemals gefunden hätte, da sie sehr versteckt lag. Mein Engel musste lange verhandeln, und ich stand hoffend daneben. *Ist doch noch gar nicht so spät … ja, ein Notfall … ein ganz netter Wanderer … nein, bestimmt nicht …* Der Engel pries mich in den höchsten Tönen und reichte mir schließlich den Telefonhörer, ich sollte mich selbst vorstellen, was ich sogleich tat.

»Na dann in Gottes Namen«, bekam ich den ersehnten

Passierschein, die Einwilligung zur Übernachtung in der Pension.

Mein Engel erklärte mir den Weg zu der Dame und reichte mir noch eine Papiertüte mit drei belegten Brötchen.

»Was bin ich schuldig?«, fragte ich.

»Nichts«, lächelte der Engel. »Und seien Sie Frau Meier nicht böse. Sie hat Angst. Man hört ja allerhand.«

»Das ist wohl wahr«, nickte ich und hätte der jungen Frau gern meine Erlebnisse geschildert, die mir eine ganz andere Welt zeigten als jene, von der man in den Nachrichten erfuhr. Ich hätte auch gern gesagt, dass ihr eigenes Verhalten auch von einer anderen, einer besseren Welt zeugte, doch in diesem Moment, müde von der langen Strecke, fehlten mir die richtigen Worte.

Meine Zimmerwirtin, eine Mittsechzigerin mit blauem Schalk in den Augen, erzählte mir etwas später, dass sie in letzter Zeit einige unerfreuliche Erlebnisse mit Gästen gehabt habe und deshalb leider vorsichtig und misstrauisch geworden sei, besonders in Abwesenheit ihres Mannes. Der war beim Kegeln, kam kurz nach mir und zeigte mir mein schönes Zimmer.

Ich duschte mir die lange Strecke vom Leib und sank dann müde und froh und mit dem Vorsatz, es am nächsten Tag wirklich ruhiger angehen zu lassen, ins Bett.

Am nächsten Tag – ich war schon ein gutes Stück von dem Dorf entfernt – klingelte hinter mir eine Fahrradglocke. Ich tat einen Schritt zu Seite, um dem Eiligen Platz zu machen, doch der wollte gar nicht vorbei. Es war mein Vermieter und rechts und links an der Lenkstange baumelten meine Socken im Wind. Ich hatte sie gewaschen, über Nacht zum Trocknen auf die Heizung gelegt und dort vergessen.

»Wenn Sie bei jeder Station etwas vergessen, werden Sie wohl bald in Unterhosen durch Deutschland laufen«, scherzte er und wünschte mir schließlich noch eine gute Reise.

Zwanzig

Immer nur Lasagne

An dem kleinen Lönssee vorbei wanderte ich durch die Wedemarker Heide und musste sehr auf meinen Weg achten, der von einer Ackerstraße zur anderen wechselte. Ein Stück der Auter entlang, und schon war ich mittendrin im Otternhager Moor. Hier empfing mich eine ganz andere Flora. War ich eben noch an weiten Weideflächen, eingesäumt vom schmalen Windschutzgürtel der Bäume, entlanggelaufen, bestimmten nun Weiden, Eschen, Birken und Moorgräser das Bild. Ein Schwarm von Mücken begleitete mich unnachgiebig aufmerksam, und junge Mädchen auf glänzenden Rappen grüßten mich freundlich.

Ich musste gut aufpassen, meinen Weg nicht zu verlieren, oft kam ich an Kreuzungen mit fehlerhafter oder ganz fehlender Markierung, und keine Menschenseele in Sicht, die ich hätte fragen können. So verging Stunde um Stunde, bis ich das Moor verließ und mit dem Moor die Mücken.

In Otternhagen hoffte ich, einen Zeltplatz zu finden. Bei einem sehr schönen Gasthaus, in dem offensichtlich eine Hochzeit gefeiert wurde, blieb ich stehen. Die ausgelassene Fröhlichkeit der Fremden steckte mich förmlich an, und ich schaute dem Treiben vom Zaun aus zu. Die Braut in ihrem weißen Kleid mit langer Schleppe drehte sich mit dem Bräutigam schneller und schneller zur Musik, und die Gäste klatschten in die Hände. Gern hätte ich dazugehört zu dieser unbeschwerten Gesellschaft, mich an einen Tisch gesetzt und auf das Brautpaar getrunken. Und gegessen. Ich lächelte ein wenig über mich, weil ich mal wieder dem Traum eines durstigen und hungrigen Wanderers auf den Leim gegangen war.

Rechts und links der Dorfstraße luden weitere Gasthäuser zur Einkehr ein, und es gab auch Wohnhäuser mit kurzgeschnittenen Rasenflächen, ideal für mein Zelt.

An einem der letzten Häuser der Straße, einem schönen Backsteinbau inmitten eines gepflegten Gartens, fasste ich mir ein Herz und bat um Quartier. Blumenschmuck an den Fenstern, Sauberkeit und Ordnung überall. Das gefiel mir, und ich war mir sicher, dass in diesem Haus nette Menschen leben. Häuser sagen viel aus über ihre Bewohner. Das wusste ich schon vor meiner Wanderung, und danach erst recht. In meiner jahrzehntelangen Tätigkeit als Gärtner habe ich unzählige Menschen in Häusern besucht, die mir erklärten, wie sie sich ihre Gärten wünschten. Es gibt viele Parallelen zwischen den Häusern und den Gärten und ihren Bewohnern, und dieses Wissen kam mir bei meiner Reise zugute. Zudem entwickelte ich einen Instinkt, der mich auch an diesem Abend nicht täuschte. Doch zuerst einmal stieß ich auf Unverständnis.

»Bitte, was möchten Sie?«, fragte eine junge Frau mich erstaunt.

»Zelten. In Ihrem Garten«, erklärte ich kurz, und als die junge Frau mich nach wie vor anstarrte, als stünde ich im Nikolauskostüm vor ihr, beschrieb ich mein Vorhaben genauer.

»Hm«, machte sie. »Wir haben gerade Gäste … hm. Bitte warten Sie einen Moment. Ich spreche mit meinem Mann. Oder nein, kommen Sie doch herein, bitte.«

Ein kleiner grauer Hund raste um die Ecke und sprang begeistert an mir hoch, als hätte er den ganzen Abend nur auf mich gewartet. Ich kraulte den drolligen Kerl mit den Knopfaugen und hätte gern meine Rucksäcke abgenommen, die mich schwer nach unten zogen, doch noch wusste ich nicht, ob ich bleiben durfte. Ich wünschte es mir sehr, denn die Stimmung war gut, das spürte ich bereits in der Diele. Schon immer habe ich Antennen für Stimmungen gehabt, die während meiner Wanderung noch feiner geworden sind. Ich war wie ein Schwamm, der alles aufsog. Bruchstückhafte Gesprächsfetzen, Nachbarn an einer Hecke, man bekommt viel mit, wenn man sich dafür öffnet; wenn man sich die Zeit dafür nimmt und sich auf das Abenteuer einlässt, einfach da zu sein und wahrzunehmen.

Die Dame des Hauses führte mich durch ein Wohnzimmer zur Terrasse, wo ihr Ehemann, zwei Kinder und zwei weitere Ehepaare um einen festlich gedeckten Tisch beim Abendbrot saßen. Ein Familientreffen, wie ich gleich erkannte. Mutter und Vater mit je beiden Eltern und die Kinder beziehungsweise Enkelkinder.

Noch einmal schilderte ich meine Situation, und der Hausherr stand ganz spontan auf. »Ja sicher können Sie hierbleiben. Selbstverständlich! Vielleicht dort hinten neben dem Geräteschuppen?«, wies er in eine Richtung. »Das scheint mir der beste Platz zu sein, da ist es morgens schattig, und es wird nicht so schnell heiß im Zelt. Möchten Sie das Zelt gleich aufbauen, solange es hell ist? Dann können Sie sich zu uns setzen, wir sind gerade bei der Suppe, meine Frau wird Ihnen bestimmt einen Teller davon warm halten, und dann gibt es Lasagne«, schmunzelte er. »Immer nur Lasagne, das ist zurzeit der Hit bei unseren beiden Kindern, allerdings ohne Fleisch, weil man die armen Tiere nicht quälen darf.«

Er trug es mit einer solchen Selbstverständlichkeit vor, dass mir gar nichts anderes übrigblieb, als mich zu freuen und in Windeseile mein Zelt aufzubauen. Und was das Allerschönste daran war: Ich konnte einfach ja sagen. Ich musste nicht mit knurrendem Magen vor diesem herrlich gedeckten Tisch stehen und in meinem Zelt an einem Kanten trockenen Brotes nagen. Ich hatte gelernt, etwas anzunehmen.

Eine Stunde später, wir saßen schon beim Nachtisch, fühlte ich mich wie ein Familienmitglied, so herzlich war ich aufgenommen in diese Runde. Ich erzählte von meiner Wanderung, das junge Paar vom Hausbau, dann kam die Rede auf die hohe Arbeitslosigkeit in der Gegend.

Wieder einmal wurde es mir klar, in welch privilegierter Gegend ich selbst lebe. Sie ist geprägt vom Neckar. Der Weinbau ist in diesem milden Klima seit Jahrhunderten angesiedelt. Eine wohlhabende Gegend. Die Menschen in meiner Heimat haben gegenüber anderen Landstrichen Deutschlands ein höheres Einkommen und die Mittel, vielerlei Interessen abseits der Existenzsicherung nachzugehen. Ärmere Regionen sind vor allem mit ihrem Überleben beschäftigt. Das prägt die Menschen. Insofern war es lehrreich für mich, viele verschiedene Gegenden kennenzulernen. Gleichzeitig war es mir ein Anliegen, auch einmal die Sorgen und Nöte aus den anderen Bundesländern zu Ohren zu bekommen, und zwar vor Ort, nicht nur aus den Nachrichten. Mit jeder Begegnung wuchsen mein Respekt und meine Achtung vor den Menschen, die unter manchmal schwierigsten Umständen dennoch so viel schaffen.

Der Gesprächsstoff ging uns nicht aus, und ich aß und trank mich richtig satt. Einer der Schwiegerväter wollte wissen, nach welchen Kriterien ich meine Gasthäuser aussuchte. Ich lüftete mein Geheimnis der Blumen vor den Fenstern.

»Ich würde mich beispielsweise niemals in einer Pension oder einem Hotel einmieten, wenn es keine Blumen vor den Fenstern gibt«, versicherte ich. »Schönes Haus, schöner Garten, Blumenschmuck in seiner ganzen Pracht, da können nur freundliche Menschen leben. Darunter hat meine Frau bei unseren gemeinsamen Wanderungen schon oft gelitten. Wenn die Füße müde sind, würde sie gern endlich einkehren, ich aber laufe weiter, bis ich die Fassade finde, die mir zeigt, welcher Geist in diesem Hause wohnt.«

»Siehst du«, sagte der Fragende schmunzelnd zu seinem Schwiegersohn. »Meine Rede. Halte deine Sachen in Ordnung.«

»Das kannst du dir selber aber auch hinter die Löffel schreiben«, mischte sich da seine Gattin ein, was zu einem Heiterkeitsausbruch führte, der lange anhielt und immer wieder aufs Neue anschwoll.

»Und wie sieht es bei Ihnen aus?«, fragte mich der andere Schwiegervater listig. »Treffen Ihre Kriterien auf Ihr eigenes Zuhause zu? Würden Sie bei sich selbst läuten?«

»Nein«, erwiderte ich spontan, machte eine Pause. »Dort gibt es keine Rasenfläche für das Zelt, ich habe überall Obst und Gemüse angebaut und das Grundstück ist von der Straße aus uneinsehbar.«

»Das kam ja jetzt wie aus der Pistole geschossen«, bemerkte der Schwiegervater.

»Ich habe mir selbst viele Gedanken darüber gemacht«, erwiderte ich und gab gerne zu, dass ich nicht wusste, ob ich ebenso menschenfreundlich und hilfsbereit reagiert hätte wie meine Gastgeber. Es waren im Übrigen keine armen Leute, dieses Haus zeugte von behaglichem Wohlstand. Häufig habe ich auf meiner Reise erfahren, dass gerade jene

Menschen, die selbst wenig besitzen, am großzügigsten sind. Das mag auch daran liegen, dass sie sich leichter vorstellen können, wie das ist, wenig zu haben – oder nichts. Deshalb ist ihr Ohr offener, und ihr Herz teilt schneller. Wohlhabendere Menschen können sich oft gar nicht vorstellen, wie das ist, nichts oder wenig zu besitzen. Insofern sind sie nicht geizig, sondern oftmals eher gedankenlos.

Bis spät in die Nacht dauerte die fröhliche Runde, in der ich mich so wohl fühlte, dass ich noch lange hätte sitzen bleiben können. Doch die Eltern mussten am nächsten Tag früh zur Arbeit. Sie luden mich ein, ihr Bad zu benutzen, und legten Handtücher für mich bereit. Dann verabschiedeten sie sich von mir. Wir würden uns am nächsten Morgen nicht sehen, denn schon um sechs Uhr dreißig würden sie mit den Kindern das Haus verlassen. Ich vermutete, dass ich da sicher wach wäre – doch nach dem guten Essen und dem glücklichen Abend schlief ich tief und fest, bis mich das Geräusch vorbeifahrender Autos weckte, und da war es schon halb acht.

Auf allen vieren kroch ich aus meinen Zelt und stand mit dem Handballen in der Butter: Vor meinem Zelteingang auf einem Tablett wartete mein Frühstück auf mich. Eine Thermoskanne Kaffee, Brot, Butter, Marmelade, Käse, Wurst und ein mit ungelenker Kinderschrift auf grünem Papier hinterlassener Gruß.

Einundzwanzig

Der kahle Berg

Aus der Richtung Steinhuder Meer kommend sah ich den ganzen Morgen schon in der Ferne mitten im Flachland hoch aufragend einen grauweißen Berg. Kein Baum, kein

Strauch, kein Grashalm belebte ihn. Bei meinem langsamen Näherkommen wurde mir klar, was für ein Berg dort vor mir lag und warum er so nackt und bloß starrte. Er war eine riesige Abraumhalde des Kalibergbaus, der im Großraum Hannover etliche Gruben unterhält.

Bei einer Rast in Mesmerode erzählte mir ein Mann mittleren Alters, was es damit so auf sich habe. Zuerst sei der Kaliabbau für die Menschen der Umgebung, die fast ausschließlich von der Landwirtschaft lebten, ein Segen gewesen, der Wohlstand ins Land brachte. Immer neue Menschen kamen, neue Siedlungen entstanden. Doch diese Zeiten seien nun vorbei.

Seit einigen Jahren kursierten Gerüchte über eine Schließung der Grube, und das sei für die Menschen im Umkreis eine Katastrophe.

»Schön ist er ja nicht, der Berg, aber imposant«, sagte ich und schaute wohl ein wenig betroffen von diesen Dimensionen, denn der freundlich Mann lud mich ein, vor seinem Haus auf einer Bank Platz zu nehmen, servierte mir ein großes Glas Wasser und erzählte selbst so ausführlich, dass er das Wasser wohl dringender gebraucht hätte als ich, der ihm bloß zuhörte. Viele Familien hätten sich mit dem Bau eines Hauses verschuldet. So stünden dann im schlimmsten Falle rund fünfhundert Menschen aus dem Kalibergbau auf der Straße und noch einige Hundert mehr aus dem Fliegerhorst, der aller Wahrscheinlichkeit nach auch bald geschlossen würde. Zudem habe sich die Abraumhalde mit ihren zirka dreißig Millionen Tonnen zu einem großen Problem für die Landwirtschaft entwickelt. Der feine salzige Staub werde von Wind und Regen auf die umliegenden Felder kilometerweit getragen. Im Laufe der Jahre versalzten die Böden, Schwermetalle reicherten sich an und die Produkte der Landwirte seien strenggenommen gar nicht mehr verkäuflich.

Die Grubenverwaltungen bemühten sich zwar, mit Beregnung der Halde das Forttragen des Salzes durch den Wind zu unterbinden, das sei jedoch nur eine Notlösung, und der gewünschte Erfolg stelle sich nicht ein. Dies alles führe dazu, dass immer mehr Menschen fortwollten – doch wohin? Und wer wollte hier schon wohnen? Die Grundstückspreise würden sinken, die zum Verkauf stehenden Häuser fänden keine Abnehmer und die Menschen in der Region fühlten sich von Land und Bund im Stich gelassen. Ein Ende der Probleme sei nicht in Sicht, ganz im Gegenteil: Die Versalzung der Gewässer und auch des Grundwassers stelle die nachfolgenden Generationen vor große Herausforderungen. »Aber nun trinken Sie doch einmal!«, forderte mein Gegenüber mich auf, als hätte ich geredet, nicht er.

Ich blieb noch eine Weile neben diesem freundlichen Mann sitzen und hörte mir seine Sorgen und Nöte an, und es tat mir leid, dass ich ihm so gar nicht helfen konnte, und das Gehörte beschäftigte mich noch lange Zeit. In meiner Jugend gab es auch keine Lehrstellen, doch allgemein ging es aufwärts. Aufbau hieß die Perspektive ... nicht Abbau, von Kali, von Arbeitsplätzen, von Hoffnung ... und Zuversicht.

So wanderte ich weiter, ganz versonnen an die Zeit meiner eigenen beginnenden Berufstätigkeit denkend.

Mein Vater war Metzger, und da ich selbst kein Fleisch mochte, kam dieser Beruf für mich nicht in Frage. Also wollte mein Vater, dass ich in der Fabrik schaffte. Dort konnte man am meisten Geld verdienen. Ich aber wollte lernen. Bis heute ist es mir ein Rätsel, wie ich mich gegen meinen Vater durchsetzen konnte, denn mein Vater war sehr dominantund wer anderer Meinung war als er, lief Gefahr, seinen Zorn zu wecken. Mit dem Fahrrad bin ich von einem Ort zum nächsten gefahren und habe in Gärtnereien nach einer Lehrstelle gefragt.

Für den Gärtnerberuf hatte ich mich entschieden, weil ich von Kind an gern viel Zeit im Wald verbracht habe und Mathematik und Fremdsprachen mir in der Schule ein Greuel waren.

Dreißig Kilometer von meinem Heimatort entfernt fand ich in Mechernich einen Gärtnermeister, der sich meiner erbarmte. Zur Vertragsunterzeichnung begleitete mich mein Vater, ich war noch minderjährig. Mein Vater reichte dem Meister die Hand und sagte: »Wenn er's verdient hat, hau'n Se nur drauf. Wenn er daheim was sagt, kriegt er's von mir noch mal.«

Als Gärtnermeister habe ich später selbst Lehrlinge ausgebildet, und sie hatten es bestimmt nicht leicht mit mir. Aber ich habe stets nur verlangt, was ich selbst auch geleistet habe. Viele meiner Lehrlinge hatten große Bildungslücken. Manche konnten nur holprig lesen oder schreiben.

Einmal, zweimal in der Woche lud ich sie zu mir nach Hause ein, und nach dem Abendessen unterrichtete ich sie. Lesen, Schreiben, Rechnen, Politik, Gesellschaft, Technik, Philosophie – meine Lehrlinge gingen bei mir durch eine Schule des Lebens. Ich glaube nicht, dass sie es mir nachtragen, denn wenn ich heute manchmal einen von den Jungen treffe, die längst Männer sind, dann begrüßen sie mich herzlich und lassen die alten Zeiten hochleben.

Zweiundzwanzig

Spargelzeit

Manchmal kam es mir vor, als würde ich unterwegs immer neue Leben anprobieren, denn ich lernte auf meiner Wanderung so viele Menschen näher kennen wie in meinem ganzen Leben nicht. Und obwohl es so viele verschiedene Menschen waren, stieß ich häufig auf dieselben Probleme. Es geht darum, satt zu sein, also Arbeit zu haben, ein Dach über dem Kopf, die Familie versorgt zu wissen und liebe Menschen im Herzen und in der Umgebung. Genauso hatte ich selbst auch immer gelebt. Darin waren wir uns alle gleich. Trotzdem leiden wir so oft an Missverständnissen. In Familien – und über Grenzen hinweg.

Meine Wanderung führte mich an einer mehrere Hektar großen Anbaufläche von Spargel vorbei. Die Wälle, in denen die heißbegehrten Stangen heranwuchsen, waren so hoch aufgehäufelt, dass Menschen mit normaler Größe sich kaum zur Ernte bücken mussten.

Europa?

Eine Gruppe von etwa vierzig Erntehelfern machte gerade Pause. Ich hatte sie sprechen hören und fragte, ob sie aus Polen stammten.

Viele Jahre lang hatte ich selbst polnische Helfer im Betrieb – einer davon hieß Stanis. Er war eigentlich Ingenieur, kam aber jedes Jahr für drei Monate nach Deutschland, um hier zu arbeiten. Mit ihm habe ich am besten von allen meinen polnischen Mitarbeitern geschafft. Stanis war ein hochintelligenter Mann, mit dem ich interessante Diskussionen führte, der mir vieles über Polen und die polnische Geschichte erzählte und der beim Arbeiten mitdachte. Zusammen haben wir zahlreiche Gärten angelegt. Wir waren ein gleichberechtigtes Team gewesen, und in Gedanken an ihn kramte ich bei den Spargelarbeitern einige der wenigen Brocken Polnisch hervor, die mir noch einfielen. Ich ließ es dann aber bleiben, weil viele der Polen wesentlich besser Deutsch sprachen.

Einer der Männer zeigte mit der Hand auf eine abseits sitzende Gruppe junger Männer. Dies seien Rumänen, aber »nix gute Mann«. Nach und nach erfuhr ich, dass die beiden Völkergruppen in zwei verschiedenen Containerdörfern lebten. Beide Seiten wollten nichts miteinander zu tun haben, obwohl sie alle in der Fremde Tag für Tag harte Arbeit leisteten. Dies zu erfahren, stimmte mich ein wenig traurig.

Dreiundzwanzig

8. Mai 2007

Meine Töchter hatten alles organisiert. In Hameln würden wir uns treffen. Ich kam zu Fuß, sie kamen mit Sigrid im Auto. Ich musste mich beeilen, um zur rechten Zeit am verabredeten Ort zu sein, und das stresste mich ein wenig. Eine Wanderschaft und feste Termine passen nicht zusammen. Aber natürlich schaffte ich es. Meine Beine liefen wie von selbst meinen liebsten Menschen entgegen. Sigrid, Sabine, Ellen, Birgit – in der Reihenfolge, wie ich sie kennenlernte.

Meinen Geburtstag hatten wir bislang immer zu Hause gefeiert. Nun trafen wir uns irgendwo in Deutschland – das war schon spannend! Sabine hatte Zimmer reserviert im sogenannten Hasenjägerhaus. Ich sollte einen Tag vor meinen Damen ankommen, und das hatte ich auch nötig, denn es gab jede Menge Kleidung zu waschen. Schließlich wollte ich den vieren in bester Verfassung, gebügelt und geschniegelt, gegenübertreten.

Obwohl es so viel zu erzählen gab, konnte ich zunächst gar nichts sagen, sie einfach bloß anschauen, eine nach der anderen und alle zusammen. Ein tiefes Glücksgefühl durchströmte mich. Dass wir so beieinandersitzen durften.

Auch an den letzten beiden Weihnachtsfesten im Kreis meiner Familie hatte ich dies schon voller Dankbarkeit gedacht. Damals hatte ich auch festgestellt, dass ich manches vielleicht zu selbstverständlich voraussetzte. Dieses füreinander Einstehen und Dasein.

Wie damals hatte ich mir vorgenommen, darüber ein paar Worte zu verlieren. Dass mir durchaus bewusst ist, dass dies keine Selbstverständlichkeit ist: eine Familie, die das bedeutet, was das Wort meint. Den weiten Weg hatten sie gemacht, um mit mir zu feiern. Doch ich brachte keinen Ton raus, saß in der Mitte meiner Damen und konnte eigentlich nur hoffen, dass sie in meinen Augen lesen würden. Weil wir eine Familie sind, aus demselben Holz geschnitzt, saßen wir alle fünf da und sahen uns tief in die Augen. Sie waren warm und braun, und manchmal schimmerten sie wie Kieselsteine im Wasser.

Manchen Blick wechselte ich mit Sigrid. Sie kenne ich am besten und längsten, und so fühlte ich mich wieder einmal ganz eins mit ihr in unserer gemeinsamen Freude und dem Stolz auf unsere Töchter. So falsch, dachte ich da bei mir, kann mein Leben nicht gewesen sein, wenn ich diese drei wohlgeratenen Kinder betrachte.

Vierundzwanzig

Die Nacht auf der Hohen Asch

Mit Sigrid zusammen ging es weiter. Von Hameln, der Rattenfängerstadt, hinauf zur Hohen Asch, einer Bergkuppe auf einem langgezogenen Bergrücken. Ein stundenlanger, oft mühsamer Anstieg, den wir in Erinnerung an das schöne Zusammentreffen mit unseren Töchtern gutgelaunt meisterten.

Wir freuten uns beide sehr, dass wir nun wieder ein Stück zusammen wandern würden, und Sigrid war erleichtert, dass sie mich in einem besseren Zustand antraf als beim letzten Mal. Ich würde zwar noch immer keinen Preis gewinnen für meinen Laufstil, doch meine Knie schmerzten erträglich, und die offenen Stellen an meinen Händen waren verheilt.

Die Gaststätte auf der auf 371 Metern Höhe gelegenen Hohen Asch wurde gerade renoviert und bewirtete keine Gäste. Trotz des kalten böigen Windes hatten wir großen Durst. Durch ein Fenster lugte ich in die Gaststube und entdeckte zwei Fliesenleger. Ich klopfte, und schnell stellte sich heraus, dass einer der Männer der Inhaber der Gaststätte war. Er bedauerte, uns nichts Essbares servieren zu können, alle Schränke seien leer – nur gegen den Durst könne er uns helfen.

Als es später ans Zahlen ging, sagte er, wir sollten so viel bezahlen, wie wir meinten, dass die Getränke wert seien. Solch eine Rechnung habe ich noch nie bekommen und wunderte mich ein wenig. Allerdings dachte ich bei mir, dass durstige Menschen den Wert eines Getränkes weit höher schätzen und die Alleinlage auf der Hohen Asch eine gute Einkunftsquelle sein könnte.

Müde und sehr ungern nahmen wir unser schweres Gepäck wieder auf die Schultern, verabschiedeten uns und traten hinaus auf die Straße, wo der kalte, stürmische Wind erneut an uns zog und zerrte.

Das Laufen fiel schwer, denn wir waren auf eine Übernachtung in ebendiesem Gasthaus eingestellt gewesen. Und das Wetter wurde zunehmend schlechter. Ich wollte Sigrid keine Nacht im Zelt zumuten. Also liefen wir drei Kilometer bergab nach Bösingfeld, wohl wissend, dass wir am anderen Morgen mit dem ganzen Gepäck erneut den Weg steil nach oben bewältigen würden müssen. Auf der Anhöhe stand eine Gruppe von Windrotoren. Sie drehten sich unermüdlich und erzeugten einen eigenartigen Gesang, unheimlich und beunruhigend, der uns auf dem Abstieg begleitete. Sehr steil war der Weg; ich brauchte beide Stöcke, um zu bremsen und dadurch meine Knie zu entlasten. Windböen fielen uns von hinten an, schoben und drückten, wir mussten rennen, ob wir wollten oder nicht.

Schwarze Wolken verdunkelten den Himmel, als wir endlich im Dorf ankamen und zu unserer großen Freude mehrere Gasthausschilder entdeckten. Das erste Gasthaus hatte Ruhetag, das zweite war geschlossen, im dritten war zwar die Tür offen, doch niemand in der Gaststube. Ich rief und klopfte, keiner meldete sich.

Wir wollten gerade wieder gehen, da schlurfte eine ältere Dame herein und wies uns ab. Zu essen gäbe es heute nichts, und Zimmer würde sie keine vermieten, das würde sich nicht rentieren, viel Arbeit, viel Ärger, wenig Lohn. Wieder einmal hatten wir die Folgen des Gaststättensterbens in kleineren Orten hautnah erlebt. Mir tat meine Sigrid leid, sie hatte sich genauso wie ich, auf ein warmes Zimmer und das Abendbrot gefreut. Sollte unser Weg hinunter ins Tal umsonst gewesen sein? Und wohin unter diesem schwarzen Himmel und eisigen Wind?

Durch Zufall entdecken wir ein griechisches Restaurant. Die Schildbeleuchtung war defekt, aber der Ofen funktionierte, und wir genossen es, endlich in einem warmen Raum zu sitzen, umweht vom Geruch des Mittelmeers. Gut und reichlich und für unsere Verhältnisse exotisch aßen wir zu

Abend. Die sehr freundliche Wirtin vermietete keine Zimmer, versuchte aber, uns telefonisch eine private Unterkunft zu vermitteln, was leider fehlschlug.

So standen wir wieder auf der Straße. Satt zwar, aber müder als zuvor. Ich nahm Sigrids Hand, und wir machten uns auf den mühevollen Weg steil bergan zur Hohen Asch, die Kraft des Windes ungestüm im Gesicht. Immer wieder schauten wir sehnsüchtig hinauf zu dem in der Ferne liegenden Ziel, als warte dort ein warmes weiches trockenes Bett auf uns. Je höher wir kamen, umso heftiger blies der Sturm, die Windräder liefen auf voller Leistung, und ich malte mir aus, was geschähe, wenn einer der Flügel abbräche.

»Da hast du ja einen Fang gemacht mit mir!«, schrie ich gegen den Wind an, denn meine Frau tat mir leid, wie sie da tapfer durch die Nacht stapfte.

Endlich waren wir oben angekommen, und unter einer Gruppe junger Buchen fand ich den geeigneten Lagerplatz. Sigrid blies die Luftmatratzen auf, und ich baute bei Dunkelheit, aber durch die lange Übung routiniert, unser Zelt auf. Schnell wie zwei Forellen unter den Stein, so schlüpften wir in unser Zelt.

Auf diesen Moment schien der gnädige Regengott gewartet zu haben. Mit kräftiger Hand öffnete er die Himmelsschleusen, und der Regen ergoss sich kübelweise auf das Land. Der Wind rüttelte und schüttelte das Zelt wie ein Taschentüchlein. Würden die Heringe halten? Die Leinen? Und die Rotoren? Wie Hilferufe kam mir ihr Sirren und Rauschen nun vor. Sie sausten am Limit. Notabschaltungen brachten kurze Atempausen, dann ging das Heulen und Brummen in der Luft weiter. Trotz des himmlischen Höllenlärms schlief ich schließlich ein – anders als Sigrid. In einem schrecklichen Alptraum lag sie wie in Seenot auf einem Floß in dem hin und her schwankenden Zelt und fand keinen Schlaf. Seit dieser Nacht kann sie keine Windräder mehr hören.

Fünfundzwanzig

Regen, Regen, Regen

Es dauerte lange, bis wir unsere feuchten Sachen eingepackt hatten und durch nasse Wiesen Richtung Lemgo wanderten. Unterwegs trafen wir eine freundliche Hausfrau, in deren Garten wir unsere Wasserflaschen auffüllen konnten. Es dauerte nicht lange, bis wir Wasser im Überfluss hatten. Es regnete, schüttete, goss, kübelte.

Schlugen wir uns zu Beginn noch tapfer über Berg und Tal, durch Wiesen und Wälder auf rutschigen Wegen, so machten uns die dauernde Nässe und Kälte allmählich doch zu schaffen. Wir hofften auf Besserung, und es war gut, dass wir nicht wussten, was auf uns zukommen sollte, denn es regnete und stürmte ohne Unterlass, fast die gesamte Zeit unserer gemeinsamen Strecke.

Mir tat meine Sigrid leid, jeder Tag, den sie mit mir ging, ein Regentag, doch sie war zäh und ließ sich nichts anmerken, vielleicht machte es ihr auch wirklich nichts aus. Wir sind eben ein bewährtes Team, und immer wieder beglückwünschte ich mich zu dieser Partnerin, die mit mir durch Sturm und Regen stapfte, alles nahm, wie es kam. Niemals hörte ich ein Wort der Klage. Sie war einfach an meiner Seite wie schon jahrzehntelang, und das erfüllte mich mit großem Glück. Allein, dass sie da war. Sie zu sehen und zu hören. Ihre kleine Gestalt vor mir auf dem Weg.

Um die Mittagszeit einigten wir uns, in einem Hotel eine kurze Rast zu machen, etwas zu essen und uns aufzuwärmen. Schüttelten vor der Eingangstür die größte Nässe ab wie zwei zottelige Hunde. Umständlich befreiten wir uns von dem Gepäck und dem nassen Regenzeug und setzten uns an einen Tisch.

Das Wasser rann von meinen Hosen und Schuhen auf den Boden des Speisesaals und bildete Pfützen ... hoffentlich gab das keinen Ärger ... nein, wir wurden freundlich bedient. Während des Essens schauten wir bang zum Fenster hinaus, da tobte der Sturm in unverminderter Heftigkeit, und immer neue dicke schwarze Wolken tauchten am Himmel auf. Wie sollte das bloß weitergehen, das konnte ich meiner Sigrid doch nicht zumuten!

»Sigrid, lass uns hierbleiben.«

»Quatsch!«

»Ich frag mal, was es kostet.«

»Schau dich doch mal um, das ist viel zu teuer, Kurt.«

»Ich will dir das Wetter aber nicht zumuten.«

»Es geht schon.«

»Du bist ja völlig durchnässt.«

»Du doch auch.«

»Bei mir ist das etwas anderes.«

»Es geht gut, Kurt.«

»Ich will es aber.«

»Lieber nicht. Sparen wir das besser für deine Reisekasse. Dein Weg ist noch weit.«

Sehr gerührt stand ich trotzdem auf und fragte an der Rezeption nach einem freien Zimmer. Die Chefin höchstpersönlich nannte mir den Preis. Da wurden mir die Knie weich. Das war viel zu viel, das war nicht möglich. Ich gab dennoch nicht auf, obwohl ich selbst einfach weitergewandert wäre. Ich fragte nicht für mich. Ich fragte für meine Sigrid.

»Haben Sie auch etwas Günstigeres im Angebot?«

»Vierundneunzig Euro sind bereits sehr günstig für die

Kategorie des Hauses«, erfuhr ich, »aber ich kann Ihnen ein wenig entgegenkommen.«

»Das klingt gut!«

»Sind Sie mit fünfundsiebzig Euro einverstanden?«

Fünfundsiebzig Euro! Nein, das war nicht machbar, so leid es mir tat. Die Chefin las in meinem Gesicht, lächelte und sagte dann

»Fünfundsechzig?«

Es klang nicht wie ein Angebot, es klang fast wie ein Befehl, und ich nickte erleichtert und drehte mich zu Sigrid, ihr die frohe Botschaft zu überbringen, da rief die Chefin: »Also sechzig, abgemacht?«

Das Zimmer war sehr schön und bestimmt mehr wert als sechzig Euro, und wir genossen diesen Luxus. Raus aus den nassen Klamotten und rein in die warme Dusche, welche Wohltat. Sturm und Regen rüttelten und peitschten die Fenster, wir breiteten unsere nassen Sachen aus und legten uns auf die Betten.

Herrlich war das, dem Regen und dem Sturm von dieser behaglichen Position aus zuzuhören. Es war mir ganz egal, dass die Naturgewalten uns anzustacheln und auszulachen schienen: Kommt doch raus, ihr Feiglinge! Heute waren wir gerne Feiglinge und genossen es.

Mitten in der Nacht wachte ich auf und hörte Sigrid neben mir atmen. Wenn sie einmal nicht mehr atmen würde, so, wie ich einmal nicht mehr atmen würde … bald? Sigrid reckte sich. Sie war wach, ich hörte es.

»Du«, sagte ich, »wenn ich mal nicht mehr bin.«

»Ach, Kurt.«

»Wenn ich mal nicht mehr bin.«

»Sag das nicht.«

»Doch, ich muss.«

Viele Atemzüge und der Wind und der Regen, immerfort.

»Also wenn ich mal nicht mehr bin, Sigrid.«

»Ja, Kurt?«

»Du musst nicht allein bleiben.«

»Kurt, sag so was nicht.«

»Doch, ich muss.«

»So was denk ich doch nicht!«

»Aber ich, Sigrid.«

»Schlaf jetzt!«

»Gleich.«

Noch mehr Atemzüge.

»Wenn ich also nicht mehr da bin. Und du wieder heiraten willst.«

»Kurt!«

»Also das ist mir recht. Nur dass du es weißt.«

»Ja, nun weiß ich es, und jetzt schlaf.«

»Gute Nacht, Sigrid.«

»Gute Nacht, Kurt.«

Sechsundzwanzig

Und noch mehr Regen

Der neue Tag zeigte sich grau in grau, aber es regnete nicht und das war doch schon mal was, um gutgelaunt aufzubrechen zur Residenzstadt der Fürsten zu Lippe. Detmold ist die größte Stadt in diesem Kreis und liegt am Werra-Übergang der alten Handelsstraße von Paderborn nach Lemgo.

Trotz sehr rutschiger Wege kamen wir gut voran durch die Lemgoer Mark hoch auf den Windelstein. Sollten wir heute Glück mit dem Wetter haben? Nein! Am späten Vormittag öffnete der Himmel erneut seine Schleusen und schloss sie nicht mehr. Allmählich fühlten wir uns wie Fische.

Und so blieb es, bis wir am nächsten Tag den südlichen Teil des Teutoburger Waldes erreichten. Leider sah ich von der eigentlich schönen Gegend nicht viel. Alles Putzen meiner Brille half nichts, sie war ständig nass und beschlagen. Ich lief durch die Gegend wie ein blindes Huhn.

Lang zog sich der Anstieg auf den 386 Meter hohen Teutberg, der stark bewaldet ist. Oben, inmitten einer großen Ringwallanlage, befindet sich die Grotenburg. Hier steht ein Denkmal zur Erinnerung an den Cheruskerfürsten Arminius und an die sogenannte Schlacht im Teutoburger Land. Die Aussicht war herrlich, der Sturm war herrisch und so stiegen wir die vielen Treppen schnell wieder hinunter.

Eigentlich sollte uns der weitere Weg zu den Externsteinen führen, einer markanten Sandsteinformation im Teutoburger Wald im Bad Meinberger Stadtteil Holzhausen. Doch durch die Vielzahl der Wege mit gleicher Markierung, einem weißen Andreaskreuz, und den in paralleler Richtung laufenden drei Höhenrücken verloren wir den richtigen Weg. Wir gingen zwar in die richtige Himmelsrichtung, aber auf dem falschen Höhenrücken.

Nach einer langen Wanderung über zehn Kilometer merkte ich es an dem ersten markanten Punkt unserer Wanderung, einem Waldgasthaus. Also zurück. Das war kein Vergnügen bei diesem Wetter, doch schließlich erreichten wir die Externsteine doch noch. Diese Felsen gelten als ein germanisches Heiligtum. Hier treffen sich die Wanderwege Hermannsweg und Eggeweg, beide Teil des E1.

»Meinst du, wir sind richtig?«, fragte Sigrid.

»Ja.«

»Du hast ja immer recht gehabt.«
»Und du gehst mit mir.«
»Ja.«
Bis ans Ende der Welt, dachte ich.

Siebenundzwanzig

Sigrid geht verloren

Von der Silbermühle im Eggegebirge, wo wir übernachtet hatten, stiegen wir durch ein tiefes Tal mit hohen Fichten in einem dreistündigen Anstieg auf den höchsten Punkt des Eggegebirge-Höhenzuges, dem Velmerstot mit seinem Aussichtsturm. Endlich oben angekommen, entpuppten sich die nächsten fünfzehn Kilometer als genussreiche Wanderung. Einzelne Regenschauer konnten unsere gute Laune nicht verderben, und wir wanderten durch dichten Wald auf dem Höhenrücken entlang.

Gleich neben unserem Wanderpfad zog sich eine parallel laufende, geteerte Forststraße entlang. Da die vielen Wurzeln der Bäume auf dem Wanderweg bei jedem Stolperer meine Knie plagten, entschloss ich mich, auf dem geteerten Weg zu gehen. Viele Kilometer liefen Sigrid und ich – ein jeder auf seinem Weg – nebeneinander her, bis mein Weg langsam abwärts ins Tal führte. Der Abstand zu Sigrid und dem eigentlichen Wanderweg wurde größer.

Sigrid rief mir von oben etwas zu, was ich nicht verstand, winkte kurz und ging weiter.

Ich sollte auf dem schnellsten Wege nach oben zum regulären Wanderweg kommen! Ein fast zugewachsener Querweg führte hinauf, und in ein paar Minuten hatte ich den Wanderweg erreicht. Vor mir mit weitem Abstand lief Sigrid. Hätte sie sich in diesem Moment umgedreht und mich gesehen, wären uns große Sorgen erspart geblieben. Doch sie drehte sich nicht um, lief so schnell sie konnte über den weichen Grasboden durch dichte Birken- und Fichtenwälder, mit den abgestorbenen Nadeln der Bäume dick gepolsterte Wege, ein herrliches Gehen. Die Vögel konzertierten, die Luft war lau und es regnete endlich einmal nicht – alles hätte so schön sein können … wenn wir zusammen gewesen wären. Doch Sigrid machte Tempo. Sie glaubte, ich sei auf der geteerten Straße viel schneller als sie auf dem Weg, und wollte mich unbedingt einholen. Ich aber lief hinter ihr – auch so schnell ich konnte, doch es war nicht schnell genug.

Ich wurde nervös. Schließlich waren wir fremd hier, eine verpasste Wegemarkierung, und Sigrid würde sich in diesem großen Gebirge verlaufen. Hin und wieder rief ich nach ihr – keine Antwort. Ich ging immer schneller, ich wusste ja, dass sie vor mir ging, während sie bloß vermutete, mir zu folgen, und keine Ahnung hatte, dass ich hinter ihr herrannte.

Oder legte sie diesen Zahn zu, weil sie jahrzehntelang hinter mir hergelaufen war? Wollte sie mir zeigen, wie das ist? Auch dieser Gedanke kam mir, denn ich war bei unseren früheren Wanderungen immer schneller als Sigrid. Es ist nun mal ein Problem, wenn zwei Wanderer unterschiedlichen Tempos miteinander gehen. Wenn sich einer der Schrittgeschwindigkeit des anderen anpasst, fühlt er sich mit der Zeit unwohl. Jeder hat sein Tempo und seinen Schritt. Da ich größer bin und längere Beine habe, komme ich schneller voran. Das hat Sigrid vielleicht manchmal geärgert, denn wenn ich voranging und auf sie wartete, lief ich zuweilen weiter, kaum tauchte sie auf, und gönnte ihr keine Pause.

Seit meiner Erkrankung hatte sich das Blatt gewendet. Jetzt lief ich hintendrein, und deshalb verstand ich nicht, warum Sigrid so rannte. Sie gönnte sich anscheinend keine Pause. An jedem Rastplatz oder Aussichtspunkt, den ich passierte, fehlte Sigrids grüne Jacke und dieses Fehlen war ein Stich im Bauch, und mir wurde immer mulmiger.

Plötzlich ein Schuss! Mein Herz schlug wie verrückt. Sigrid! Der Wald schwieg einen Moment, dann tirillierte und knackte es weiter.

Ich mobilisierte meine letzten Reserven, musste dennoch langsamer gehen, da meine Knie das hohe Tempo nicht durchhielten. Wenigstens kannte Sigrid den Endpunkt unserer Tagesetappe – doch wenn sie sich im Wald verlaufen hätte, würde ihr das auch nicht weiterhelfen. Und dieser Schuss ... so viele Sonntagsjäger ... man liest allerhand ... Außerdem gab es zu unserem Etappenziel zwei Wege. Welchen hat sie genommen?

Sigrid ihrerseits zweifelte schließlich auch daran, ob sie wirklich hinter mir ging. So schnell konnte er doch gar nicht sein! Also drehte sie um – und kam mir entgegen. Was für ein Glück, als die geliebte kleine Gestalt mit dem großen Rucksack vor mir auftauchte!

Seit diesem Tag ging Sigrid nur noch so weit voraus, wie sie mich als kleinen Punkt gerade noch sehen konnte: einen Wanderer, der auf zwei Stöcken hinter ihr herhumpelte.

In Herbram-Wald, unserem Etappenziel, feierten wir bei einem guten Essen den Sololauf meiner kleinen Ausreißerin und den glücklichen Ausgang. Ganz besonders amüsierte uns, dass wir beide ein Handy in der Tasche hatten. Sigrid hatte versucht, mich anzurufen, aber mein Handy war ausgeschaltet – eine Gewohnheit, um Batterie zu sparen ...

Und dann ging es stundenlang schweigend weiter, was nicht allein am Regen lag, wir konnten auch in der Sonne schweigen.

Wir dachten beide dasselbe und wussten wohl, was wir

voneinander dachten. Wie wird es sein nächstes Jahr? Bin ich dann noch da? Geht er da noch mit mir?

Ich musste nicht fragen, was Sigrid denkt. Ich wusste es einfach, und sie wusste, was ich dachte, und deshalb redeten wir nicht darüber, obwohl wir ständig miteinander sprachen, ohne Ton. Wenn man so lange verheiratet ist, versteht man sich auch ohne Worte.

Achtundzwanzig

Die Raben

Traurig waren wir beide am Bahnhof in Marsberg. Wie gern wäre ich weitergegangen mit meiner Sigrid, immer weiter und auch Sigrid wäre gern bei mir geblieben. Doch sie musste daheim nach dem Rechten sehen, und die Reisekasse musste sich erholen von den Löchern, die ihr zwei Personen geschlagen hatten.

Ich stand noch am Bahnsteig, da war Sigrids Zug längst fort, und wieder einmal quälten mich Zweifel. War das, was ich da tat, das Richtige?

Wie immer, wenn mich diese Zweifel überfielen, dachte ich an einen Bekannten, der mir schwere Vorwürfe ob meines Verhaltens gemacht hatte. Seine Frau war im Alter von sechzig Jahren gestorben, ein Jahr, ehe er in Rente ging. Was hatten sie nicht alles vorgehabt, wenn er endlich mal im Ruhestand sein würde. Nun war er allein. Ein halbes Jahr lang war seine Frau krank gewesen, und da wäre es ihm niemals in den Sinn gekommen, sie zu verlassen.

»Die letzte Zeit, die einem bleibt, die muss man doch zusammen verbringen!«, hatte er gerufen. »Wie kannst du deine Frau in einer solchen Situation alleine lassen!«

»Aber wir sind uns einig«, widersprach ich.

»Das macht sie doch nur für dich«, entgegnete er. »Glaubst du, ihr wäre es nicht lieber, du bliebest zu Hause?«

Natürlich verunsicherte er mich. Das dachte ich mir ja selbst manchmal, dass diese Wanderung ein egoistisches Unterfangen war. Andererseits zeigten mir die letzten Tage mit Sigrid, dass unser Zusammensein gerade durch die Trennungen so ganz besonders schön und intensiv war.

Tief in meinem Herzen spürte ich, dass ich auf dem richtigen Weg war. Mochte der Weg für andere anders aussehen. Mein Weg war die Wanderung. Ich hoffte inständig, ich würde mein Ziel erreichen und dem Bekannten am Ende nicht recht geben müssen.

Von schwerkrank war bei mir derzeit keine Spur. Ich fühle mich trotz der Schmerzen immer besser, kräftiger, gesünder. Ich dachte viel an Sigrid, die ich sehr vermisste. Dachte daran, wie ich sie kennengelernt hatte, und an unsere ersten Jahre. Vielleicht war ich manchmal zu dominant gewesen. Vielleicht hätte ich öfter mal auf sie warten sollen, auf unseren früheren Wanderungen …

Zu meiner Abschiedsstimmung im dichten Buchenwald, den ich Richtung Obermarsberg durchschritt, passte das Wetter: Zur Abwechslung regnete es mal wieder. Ich passierte alte Stolleneingänge von stillgelegten Erzgruben. Wie der Eingang zum Hades erschienen sie mir. Ich ging daran vorbei, gelangte zur Hochebene, und der Weg zog sich lang und grau dahin. Es regnete ohne Unterlass.

Kurz vor Adorf entdeckte ich etwa einen Kilometer vor mir eine kleine Baumgruppe am Rande einer Weidefläche. Hinter mir der Himmel rabenschwarz bedrohlich, Blitze zuckten, ein Unwetter näherte sich in Windeseile. Bis zu den Bäumen musste ich es schaffen!

Ich rannte so schnell ich konnte mit meinem Gepäck, Schmerzen am ganzen Körper, es war vergeblich. Der Sturm trieb die Wetterfront mit Macht vor sich her, überrollte mich, und wenn noch etwas an mir trocken gewesen war, dann war das jetzt vorbei. Mit letzter Kraft erreichte ich die jungen Buchen. Steine und Brennnesseln hinderten mich am schnellen Zeltaufbau. Es dauerte, und der Regen schüttete.

Völlig durchnässt schlüpfte ich schließlich ins Zelt, vor Kälte zitternd am ganzen Körper. Von oben hörte ich den Ruf der Raben. Ihr bekommt mich nicht, dachte ich, noch bekommt ihr mich nicht, noch ist es nicht so weit.

Neunundzwanzig

Die gute Frau von Deisfeld

Ein langer einsamer Wandertag über die Höhen des Sauerlandes lag hinter mir. Das Sauerland mit seinen gepflegten Fachwerkhäusern, schmucken Dörfern und sehr freundlichen Menschen linderte meine Sehnsucht nach Sigrid ein wenig.

Außer vom Wald und von der Milchwirtschaft lebten die Menschen hier jahrhundertelang von der Eisenerzgewinnung. Manche Berge im Sauerland sind durchlöchert wie Schweizerkäse. Auch Kupfer und Blei wurden hier gewonnen.

Besonders beeindruckt hat mich der sogenannte Rosengarten. Als neugieriger Gärtner folgte ich der Beschilderung und gelangte zu keiner Rosenzucht, wie erwartet, sondern zu einer geologischen Besonderheit. Im Verlauf der vulkanischen Entwicklung ist reines Eisenerz mit Urgewalt aus der Erde nach oben gepresst worden. Diese Auswürfe sind in mannigfaltigen Formen bis zu zweieinhalb Meter hoch aufgetürmt und erstarrt. Einige der hell- und dunkelroten Ausstülpungen erinnern an Rosenblüten, daher der schöne Name Rosengarten.

Ich hatte keinen Proviant dabei und freute mich, als ich in der Kleinstgemeinde Schweinsbühl ein Gasthaus entdeckte. Dieses war jedoch bereits besetzt von einer Gruppe grölender junger Männer. Sie sangen aus heiseren Kehlen. Ich konnte nicht heraushören, ob ihr Fußballclub aufgestiegen oder ein Kumpel in die Ehe abgestiegen war.

Jedenfalls war mir die Feier entschieden zu laut, und ich wanderte trotz Hunger und Durst weiter. Es ging abwärts, und ich lief an eingezäunten Weideflächen entlang. Neugierig beäugten mich junge Rinder. Es schien, dass ihnen diese Abwechslung willkommen war.

Plötzlich, wie von einem nur für sie wahrnehmbaren Signal angetrieben, preschten sie im Pulk auf mich zu. Steil ging es bergab, und sie gewannen an Schwung und Tempo. Unten stand ich. Hinter dem Zaun. Die Rinder, viel zu schnell, wurden erst vom Stacheldraht gestoppt. Mir taten sie leid, und ich zuckte unwillkürlich zusammen, doch die Tiere hatten ein dickes Fell. Sie schüttelten sich und beäugten mich aus der Nähe. So warme braune Augen. In manchen Gesichtern glaubte ich tatsächlich einen Schalk zu entdecken. Ich verabschiedete mich von ihnen und zog weiter. Lang noch schallten ihre Rufe hinter mir her.

Im Tal angekommen, gelangte ich zwar in einen Ort, doch der wirkte wie ausgestorben. Ich lief in den Straßen herum, niemand begegnete mir. Selbst die Vögel hatten das Singen eingestellt. Ein Geisterdorf? Es dauerte eine Weile, bis mir einfiel, dass heute Feiertag war. Das war mir schon einige Male passiert. Beim Wandern sind alle Tage gleich, egal ob Sonn- oder Werktag.

Doch ich hatte Hunger, großen Hunger und Durst. Wenn ich kein Lebensmittelgeschäft finden konnte, musste ich es auf andere Art versuchen. Ich klopfte an die Tür eines Bauernhauses, hörte Schritte. Sollte ich Glück haben? Eine Frau mittleren Alters öffnete. Ich bat sie um Wasser für meine Flasche und fragte, ob sie mir ein Stück Brot verkaufen würde.

Kurze Rast

»Setzen Sie sich auf die Terrasse. Da ist es trocken und warm. Ich komme gleich.« Gern folgte ich ihrer Bitte, löste das Gepäck von meinen Schultern und nahm Platz. Immer mehr blaue Löcher zeigten sich in der Wolkendecke. Es sah aus, als würde es endlich zu regnen aufhören. Schade, dass Sigrid nicht mehr bei mir war.

»So!«, hörte ich eine Stimme – und da kam die Bäuerin mit einem großen Tablett. Belegte Brote, Wasser, Kaffee, Milch, ein aufgeschnittener Apfel, eine Banane.

»Guten Appetit«, wünschte sie mir und verschwand im Haus. Viel zu schnell hatte ich alles aufgegessen, während der Himmel immer blauer wurde. Dankbar lehnte ich mich zurück – auch dankbar dafür, dass ich jede Nahrung essen konnte. In der Reha hatte ich manche Patienten kennengelernt, die Diät halten mussten oder vieles nicht vertrugen. Ich vertrug alles – eine große Erleichterung auf meiner Wanderung.

»Sind Sie satt geworden?«, war da die freundliche Frau.

»O ja«, erwiderte ich. »Aber wenn Sie mich schon so fragen – heute Abend im Zelt, da habe ich bestimmt wieder Hunger. Wäre es möglich, dass Sie mir etwas mitgeben? Selbstverständlich bezahle ich alles!«

»Warten Sie«, erhielt ich die nächste Anweisung. Das Päckchen, das ich dann überreicht bekam, wog schwer in meiner Hand, dennoch wollte die gute Frau nicht mehr als fünf Euro annehmen. Ich bedankte mich herzlich für ihre Großzügigkeit und dachte noch oft an diese Begegnung zurück, die mir aus der Feiertagsnot geholfen hat.

Fröhlich erklomm ich den langen Weg auf den vor mir liegenden bewaldeten Bergrücken und suchte mir im warmen Licht der untergehenden Sonne einen Platz für mein Zelt mit Aussicht hinunter ins Tal. Während ich den Proviant verspeiste, schaute ich den Sternen zu, die am Himmel immer heller wurden. Ein guter Tag hatte sein Ende gefunden.

Dreißig

Eine ganz besondere Begegnung

Die Hessen nennen ihr Sauerland Upland, was so viel wie Hochland heißt. Der Ort Willingen liegt an der Grenze zwischen Hessen und Nordrheinwestfalen im Hochsauerland.

Eines der Wahrzeichen, das 1818 erbaute Eisenbahnviadukt, erregte meine Aufmerksamkeit, und ich freute mich darauf, es meinem Bruder Martin zu zeigen. Er würde am nächsten Tag mit dem Zug ankommen. Gemeinsam wollten wir einige Tage durch das Sauerland wandern. Da ich zwanzig Stunden vor seiner Ankunft den Treffpunkt erreichte, hatte ich viel Zeit, die Stadt zu besichtigen, die mir bislang nur wegen des Weltcupskispringens ein Begriff war.

Nachdem ich den Bahnhof gefunden hatte und wusste, wo ich Martin abholen würde, machte ich mich auf die Suche nach einem Zeltplatz. Ich schlenderte durch die Straßen, schaute über Zäune und durch Hecken. In Städten ist es schwierig, geeignete Plätze zu finden. Ein Haus aus der Gründerzeit fiel mir auf. Schöne große Fenster, gepflegter Garten, sauber eingefasste Wege und Beete mit Blumen und Sträuchern, im Hintergrund eine kleine Rasenfläche, von einem mächtigen Kirschbaum überschattet. Ideal für mein Zelt!

Ein älterer Herr, der mit flinken Bewegungen den Weg vor dem Haus kehrte, entdeckte mich. Ich grüßte ihn und fragte, ob er der Herr des Hauses sei.

»Ich wohne hier«, erwiderte er.

Warum nicht fragen, schoss es mir durch den Kopf.

Neugierig geworden kam der Herr näher, legte den Kopf schräg und musterte mich. Sehr blaue Augen. Ein freundlicher Blick, doch prüfend. Er fragte nicht, warum ich mich nach einem Zeltplatz erkundigte, woher ich kam, wohin ich wollte. Schaute mich einfach an. Lange. Ich erwiderte den Blick, der mir gefiel. Ich spürte, dass ich willkommen war.

»Ja«, nickte der Herr schließlich. »Doch ich bin nicht alleine hier und möchte zudem die Einwilligung meiner Schwägerin einholen. Sie ist beim Einkaufen. Ist es möglich, dass Sie in einer Stunde nochmals anfragen?«

Ich kaufte Proviant und kehrte nach einer Stunde wie besprochen zurück zu dem schönen Haus mit dem freundlichen Herrn, der mich begrüßte wie einen alten Bekannten. Die Schwägerin war noch immer nicht da. Er lud mich ein, Platz zu nehmen, brachte Wasser und Saft und wir unterhielten uns über seinen Garten, die Pflanzen und deren Pflege – die Zeit verging wie im Flug.

Wir waren so vertieft in das Gespräch, dass wir die Schwägerin erst bemerkten, als sie vor uns stand. Wie zwei Schulbuben erklärten wir der erstaunten Frau, wie wir zusammengekommen waren. Sie begrüßte mich freundlich und ging dann ins Haus. Nun hätte ich eigentlich mein Zelt aufbauen sollen, doch vom Gärtnern waren wir in die Politik gelangt, unternahmen eine Exkursion in die Philosophie, statteten der Biologie einen kurzen Besuch ab, tummelten uns im Gesundheitswesen, kehrten zurück zur Politik und sprangen von dort in die Geschichte des Sauerlandes.

»Wissen Sie was«, sagte mein Gastgeber, »ich mache uns jetzt erst mal einen Kaffee. Wollen Sie Ihr Zelt derweil aufbauen?«

Und ob ich das wollte!

Mein Gastgeber schaute vom Küchenfenster im Erdgeschoss aus gelegentlich zu, rief einmal schelmisch herüber, dass seine Frau staunen würde, wenn sie sähe, wie flugs er zugange sei – und dann trafen wir uns wieder auf der Veranda.

Ich staunte ebenfalls nicht schlecht, als ich erfuhr, dass Herr L. sich dem neunzigsten Lebensjahr näherte. Er wirkte weit jünger, nicht nur geistig, sondern auch körperlich. Seine Frau war zurzeit zu Besuch bei ihrer Tochter – »so haben wir sturmfreie Bude«, schmunzelte er, und wir nahmen unseren Gesprächsfaden wieder auf.

»Ihr sitzt ja noch immer da!«, ertönte bald darauf der Ruf der Schwägerin, die lachend aus einem Fenster im ersten Stock schaute. »Seid ihr nicht hungrig?«

»Ich habe Kaffee gemacht«, rief mein Gastgeber zurück.

»Und Kuchen hat es auch gegeben«, stand ich ihm bei.

Das Fenster schloss sich.

»Hunger hab ich trotzdem«, fiel es Herrn L. nun ein. »Was halten Sie davon, wenn ich Sie zum Abendessen einlade? Ich habe zwar nur Pizza und Flammkuchen, dafür geht das schnell. Zwanzig Uhr, passt Ihnen das?« Er fragte es so formvollendet, als hätte ich noch anderweitige Verpflichtungen in Willingen und müsse erst abwägen, ob mir diese Einladung zupasskäme.

»Sehr gerne«, nahm ich sie an und freute mich noch mehr, als er mir einen Schlüssel für das Bad in den unteren Räumen des Hauses aushändigte.

Nachdem ich mich dort in aller Ruhe frisch gemacht hatte, rief ich Sigrid an und bat sie, meinem Bruder Martin zwei Flaschen Wein mitzugeben. Die wollte ich Herrn L. als kleines Dankeschön gern überreichen. Es war mir ein Herzensbedürfnis. Ich fühlte mich so wohl und glücklich in diesem Garten unter der Kirsche – und bei meinem Gastgeber.

Es war, als würden wir uns schon lange kennen, und diese tiefe Verbundenheit berührte mich tief. Ein bisschen dachte ich auch an meinen Vater, der nur wenige Jahre älter als Herr L. war. Leider erlebte mein Vater seinen Lebensabend nicht bei einer solch guten Gesundheit. Mein Vater war an Parkinson und Alzheimer erkrankt. Seinen achtzigsten Geburtstag feierte er noch einigermaßen wach, danach baute er rapide ab. Er erkannte niemanden mehr. Seine Frau nicht und auch sonst niemanden. Ich war für ihn sein Bruder Ernstle, was mir eigentlich eine Ehre war, denn meines Vaters Bruder Ernst mochte ich sehr gern.

Herr L. öffnete eine Flasche Wein – »den habe ich für einen besonderen Anlass aufgehoben« –, und wir sprachen über unsere Berufe. Herr L. war Sozialpädagoge und besonders in der Jugendarbeit aktiv gewesen. Schnell fanden wir die nächste Gemeinsamkeit: die Jugend, die uns so sehr am

Herzen liegt. Wir diskutierten, wie man jungen Menschen Perspektiven vermitteln könne, auch wenn die Lage auf dem Arbeitsmarkt deprimierend erscheinen mochte.

Wir fühlten beide den Drang, auch Anstöße zu geben. Viele aus meiner und den nachfolgenden Generationen machten ihren Eltern Vorwürfe, weil sie der braunen Flut keinen Einhalt geboten haben. Wir ereiferten uns ein wenig darüber, welche lähmenden Auswirkungen der exzessive Medienkonsum auf die Jugend haben konnte. Herr L. breitete zudem seine Erfahrungen in der Jugendarbeit aus, die ich durch meine in der Lehrlingsausbildung bestätigen konnte. Geduld und Vorbildfunktion, so waren wir uns einig, nahmen einen hohen Stellenwert dabei ein.

Ein Glas Wein später landeten wir bei den Menschen, die sich Christen nennen, und ich vertraute Herrn L. an, dass ich solche als Lippenchristen bezeichne. Es gibt leider nur wenige Menschen, bei denen Worte und Taten im Einklang sind. Ohne Herrn L. näher zu kennen, war ich überzeugt davon, in ihm einen solchen Menschen getroffen zu haben.

Immer näher kamen wir uns – nicht nur durch das, was wir sprachen, etwas Unsichtbares schwebte verbindend zwischen uns. So vertraut, dass ich zum zweiten Mal während der Wanderung vom Krebs erzählte. Das erste Mal lag inzwischen schon lange zurück, in der Bucht von Eckernförde, als ich in den Kreis der jungen Frau getreten war.

»Das hätte ich nicht geglaubt«, erwiderte Herr L. betroffen, »Sie wirken so vital und robust.«

»So fühle ich mich auch«, sagte ich.

»Woher nehmen Sie die Kraft für Ihre Wanderung?«

»Ich akzeptiere den Krebs als einen Teil meines Körpers. Ich weiß mittlerweile, wenn man gegen etwas kämpft, kämpft man gegen sich selbst. Also akzeptiere ich diesen

Schmarotzer. Als Freund anerkennen kann ich ihn allerdings noch nicht, aber ich habe ihn akzeptiert.«

Herr L. legte seine Hand auf meine. Einen kurzen Augenblick nur. Meine Hand wurde warm, heiß fast, und eine Situation mit meinem Vater fiel mir ein. Ein Moment, den ich tief in meinem Herzen verwahre. Dabei erinnerte mich mein Gastgeber äußerlich überhaupt nicht an meinen Vater, der früher gut hundert Kilo wog, ein Baum von einem Mann, vital und eruptiv – zuweilen unbeherrscht wie ein Vulkan – mit Bärenkräften. Als kleiner Junge beeindruckte mich diese Körperkraft gewaltig.

Ich war etwa zehn Jahre alt, als einmal ein Nachbar in unsere Wohnung kam. Mein Vater hielt gerade seine heilige Mittagsruhe. Sonntagmittag bekam er von meiner Mutter eine Flasche Bier und eine Zigarette. Er trank und rauchte mit großem Genuss und legte sich danach aufs Sofa. Seine einzige Ruhezeit, redlich verdient.

Diese Ruhe störte der Nachbar und damit nicht genug, er redete meinen Vater auch noch an: »So gut wie du möchte ich es auch mal haben, so verwöhnt werden. Wir müssen arbeiten – und du?«

Er hatte noch nicht ausgesprochen, da war mein Vater schon auf den Beinen. Mit seinem rechten Arm packte er den Nachbarn an der Jacke, hob ihn einarmig hoch, trug ihn durch das Wohnzimmer, die Küche, den Hausflur und setzte ihn dann draußen auf der Straße ab.

Eine weitere Begebenheit mit meinem Vater, die mir bei Herrn L. spontan einfiel, geschah später. Ich war wohl im zweiten Lehrjahr und kam abends spät vom Zug nach Hause. Die Fahrkarten zur Arbeit verschlangen mein ganzes Lehrlingsgehalt. Ich legte seinerzeit jeden Tag sechzig Kilometer auf Schienen zurück. Mein Vater stand vor dem Haus, nickte mir freundlich zu, und als ich an ihm vorbeiging, strich er mir flüchtig über den Kopf. Das höchste der Gefühle … unvergessen.

Herr L. holte mich aus diesen Gedanken: »Sie haben ja noch ein Stück Weg vor sich, und wer weiß: Sie sind gestartet als Wanderer, vielleicht erreichen Sie Rom und sind ein Pilger.«

Kaum hatte er diese Worte ausgesprochen, wusste ich, dass ich noch oft daran denken sollte. Ich fühlte mich tief erkannt von Herrn L. Denn war ich nicht tatsächlich auf dem Weg zum Pilger? Meine Augen wurden ein wenig feucht.

Herr L. lächelte, als hätte er meine Gedanken gelesen, und wechselte das Thema. So war es mir recht. Es gab genügend anderen Gesprächsstoff, und dennoch war es mir ein Anliegen gewesen, diesem Mann von meiner Krankheit zu erzählen. Ich wollte mich ihm öffnen, ganz und gar. Ich fühlte mich ihm so nah, so vertraut, dass ich ihm beim Gutenachtsagen gegen Mitternacht am liebsten über den Kopf gestreichelt hätte.

Einunddreißig

Auf den Spuren von Kyrill

Am 18. Januar 2007 fegte der Orkan Kyrill mit Windböen bis zu 225 Kilometern pro Stunde über Europa hinweg, auch in Deutschland eine breite Schneise der Verwüstung schlagend. Viele der Waldwege im Sauerland wurden von den örtlichen Forstverwaltungen gesperrt, es herrschte akute Lebensgefahr. Bäume lagen in mehreren Schichten übereinander wie das Mikadospiel eines Riesen. Doch viele der Schäden, die durch Kyrill entstanden, sind von Menschenhand vorbereitet.

Schnell wachsende Hölzer wie zum Beispiel Fichten in

Monokultur anzupflanzen bringt zwar in wenigen Jahrzehnten einen Ertrag, doch für den Wald ist dies eine Katastrophe. Reinen Fichtenwäldern fehlt die Flora und Fauna, das »Bodenleben«. Aber wie soll es auch entstehen, wenn kein Licht auf den Boden fällt, weil Baum neben Baum wächst. Wie eine Wand wirken diese dichten Wälder bei extremen Stürmen. Der Wind hat keine Möglichkeit, zwischen den Bäumen hindurchzukommen. Ein Orkan reißt die Bäume samt Wurzeln aus dem Boden, dreht starke Stämme wie Streichhölzer um ihre eigene Achse.

Traurig stimmte es mich, durch solche Mikadofelder zu laufen, und ich hoffte inständig, dass die Verantwortlichen durch diese Schäden klug geworden waren und der Natur ihren freien Lauf ließen. Dann gewinnen beide – Wald und Mensch. Allerdings erst auf lange Sicht. Früher pflanzte jede Generation Bäume für die nächste.

Kyrill

Im Schwarzwald hat man aus den Stürmen Wiebke und Lothar – die ich hautnah miterlebte – Lehren gezogen und stellenweise die Natur sich selbst überlassen. Und siehe da: Sie ist auf dem besten Weg, sich zu regenerieren. Pioniergehölze und Pflanzen bedecken den Boden, Birken und Eschen erreichen schon Größen von mehreren Metern, und überall dazwischen junge Fichtenbäume. Bei solch einer Mischung und lichtdurchfluteten Waldflächen wachsen die Bäume stabiler und kräftiger auf und sind widerstandsfähiger.

Doch dies braucht Zeit. Zeit, die wir den Wäldern gönnen sollten, letztlich ist es Zeit, die wir uns selbst gönnen.

Zweiunddreißig

Auf dem Kahlen Asten

Ich bin früher oft mit meinem Bruder Martin gewandert. In den Jahren vor meiner Krankheit war der Brauch unserer Jahresabschlusswanderung aber ein wenig eingeschlafen. Ich nahm an, das läge an den vielen beruflichen Verpflichtungen Martins – er ist Banker. Da wollte ich mich nicht aufdrängen. Heute stelle ich fest: Ich hätte ein wenig nachhaken sollen, nicht einfach vermuten, diese Wanderungen mit mir seien ihm nicht so wichtig. Vielleicht hätte es ihm auch gutgetan, mal rauszukommen. Später ist man immer klüger. Und manchmal geht das ganz schnell.

Martin

Im Krankenhaus, als ich meinen Bruder als erwachsenen Mann weinen sah – ich hatte ihm meine Diagnose mitgeteilt –, spürte ich, dass ich denselben Stammplatz in seinem Herzen habe, den er in meinem hat.

Martin ist sieben Jahre jünger als ich. In unserer Jugend hatten wir wenig Kontakt, da ich mit vierzehn meine Gärtnerlehre begann und mit sechzehn zu Hause auszog. Da war Martin neun und lebte in einer ganz anderen Welt als ich. Nicht nur wegen des Altersunterschiedes – Martin wurde in eine aufblühende Zeit hineingeboren; bei meiner Geburt war rundum alles zerstört. So setzte es sich noch eine Weile fort: Als Martin heiratete, hatte er schon einen Hausstand. Ich hatte bei meiner Hochzeit nichts. Diese Unterschiede haben sich im Lauf der Zeit abgeschliffen.

Es freute mich sehr, dass wir den Brauch unserer Jahresabschlusswanderung ein klein wenig aufleben lassen würden, wenn auch unter anderen Vorzeichen als früher, wo wir im Herbst gestartet waren. Aber früher hatten wir auch immer einen Hasen dabeigehabt – ich hielt einige im Garten –, den wir unterwegs über dem Feuer schmorten. Das gehörte zu unserem Männer-Lagerfeuer-Wildnis-Abenteuer.

Das Ziel unserer ersten gemeinsamen Wanderetappe war der Kahle Asten. Leider hatten sich die blauen Löcher im Himmel doch nicht durchgesetzt, und mein neuer Begleiter musste zur Begrüßung erst mal eine Freiluftdusche nehmen. Bedrückt dachte ich an das Wetter, das meine Sigrid hatte erleiden müssen. Hoffentlich würde es Martin nicht ebenso ergehen.

Die nächste Herausforderung war der Orkan Kyrill, der kurz zuvor hier gewütet hatte und unseren Weg, der stetig bergan führte, zu einer wahren Herausforderung machte. Martin und ich kämpften uns unter umgestürzten Bäumen hindurch und über sie hinweg. Abgebrochene Äste ragten uns wie Speerspitzen entgegen, überall zerborstene Riesen mit haushohen Wurzelbetten. Wir stolperten und kletterten mit dem schweren Gepäck im Bewusstsein, dass jeder Schritt gefährlich war. Die spitzen Äste an der falschen Stelle konnten tödliche Folgen haben.

Immer wieder sah es aus, als müssten wir umkehren. Doch Aufgeben war kein Thema. Für mich nicht und auch nicht für Martin. So manches Mal fühlte ich mich an die Wälder der Eifel vor vielen Jahren, kurz nach Kriegsende, erinnert. Damals waren die Bäume ebenfalls schwer angeschlagen, wie abrasiert ihre Wipfel, ein Bild der Zerstörung der ganze Wald. Also krochen und sprangen, kletterten und schoben, balancierten und schlängelten wir uns mühsam durch die Wälder. Einmal dachte ich, dass diese Strecke meine Krankheit spiegelte. Alles war weggerissen, kreuz und quer, Chaos überall – und ich musste meinen Weg finden. Durch die Krankheit und durch den Wald.

Letzteres kostete viel Zeit, und wir liefen viele Kilometer Umwege, um dann wieder die Berghöhen erklimmend unseren Wanderweg zu suchen. Oft genug standen wir vor undurchdringlichen Barrieren, es ging beim besten Willen nicht weiter. Also hinunter ins Tal, den Bergrücken umgehen und hoffen, dass wir später die Wegmarkierung finden würden.

»Du hast ein eingebautes Navigationsgerät«, staunte Martin so manches Mal, wenn uns meine Intuition wieder auf die richtige Fährte gebracht hatte. Doch die Intuition half zuweilen nichts – wenn wir weite Umwege laufen mussten. Ziele brauchten wir uns nicht mehr vorzunehmen. Es ging nur darum, irgendwie hoch zum Kahlen Asten zu gelangen.

In den von Kyrill geprägten Tagen begegneten uns zahlreiche Waldarbeiter unterschiedlicher Nationalitäten, die mit Aufräumarbeiten beschäftigt waren. Eine gefährliche Aufgabe, denn viele der Baumstämme standen unter extremer Spannung. Bei der kleinsten Berührung mit den Maschinen brachen die Stämme mit lautem Bersten. Andere wurden wie von einem riesigen Gummiband gespannt zurückgeschleudert.

Im Gebiet des Fürsten zu Sayn Wittgenstein versuchten die Waldarbeiter mit Seilbahnen, Baggern, Seilwinden und Stubbenschreddern die Berghänge voller entwurzelter Bäume zu säubern.

Fasziniert beobachteten Martin und ich diese gefährliche Arbeit, die mit großem Geschick von den Männern bewältigt wurde. An den Waldwegen lagerte haushoch über Hunderte von Metern das aufbereitete Holz. Ohne Unterlass brachten die Holztransporter die Stämme zu der Bahnverladestation, von wo das Holz quer durch Europa an die Bestimmungsorte geliefert wurde.

Hier dachten wir auch an unseren Vater, der nach Aufgabe des Metzgerhandwerks viele Jahre lang im Akkord als Waldarbeiter geschafft hatte. Ein harter, schwerer Knochenjob. Wie Luxus erschien mir dagegen die Arbeit der heutigen Waldarbeiter, die über schweres Gerät verfügen. Mein Vater und seine Kollegen arbeiteten ohne diese Hilfe. Sie sägten und hackten die Bäume mit der Hand.

Drei Überlebende

Der Kahle Asten, 842 Meter hoch, ist der dritthöchste Berg in diesem nordwestlichen Teil des Rotharrgebirges und durch den Höhenzug ein Teil der Wasserscheide Rhein–Weser.

Martin und ich vergaßen die Nässe und die Müdigkeit, als wir oben am Gipfelturm standen, einem offiziellen Denkmal der Provinz Westfalen. Endlich war auch das Wetter besser. Wir genossen eine herrliche Fernsicht und ließen es uns im Turmrestaurant gutgehen. Der Abschied von der Behaglichkeit fiel uns schwer, doch es galt, einen Schlafplatz zu finden.

Im Schutze einiger Fichten und Eschen baute ich im Heidekraut das Zelt auf, Martin legte die nasse Wäsche zum Trocknen aus. Im Westen sank die Sonne nieder, färbte die dünne Wolkendecke glutrot, orange, rosa, lila, durchzogen von grauen Fäden und melierten Wattebäuschen.

Lange saßen wir vor dem Zelt und schauten einfach. Im Osten blitzten die ersten Sterne auf.

Dreiunddreißig

Das Brunnenfest

Der neue Tag begrüßte uns mit hellem Sonnenschein. Gutgelaunt stiegen wir hinab Richtung Oberkirch und freuten uns an den wunderschönen mit Schiefer gedeckten Fachwerkhäusern.

Um die Mittagszeit führte unser Weg an einem abseits vom Ort gelegenen Gasthaus vorbei. Unsere knurrenden Mägen und müden Beine plädierten für eine Pause und lotsten uns zu einer sonnigen Terrasse. Eintopf hieß die Spezialität des Hauses, und das war sie wirklich. Selten hatten wir einen so vorzüglichen Eintopf gegessen.

Auf die Frage der Bedienung nach einem Nachschlag bejahten wir unter der Bedingung, dass er nichts koste.

»Wir sind hungrige Wanderer – und knapp bei Kasse.«

»Da muss ich erst die Wirtin fragen«, erwiderte die freundliche Kellnerin.

Kurz darauf stand eine sehr dicke Frau, ganz in Weiß, vor uns. Die Köchin und Wirtin. Den Kochtopf trug sie an gestreckten Armen in der Luft, so dick war sie, dass sie ihn weit vor sich hertragen musste. So breit wie die ganze Person war, strahlte auch ihr herzliches Lächeln.

»Ich habe gehört, es hat geschmeckt?«, fragte sie und stellte den Riesentopf auf den Tisch.

»Und wie!«

»Bei mir steht niemand hungrig vom Tisch auf«, erklärte sie im schmunzelnden Befehlston und füllte unsere Teller mit einer Schöpfkelle bis zum Rand.

Die Gemeinde in Oberkirch feierte an diesem herrlichen Maitag die Einweihung ihrer Brunnenanlage im Park. Kinder rissen sich Schuhe und Strümpfe von den Füßen und stapften mit viel Geschrei durchs Wasser. Die Erwachsenen, Alt und Jung, saßen auf Bänken unter den Bäumen, aßen und tranken.

Viel Gelächter und gute Laune überall. Ältere Leute bei Kaffee und Kuchen schwelgten in Erinnerungen, sahen dem neckischen Treiben der flirtenden Jugend zu, lächelten zuweilen verschmitzt, wenn die Erinnerungen an das eigene Liebesglück sie beschenkten.

Martin und ich ließen uns Kaffee und Kuchen schmecken und legten uns für ein kleines Nickerchen ins Gras. Später schauten wir den Kindern beim Spielen zu und konnten uns gar nicht losreißen von dieser fröhlichen und harmonischen Atmosphäre.

»Weißt du noch, wie wir bei Hellenthal im Westwallbereich die Eierhandgranaten gesammelt haben?«, fiel es mir plötzlich ein, wohl eher wegen der abrasierten Wälder, die hinter uns lagen, als wegen des Brunnenfestes.

Martin wunderte sich nicht über meine Assoziation. »Wir waren verrückt!«

»Damals war das normal«, sinnierte ich.

»Daran habe ich heute auch schon mal gedacht«, seufzte Martin, »an die Zeit nach dem Krieg.«

»Wir waren nicht die einzigen Verrückten«, stellte ich fest.

»Aber die erfolgreichsten!«

»Das ist wohl wahr.«

»Und wo wir das Zeug nicht alles rausgezogen haben! Aus Bächen, Schützengräben.«

»Wir haben Mutter einiges an Geld geben können.«

»Weißt du noch, wie viele Pfennige das Zeug wert war?«

Ich zuckte mit den Schultern. »Keine Ahnung.«

»Das wär schon interessant!«

»Da spricht der Banker«, zog ich ihn auf.

Zwei Jungen, so um die sechs, sieben Jahre alt mit Sommersprossen und Zahnlücken, zielten mit Wasserpistolen auf uns. Wir hoben die Hände und ergaben uns ohne Gegenwehr. Die Burschen waren zufrieden und zogen weiter.

»Wenn ich mir das heute vorstelle«, dachte ich laut, »ich vorne im Sattel, du hinten auf dem Gepäckträger, die Beine hin und her schlenkernd.«

»Und als wir die Panzerfaust fanden!«

»Ja, das war unser dickster Fang!«

»Da darf man gar nicht dran denken. Ich mit der Panzerfaust im Arm auf dem Gepäckträger und du so schnell es ging über Stock und Stein geradelt. Nein, da darf ich gar nicht dran denken! Das war scharfe Munition!«

»Schön war's trotzdem.«

»Ist ja gutgegangen.«

»Wir hatten Glück.«

»Und schön war's schon auch.«

Am nächsten Tag wanderten wir zügig über Bad Berleburg ins Sayn Wittgensteiner Land. Anfang des 17. Jahrhunderts wurde hier die Berleburger Bibel gedruckt. Heute ist Bad Berleburg der zweitgrößte Kneippkurort Deutschlands. Nach Besichtigung des sehenswerten Schlosses hielten wir eine kurze Rast bei einer Reitschule. Vor allem Mädchen, gut zwei Dutzend, lernten hier mit den großen Tieren umzugehen.

»Mit ihren späteren Männern werden sie es nicht so einfach haben«, sagte ich zu Martin.

»Pferdenärrinnen sind schlechte Ehefrauen, erst kommt das Pferd, dann lange nichts und dann der Mann«, erwiderte mein Bruder schlagfertig wie immer.

Vierunddreißig

An der Quelle

Eine sehr anstrengende Wald- und Flusstalwanderung hatte unsere ganze Kondition gefordert. Ein Großteil der Strecke war wegen Kyrill unpassierbar. Ich wollte unbedingt auf dem Weg bleiben, die weiten Umwanderungen machten mich müde, denn wir wussten nie, wo wir am Ende herauskommen würden, und mussten dann mühsam unseren Weg suchen.

An diesem Tag war es besonders kräftezehrend. Dreimal ging es keinen Schritt weiter, haushoch lagen die umgestürzten Bäume übereinander, die Wurzeln mit dem Erdreich türmten sich vor uns auf wie Schutzschilde – als wollten die Bäume uns warnen: Bleibt draußen! Gefahr!

Wir durchquerten kleine Flüsse, bekamen nasse Schuhe und Füße, schlugen uns ohne Weg und Steg durch die Wildnis, häufig mit dem Gepäck an Ästen hängen bleibend. Das Wetter war schön und schwül, wir dampften wie die Rösser vor schweren Wagen.

Nach vielen Hindernissen stiegen wir hinunter ins Ilsetal zum Ilsebach und wurden von der Schönheit dieses im Urzustand erhaltenen Tales mehr als entschädigt. Eine himmlische Ruhe, nur das Rauschen des Wassers, ein Gefühl von Heimat. So ruhten wir eine Weile schweigend dem Gemurmel des Baches lauschend und den Vogelstimmen. Solch ein Frieden … nach dem Sturm.

»Du, Martin.«

»Ja, Kurt?«

»Wenn ich mal nicht mehr bin.«

»Kurt?«

»Und Sigrid das Haus verkaufen will.«

»Ja, Kurt?«
»Sie ist halt so gutmütig.«
»Ich kümmere mich.«
»Um alles?«
»Um alles, Kurt.«

Der Bach murmelte, und die Vögel zwitscherten besonders laut, als wollten sie den kurzen Dialog, dessen Zeuge sie geworden waren, schnell in Vergessenheit singen. Später übertönte das Wasser so manche Vogelstimme. Das ganze Wittgensteiner Land ist ein einzigartiges Quellgebiet. In jedem Tal murmelte und plätscherte Wasser, das in vielen Quellen aus dem Boden entspringt.

Ilsequelle

Der Ilsebach, der uns seit Stunden leitete, führte uns am späten Nachmittag zu seiner Quelle. Lange hatten wir unseren Durst aufgehoben, um dieses quellreine Wasser zu genießen, es war wunderbar, es in vollen Zügen die Kehle hinabrinnen zu spüren. Im Mittelalter galt die Ilsequelle als heilig. Man sprach ihr große Heilkräfte zu. Von nah und fern kamen die Pilger zu Pferde, mit Wagen oder zu Fuß – wenn sie noch laufen konnten. Der 30-jährige Krieg beendete die Pilgerschaft zur Ilsequelle. Die Pest wütete im Land. Heute holen die Menschen wieder Wasser von dort, kommen zuweilen von weit her mit Kanistern und Flaschen und tragen nicht nur Wasser mit sich fort, sondern oftmals auch Hoffnung.

Fünfunddreißig

Seniorenresidenz oder Hotel?

Der vorletzte Wandertag war für Martin angebrochen. Nach einem reichhaltigen Frühstück im Lahnhof, wo der Wirt uns trotz freier Zimmer erlaubte, im Garten zu zelten, war Siegen unser Ziel, die Universitätsstadt im Dreiländereck Nordrhein-Westfalen/Hessen/Rheinland-Pfalz. Ein sehr schöner Wandertag war die Belohnung für die zurückliegende, anstrengende Zeit.

Obwohl sich unser Abschied näherte, sprachen wir wie immer vor allem über Politik und Literatur, Zeitgeschehen, Naturwissenschaften. Über uns selber redeten wir nichts oder wenig. Wir sind Brüder. Wir kommen aus demselben Stall und setzten unsere Füße im selben Tritt und atmeten im gleichen Rhythmus.

Was mich ganz besonders bewegte am Zusammensein mit meinem Bruder, ist, dass Martin, obwohl viel kräftiger und vitaler als ich, mir stets den Vortritt ließ. Ich entschied, wo wir langgingen. Wenn wir nicht weiterwussten, wandten wir uns dorthin, wo ich vermutete, dass es richtig war. Ich war der Große und blieb es. Martin nahm meine Krankheit nicht zum Anlass, unser Verhältnis umzukehren.

Wenn er auch manches Mal mein Zelt trug, um mir beim Erklimmen von gefällten Baumriesen zu helfen, geschah dies mit einer Zartheit und Selbstverständlichkeit, die in mir nie das Gefühl aufkommen ließ, auf Hilfe angewiesen zu sein. Es war wunderschön mit meinem kleinen großen Bruder, außer manchmal nachts im Zelt, wenn Martin sich in einen Waldarbeiter verwandelte und sägte ohne Unterlass – so auch, als wir außerhalb Siegens im Wald unser Zelt aufschlugen.

In dieser Nacht hatte Martin Konkurrenz von der nahen Autobahn. Sie hinderte uns beide am Einschlafen, und so erinnerten wir uns an dies und jenes von früheren Wanderungen.

Dabei fiel mir eine Episode aus dem Schwarzwald ein. Wir kamen von der Höhe in ein schmales Tal. Die ersten Häuser tauchten auf, und ein modernes Gebäude weckte unser Interesse.

»Was das wohl ist?«, fragte sich mein Bruder.

»Ein Altenheim«, antwortete ich.

»Nein, das ist ein Hotel«, behauptete er.

»Niemals! Das ist ein Altenheim für wohlhabende Senioren, das sieht man doch!«

»Nein, es ist gewiss ein Hotel.«

So gingen wir lautstark diskutierend, ob Seniorenresidenz oder Hotel. Jeder war sich sicher. Da erklang plötzlich eine Frauenstimme von oben. »Sehe ich aus wie reif fürs Altersheim?«

Martin und ich starrten hinauf zu einem Balkon im ersten Stock, wo eine wunderschöne Frau mit langem blondem Haar ihren blendend weißen Morgenmantel öffnete. Darunter war sie nackt.

Sechsunddreißig

Die Ketzersteine

Der erste Tag, den ich wieder allein unterwegs war, führte mich nach Weißenberg zu den Ketzersteinen. Weite, einsame Gebiete musste ich durchwandern, das passte zu meiner Stimmung wie das Wetter, nass und unwirtlich. Ich musste mich erst wieder ans Alleinsein gewöhnen. Martin fehlte mir.

Auf und ab führte mein Weg mich durch dichte Nadel- und mächtige Eichenwälder. Der Westerwald nahm mich auf. Lückenhafte Markierungen sorgten dafür, dass ich aufmerksam blieb und mich nicht gedankenlos dem Genuss des Wanderns hingab.

Den ganzen langen Tag begegnete mir kein Mensch. Als wäre ich alleine auf der Welt. Auch die Vögel waren im Regen verstummt. Es war schon fast unheimlich. Plötzlich trat aus einem kleinen Seitenweg ein junger Mann zu mir auf den Waldweg. Grüßte mich, als habe er auf mich gewartet, und fragte sodann, ob er mich ein Stück begleiten dürfe.

»Wenn ich Ihnen nicht zu langsam bin?«, erwiderte ich.

»Bestimmt nicht«, versicherte der junge Mann und lief dann neben mir, ohne ein Wort zu sprechen, so als wolle er sich meinem Tempo anpassen und mich nicht stören. Das verwunderte mich. Ich hatte angenommen, er wolle Gesellschaft, um sich zu unterhalten. Ich bin zwar kein Freund langer Gespräche auf Wanderungen – doch nach so viel Alleinsein hätte ich nichts dagegen gehabt, ein paar Sätze zu wechseln.

Kaum hatte ich das gedacht, öffnete sich der Mund des jungen Mannes, und er schüttete mir sein Herz aus, gerade so, als habe er sich zuvor nicht meinem Tempo anpassen wollen, sondern überprüft, ob ich der richtige Empfänger für seinen Monolog sei, den er nun an mich gerichtet hielt und der in etwa folgenden Inhalt hatte:

»Ich bin nämlich in den Wald gefahren, weil ich Ruhe gesucht habe. Mir wächst alles über den Kopf. Eigentlich soll ich die Firma meines Vaters übernehmen. Er ist Bauingenieur. Aber ich will nicht. Andererseits will ich ihn nicht enttäuschen. Meine Mutter ist bei meiner Geburt gestorben. Mein Vater hat doch nur noch mich. Er hat sich nie wieder gebunden, und ich habe auch Bindungsängste. Überhaupt habe ich Probleme mit anderen Menschen. Ich weiß nie, was ich sagen soll, und komme mir immer fehl am Platz vor. Es fällt mir wahnsinnig schwer, andere Menschen anzusprechen.«

»Aha«, konnte ich da nun einhaken. »Das hätte ich aber nicht geglaubt.«

So wurde der Monolog zu einem Dialog, und miteinander legten wir Kilometer um Kilometer zurück, wobei ich die ganze Lebensgeschichte des jungen Mannes erfuhr und es mir gelang, ihm auf so manches eine andere Sicht zu vermitteln, was mich sehr freute und bewegte.

Als sich der Weg gabelte, nahmen wir mit einer herzlichen Umarmung voneinander Abschied. Jeder ging auf seinem Weg weiter.

Gegen Abend schlug ich auf der Anhöhe über Weißenberg in 610 Metern Höhe neben dem Naturdenkmal »Die Ketzersteine« mein Zelt auf.

Hier am nördlichen Rand des Westerwaldes liegen diese großen Steine als sichtbarer Rest eines Lavastroms. Geologisch bedeutsam ist der hohe Gehalt an magnetischem Titaneisenerz (Ilmenit). Das Gebiet ist durch den vulkanischen Ursprung zerklüftet, viele Höhlen, Felsspalten und tiefe Täler zeugen von den titanischen Kräften der Frühzeit. Mein Kompass spielte verrückt. Kein Wunder, dass hier viele Sagen und Märchen angesiedelt sind.

Das spürte ich am eigenen Leib, als es dunkel geworden war und mich in meinem Zelt verkrochen hatte. Doch spukten keine Geister, sondern Autoscheinwerfer über die Wiese. Dann hörte ich Türen schlagen. Drei Wagen waren es, und dazu gehörten drei Pärchen, die ziemlich verdutzt darüber waren, ein Zelt auf der Wiese zu entdecken.

»Wer da wohl drin ist?«

»Sollen wir nachschauen?«

»Lieber nicht!«

»Ich will's aber wissen!«

Die Jungenstimmen forsch, die Mädchenstimmen zurückhaltend. Ich überlegte, wie ich mich verhalten sollte. Den Stimmen nach war die Gruppe nicht mehr ganz nüchtern, und das behagte mir gar nicht. Wenn Mädchen dabei sind, werden auch brave Jungen zu falschen Helden, besonders unter Alkoholeinfluss.

Das halbe Dutzend Jugend stand um mein Zelt herum, ich rührte mich nicht, hörte sie beratschlagen und beschloss abzuwarten – die richtige Taktik, denn das Problem löste sich nach einer Weile von selbst.

Eines der Mädchen fror und wollte heim, einer der Jungen stellte fest, dass das Bier zur Neige ging und man sich besser um Nachschub kümmern sollte. So fuhr der erste Wagen ab.

»Lass uns mal schauen, wo die bleiben«, bat bald danach eine Frauenstimme, und der zweite Wagen fuhr ab.

»Also allein will ich hier auch nicht rumhocken«, erklang eine Männerstimme, und der dritte Wagen machte sich auf, woanders weiterzuspuken.

Siebenunddreißig

Therapeutische Sitzung ohne Heizung

Ein Sprichwort sagt: Im Westerwald ist neun Monate Winter, und drei Monate ist es kalt.

Ganz so schlimm traf es mich nicht, aber es hätte gern etwas wärmer sein können! Morgens zeigte mir ein Blick in den Himmel, dass ich mich beeilen sollte, wenn ich mein

Zelt trocken im Rucksack verstauen wollte. Kaum war ich abmarschbereit, begann es erst schwach, dann immer stärker zu regnen. Zu allem Überfluss führte mich mein Weg durch Wiesen und dichtes Unterholz, so dass ich von oben geduscht und von unten besprenkelt wurde.

Nach etwa vier Kilometern trug ich kein trockenes Kleidungsstück am Körper, und mein Gepäck wurde immer schwerer, vollgesogen vom Regen. Wenn einmal alles nass ist, ist auch alles egal, und so wanderte ich weiter über Hügel und durch Täler, ab und zu kleine Dörfer streifend, deren Straßen menschenleer waren.

Ich hatte seit vierundzwanzig Stunden nichts gegessen, nur getrunken, und allmählich breitete sich der Hunger in mir aus. Doch nirgends fand ich ein Gasthaus, einen Supermarkt, nicht mal eine Tankstelle. Es blieb mir nichts anderes übrig, als immer weiterzulaufen, und wie meistens, wenn es regnete und ich Hunger hatte, verschwand auch die Wegmarkierung, so dass ich mindestens drei Kilometer in die verkehrte Richtung lief.

Die Gaststätte, die ich endlich fand, schenkte nur Bier aus, da sich Essen zuzubereiten und Zimmer zu vermieten nicht lohne und bloß Arbeit und Ärger mache, wie mir der Wirt übellaunig erklärte.

Trotz meines großen Dursts bestellte ich nichts, sondern ging weiter, nicht ohne eine große Wasserlache im Gastraum zu hinterlassen, damit der Wirt recht behalten konnte: Gäste machen Arbeit.

Weiter stapfte ich durch Regen, durch Schlammlöcher und riesige Pfützen, halbblind mit meiner ständig beschlagenen Brille. Wann hat dieser Tag endlich ein Ende!

Nach achtzehn Kilometern durch strömenden kalten Regen erreichte ich die Stadt Bad Marienberg und fand ein

Wirtshaus und eine preiswerte Pension, wo ich meine nassen Kleider im Zimmer verteilte. Die Heizung funktionierte nicht, und es dauerte lang, bis mir warm wurde. Morgen wird es bestimmt besser, war mein letzter Gedanke vor dem Einschlafen.

Doch am nächsten Morgen hörte ich das Unwetter, noch ehe ich die Augen öffnete. Nun war auch noch Sturm aufgezogen, und der Blick aus dem Fenster verhieß nichts Gutes. Schwarze Wolken am Himmel, Büsche und Bäume bogen sich im Sturm und der Regen klatschte an das Fenster. Ich zog die Decke über den Kopf und ließ die Welt da draußen toben. Ein Tag Rast würde mir nicht schaden.

Gegen Mittag hielt mich nichts mehr im Bett, doch kühl und klamm war das Zimmer, meine ausgebreitete Wäsche wollte nicht trocknen, der Heizkörper unter dem Fenster blieb kalt wie eine Hundeschnauze.

Ein zaghaftes Klopfen an der Tür – meine Zimmerwirtin, eine dralle Frau in den Fünfzigern, fragte, ob ich etwas benötigte. Zuerst redeten wir über das Wetter, über meinen Weg und das in weiter Ferne liegende Ziel. Sie war sehr angetan von meinem Vorhaben, bezweifelte allerdings, dass ich es mit so viel Gepäck schaffen würde.

»Sie brauchen ein Auto, das Ihnen alles hinterherfährt. So was kann man buchen. Da gibt es Reiseveranstalter, die machen das.«

»Die kosten aber auch was«, wendete ich ein.

»Ja, ja, das liebe Geld«, seufzte sie, setzte sich auf den Holzstuhl neben der Tür, seufzte noch einmal und lud dann all ihre Sorgen und Nöte ab. Viele schwere Sorgen und Nöte. Sie füllten das ganze Zimmer, in dem Wolken aufzogen, bis es drinnen aussah wie draußen. Geld und der Mann, die Kinder und Enkel, eine drohende Scheidung und

Lernschwäche, Alkohol und ein Autounfall und vor allem und immer wieder ein Gefühl der Einsamkeit, nicht beachtet, nur ausgenutzt zu werden von den anderen. *Soll es das gewesen sein, mein Leben?*

Wacker hielt ich mich, hörte der Frau zu, warf hin und wieder etwas ein, was aber gar nicht wichtig war. Wichtig war, dass sie endlich einmal sprechen konnte. Dass endlich einmal jemand zuhörte. Das war meine Rolle, und ich erfüllte sie, so gut ich konnte, bis meine Füße fast blau waren vor Kälte.

Dann stand die Wirtin unvermittelt auf, lächelte wie ein junges schüchternes Mädchen.

»Das hat gutgetan«, sagte sie und sah ganz anders aus als zuvor. Geklärt und froh. Im Zimmer schien die Sonne, und als die Wirtin nach unten ging, um mir eine Kanne Tee zu kochen, damit ich etwas Heißes in den Magen bekäme, hatte auch der Regen draußen nachgelassen.

Achtunddreißig

Im Kannenbäcker-Land

Je weiter ich im Westerwälder Land Richtung Süden wanderte, desto häufiger entdeckte ich das Naturschauspiel der Milchbäche. Kleine und auch größere Bäche führten durch die starken Regenfälle der letzten Tage viel Wasser mit sich, das in einem milchigen Weiß dahinfloss. Diese Färbung des Wassers faszinierte mich, und nach einigem Nachdenken lüftete ich das Geheimnis: Auf der Wanderung durch das Kannenbäcker-Land hatte ich einige offene Gruben passiert.

Das Kannenbäcker-Land im Rheinischen Westerwald zwischen Köln und Frankfurt, zwischen Rhein-Lahn, Saynbach und Westerwälder Seenplatte trägt diesen Namen, weil aus Ton Kannen produziert, und in Öfen gebrannt (gebacken) werden.

Wie Wunden in der Landschaft erschienen mir die Tongruben. In manchen herrschte reger Betrieb von Menschen und Maschinen. Der sehr feine, helle Ton dient als Rohmaterial für die Keramikindustrie, und die Auswaschung des Tons färbt die Bäche milchig.

Zögerlich spitzte nun die Sonne durch die Wolken, und mein Weg führte mich durch eine wunderschöne Landschaft mit weiten Wiesen, lichten Wälder und rauschenden Bächen Richtung Selters und Nassau.

Schon von weitem sichtbar ist das auf einer Anhöhe gelegene gelbe Schloss Montabaur mit seiner alten Stadtmauer. Die ehemalige Burg wurde erstmals im Jahre 959 erwähnt. Montabaur ist eine quirlige Stadt, die ich neugierig durchwanderte. Ich besichtigte das neugotische Rathaus und die Kirche und machte mich dann auf den langen Weg zum Hausberg von Montabaur, dem Köppel.

Wegen fehlender Markierungen wanderte ich auf dem alten, sehr steilen Pfad hinauf. Windbruch und der zugewachsene Weg machten mir zu schaffen, mehrere hohe Zäune zwangen mich zu Umwegen. Und dann war der Weg auch noch verschwunden. Wie sollte ich mich in diesem großen Waldgebiet orientieren und mein Ziel für den heutigen Tag, den Aussichtsturm auf dem Köppel, erreichen?

Wie häufig in solchen Situationen fing es auch noch zu regnen an. Nein, es schüttete. Ich zwängte mich durch dichtes Unterholz, durch den Hochwald immer weiter nach oben, bis ich endlich die Fahrstraße zum Köppel erreichte. In der Ferne sah ich den Fernmelde- und Aussichtsturm vor mir. Ein stürmischer, kalter Wind sauste mir um die Ohren, und mir schwante nichts Gutes für die Nacht im Zelt.

Zum Glück war die kleine Wirtschaft am Fuße des Turms geöffnet. Wegen des schlechten Wetters war der Wirt gerade dabei, die Hütte zu schließen.

Für mich einsamen Wanderer hielt er inne, und die Wirtin schaltete den Herd an, um etwas Warmes zu servieren. Der Wirt stellte ein Bier vor mich hin. Da sah die Welt schon wieder anders aus, und ich fragte das nette Paar, ob ich vor der Hütte mein Zelt aufbauen dürfte. Der Wirt überlegte, kratzte sich ausgiebig am Kopf.

»Das ist doch viel zu kalt und ungemütlich.«

»Mir macht das nichts aus!«

»Was halten Sie davon, wenn Sie unten im Vorraum des Turms kampieren? Ich lasse die Tür hier offen, dann können Sie die Toilette und den Waschraum benutzen.«

»Das ist ein großartiges Angebot! Gern nehme ich es an.«

»Na dann sind wir uns ja einig!«

Der Wirt und seine Frau schlossen die Hütte ab und fuhren nach Hause. Allein blieb ich zurück, hörte den Sturm durch die Wälder rauschen und um den Turm heulen, und der Regen trommelte an das kleine Fenster meines Verlieses.

Wieder war ein Tag glücklich für mich zu Ende gegangen.

Neununddreißig

Die Wette

Herrlich war der Morgen, der Regen hatte sich verzogen, die Sonne kämpfte mit den letzten Nebelschwaden über dem Fluss, hoch ragten die Berge links und rechts auf. Mein Weg an der Lahn entlang in Richtung Oberndorf führte mich aus dem Tal hinaus, höher, immer höher hinauf. Mich erwartete eine der schönsten, aber auch schwierigsten Etappen meiner Wanderung, die mich bis an die Grenzen meiner Belastbarkeit führen sollte. Schier endlos zog sich der Lahn-Höhenweg bergauf, bergab, alle Seitentäler umlaufend oder hinabführend und auf der anderen Seite wieder hinauf. Die herrliche Aussicht hinunter in das Tal der Lahn war eine reiche Belohnung für die Anstrengungen.

Unterwegs traf ich drei Wanderer in meinem Alter auf einer Tagestour. Sie trugen nur leichtes Gepäck, und während des Vormittags begegneten wir uns immer wieder, einmal waren sie vorne, dann ich. Bei kleinen Pausen unterhielten wir uns und stellten fest, dass wir das gleiche Tagesziel hatten.

Aus einer Laune heraus kamen die drei auf die Idee, eine Wette abzuschließen. Wer zuerst am Ziel sei, solle dem Verlierer ein Bier bezahlen. Im Stillen dachten sie wohl, in mir einen Zahlmeister gefunden zu haben. Mit meinem schweren Gepäck hatte ich die schlechteren Karten. Doch mein Ehrgeiz packte mich, und ich schlug ein.

Vorbei ging es am Kloster Arnstein, Sonne und Regen wechselten sich ab, die Wanderstrecke blieb atemberaubend schön. Am späten Nachmittag entdeckte ich in weiter Ferne am Horizont das Schloss Schaumburg. Meine Wettbrüder hatte ich aus den Augen verloren und wähnte sie am Ziel, dem mittelalterlichen Städtchen Balduinstein direkt an der Lahn, wo ich abends eintraf.

So schön der Ort war, einen Platz für mein Zelt konnte ich nirgends finden. Durchnässt war ich auch wieder einmal, und so beschloss ich, in einem der beiden Gasthäuser einzukehren, wo ich sogar ein preiswertes Zimmer erhielt. Da mein Bargeld aufgebraucht war, fragte ich vorher, ob es möglich wäre, mit Karte zu bezahlen.

Ich duschte mir die lange Strecke und die Kälte vom Leib, und dann trieb mich der Hunger in die Gaststube, die sich schnell füllte. Ich hatte gerade etwas zu essen bestellt, als sich die Tür öffnete und meine drei Wettbrüder eintraten.

Damit hatte ich nun wirklich nicht gerechnet – und sie wohl auch nicht. Zwar versuchten sie, sich herauszureden, sie hätten sich verlaufen, doch das geschah eher zum Spaß, ehe sie den Wetteinsatz bestellten. Dieses gewonnene Bier schmeckte mir besonders gut! Während ich mich auf einen gemütlichen Abend einrichten konnte, hatten es die drei eilig, sie mussten ihren Zug nach Hause erreichen. Mit den besten Wünschen verabschiedeten wir uns voneinander.

Kurze Zeit später nahm ein junges Ehepaar mit drei Mädchen im Alter von etwa zwölf, zehn und sechs Jahren am Nachbartisch Platz. Ich ließ mir auf meinem warmen Bänkchen am Kachelofen recht viel Zeit, genoss das Stimmengewirr in der Gaststube, besonders die muntere Unterhaltung am Nebentisch, und war rundum zufrieden. Meine Leistung am heutigen Tage erfüllte mich mit Stolz. Ich gehörte noch nicht zum alten Eisen, hatte den drei Wanderern mit wenig Gepäck Paroli geboten.

So lehnte ich in Gedanken versunken am Kachelofen und beobachtete die Gäste in der Stube und ganz besonders die junge Familie, die sich plötzlich verwandelte in meine eigene Familie. Sigrid, Sabine, Ellen, Birgit und ich. So waren wir nur selten in Wirtshäusern gesessen. Sigrid und ich mussten gut haushalten, und fünf Mägen im Restaurant satt zu bekommen war eine zu hohe Belastung für unser Budget. Vom Wandern hat uns das nie abgehalten. Unseren Proviant haben wir eben auf dem Rücken getragen.

Was für eine schöne Zeit das war ... als die Kinder klein waren und langsam heranwuchsen, ihre Persönlichkeiten entfalteten, all die großen und kleinen Prüfungen des Lebens, Schule und Beruf ... wie sich alles fügte, und wie sie nun erwachsene Frauen waren ... meine Kinder. Meine Familie. Wie schnell die Zeit vergangen war ... viel zu schnell ... Diese Erkenntnis schmerzte mich, und es hielt mich nicht mehr auf meinem Platz. Ich trat an den Nebentisch zu der einigermaßen erstaunt blickenden Familie und sagte einfach, was ich dachte.

»Entschuldigen Sie bitte, aber wenn ich Sie so sitzen sehe, muss ich an meine eigene Familie denken. Ich bin ein Wanderer, und meine Familie ist zu Hause. Meine Frau und ich haben auch drei Töchter, sie sind längst erwachsen. Ich bin vierfacher Großvater. Die Zeit vergeht so schnell, so rasend schnell. Das ist mir eben bewusst geworden, als ich Sie so sitzen sah. Und da muss ich Ihnen einfach sagen: Genießen Sie jeden Augenblick! Die Jahre mit den Kindern sind die schönsten in einer Familie und Ehe.«

Der Mann nickte, die Frau lächelte – sie waren zu überrascht, um etwas zu erwidern, und ich wollte sie nicht in Verlegenheit bringen, so verabschiedete ich mich und ging auf mein Zimmer, wo ich noch lange über den Wert der Familie in der heutigen Zeit nachdachte.

Es schmerzt mich zu sehen, dass viele Politiker meinen, sie könnten alle Probleme mit Geld abhaken. Die Politik hat den Wert der Familie sträflich vernachlässigt. Die Familie muss an der ersten Stelle des öffentlichen Interesses stehen. Sie gehört gestützt und gekräftigt – ganz besonders die Frauen, deren Leistung hoch gewürdigt werden muss. Denn sie waren es schließlich, die die Familie zusammengehalten und Deutschland wiederaufgebaut haben. Was haben die Frauen in dieser Zeit und danach geleistet – und wie wenig hat man es ihnen vergolten. Wenn Frauen Kinder und Familie wählen, gehört das ordentlich honoriert – auch was ihre spätere Altersversorgung betrifft.

Gerade bei der Familienpolitik ist meiner Meinung nach Weitsicht von entscheidender Bedeutung. Stattdessen führen wir die entwürdigende Diskussion, ob man von einem Verdienst eine Familie ernähren können muss. Meiner Meinung nach kann man das Erziehungsgeld und all die Zuschüsse streichen, wenn man die Familien steuerlich begünstigt. Dann würde man ihnen auch die demütigende Bittstellerhaltung ersparen – hier ein Antrag, dort ein Antrag – und wertschätzen, dass sie einen großartigen Beitrag für die Gesellschaft leisten.

Wer seine Familie ernährt, der hat ein gutes Selbstwertgefühl, der ist kein Bettler. Diese Haltung gibt er – oder sie – seinen oder ihren Kindern mit auf den Weg, und vielleicht wird er oder sie damit auch zum Vorbild für die Kinder.

Ich denke diesbezüglich oft an meine bewegende Begegnung in Willingen zurück: Vorbilder, so sagte mein Gesprächspartner, seien das A und O für die Jugend. Fragt sich nur, wo findet die Jugend sie, wenn die eigenen Eltern von der staatlichen Fürsorge leben. Kinder sollen stolz sein auf ihre Eltern. Dann können sie auch stolz sein auf sich selbst und freier in ihren Entscheidungen.

»Was machst du gerade?«, fragte Sigrid mich, die heute spät anrief, sie war auf einem Klassentreffen.

»Ich denke über die Jugend nach«, erwiderte ich.

»Wieder mal«, seufzte sie.

»Wir haben doch auch von den Alten gelernt, warum soll das heute nicht mehr möglich sein?«

»Ja Kurt, hast ja recht«, beschwichtigte mich meine gute Sigrid, die schon oft Zeugin meiner Monologe über die Jugend geworden war, und wünschte mir eine gute Nacht.

Nach einem reichhaltigen Frühstück wollte ich am nächsten Morgen bei der Wirtin für Kost und Logis bezahlen. Wie am Abend zuvor besprochen, reichte ich ihr dazu meine Bankkarte, da ich nicht genug Bargeld bei mir hatte. Die Wirtin versuchte es einmal, zweimal, dreimal – es funktionierte nicht.

So schrieb sie mir kurzerhand ihre Kontonummer auf einen Zettel mit der Bitte, ich möge den Betrag überweisen. Dieses Vertrauen ehrte mich, und guter Dinge lief ich los. Ich würde die Schuld bei nächster Gelegenheit begleichen, das war klar.

Doch ich hatte die Rechnung ohne den Regenwirt gemacht, der nämlich schien mir zeigen zu wollen, wie gern er mich hatte, und in irgendeinem der vielen Schauer, die mich durchnässten, löste sich die Kontonummer auf dem Zettel in blaue Kleckse auf.

Ein halbes Jahr später fuhr ich mit meiner Frau nach Balduinstein, um die offene Rechnung zu bezahlen, die mir keine Ruhe ließ. Pech gehabt – wegen einer Familienfeier war das Wirtshaus geschlossen. Immerhin hatte ich nun den Namen und die Anschrift und konnte mich telefonisch nach der Kontonummer erkundigen und schließlich den Betrag überweisen.

Vierzig

Über den Wolken

Michelbach hieß mein Tagesziel, das ich mittlerweile herbeisehnte, denn ich war müde von einer langen Wanderung. Die einzige Gaststätte im Tal hatte geschlossen. Das war ja nichts Neues, doch schade war es schon, und ein wenig enttäuscht stieg ich bergan auf die Taunushöhen, den Streckenanfang des nächsten Tages. Lange dauerte es, bis ich oben war, was nicht zuletzt an den Schwierigkeiten lag, meinen Weg zu finden. Außerdem war ich müde.

Über mir kreisten Segelflieger in der Abendsonne. Ich beobachtete sie ein wenig sehnsüchtig. Geflogen wäre ich jetzt auch gern. Fliegen können ... Alle Mühsal am Boden lassen.

Mein Weg führte mich direkt zum Flugplatz, und die zwei Bänke, die ich schon von weitem sah, ließen mich meinen Schritt beschleunigen. Auf einer Bank saß ein Mann mittleren Alters, er nickte mir kurz zu, dann schaute er wieder nach oben, wo ein silbrig glänzender Segelflieger seine Runden drehte.

Wie ein nasser Sack plumpste ich auf die Nebenbank. Ich war geschafft. Schnaufte kurz durch, dann legte ich den Kopf auch in den Nacken und beobachtete das elegante Flugzeug, das nun zur Landung ansetzte. Bald danach sollte ein anderes starten. Nicht weit entfernt von meinem Sitzplatz entdeckte ich einen Lastwagen mit großer Motorwinde, um die Segelflieger in den Himmel zu ziehen. Mein Nachbar und ich hatten gute Sicht auf einen Mann – ob er sich wohl Maschinist nennt oder Himmelsbringer oder wie auch immer, fragte ich mich –, der an der Seilwinde beschäftigt war.

Ich staunte nicht schlecht, als dieser Maschinist oder Himmelsbringer quer über die Wiese auf mich zustapfte. Er grüßte mich freundlich, deutete auf mein Gepäck, das in der Tat beeindruckend anmutete, und wollte wissen woher, wohin.

Ich erzählte von meinem Vorhaben. Da riss er Augen und Mund auf. »Ehrlich?«

»Ehrlich«, nickte ich.

Mit einem Satz saß er neben mir auf der Bank und wollte mehr wissen. Seine braunen Augen funkelten vor Ehrfurcht, und hin und wieder klopfte er mir auf die Schulter in der

Freude über meine Erlebnisse. So herzlich und Anteil nehmend zeigte sich dieser junge Mann, dass ich Hunger und Müdigkeit vergaß.

»Sie sind der am weitesten gewanderte Mensch, der mir jemals begegnet ist«, stellte er nach einer Weile fest. »Ich meine, Sie sollten zur Belohnung auch mal fliegen.«

»Fliegen?«, wiederholte ich.

»Fliegen!«, nickte er nun.

»Ich weiß nicht«, lehnte ich in Gedanken an mein Budget ab.

»Haben Sie Flugangst?«

»I wo!«

»Keine Lust?«

»Doch, schon ... was kostet es denn?«

Der junge Mann legte den Kopf schief und sagte dann in einem Tonfall, als würde es sich um eine unerschwinglich hohe Summe handeln: »Zehn Euro.«

Ich musste mich gar nicht anstrengen, dies teuer zu finden. »Zehn Euro beträgt mein Tageslimit.«

»Also gut«, sagte der junge Mann, »dann kostet es eben nichts.«

Er zwinkerte mir zu, griff zum Walkie-Talkie und rief einen Kollegen an, der kurz darauf mit einem Geländewagen vorfuhr, der mich zum Flugzeug bringen sollte.

»Ich bleibe hier und passe auf Ihr Gepäck auf«, meldete sich nun mein Banknachbar zu Wort, der das Gespräch schmunzelnd mitgehört hatte.

Weiß, schlank und schnittig stand das Flugzeug in Startposition. Fast erschien es mir, als würde es sich darauf freuen, gleich in den blauen Abendhimmel gezogen zu werden. Und ich freute mich erst recht. Der Pilot saß schon auf seinem Platz im Cockpit, wir begrüßten uns, ein Helfer legte mir einen Fallschirm an. Es hätte fast eines übergroßen Schuhlöffels bedurft, um mich hinter den Piloten zu hieven, so eng war es in der Kabine. Der Pilot gab mir einige Verhaltensregeln. Ich dürfe alle Steuerbewegungen mit den Füßen mitmachen, sollte aber keinesfalls gegensteuern, das könnte gefährlich werden.

In meiner Bundeswehrzeit habe ich einige Starts als Drachenflieger auf dem Militärgelände absolviert, und so wusste ich in etwa, was auf mich zukommen sollte, als sich die Plexiglashaube geschlossen hatte und wir über Funk Starterlaubnis erhielten.

Ein Ruck – und mit atemberaubender Macht wurde der Flieger mit uns in den Himmel katapultiert, höher, immer höher, bis wir den Scheitelpunkt erreichten. Ein kräftiger Schlag ließ den Gleiter erzittern, der Pilot hatte das Schleppseil gelöst. Es segelte an einem kleinen Fallschirm zur Erde.

Im Gleitflug, Wendungen und Steigungen fliegend, sah ich unter mir den Taunus in der Abendsonne. Die kleinen Dörfer in den Tälern, die bewaldeten Bergkuppen und die weiten Wiesen. Dort unten hatte ich mich mühevoll fortbewegt, jetzt flog ich über Berg und Tal in wenigen Augenblicken, wie ich es mir zuvor gewünscht hatte.

Nach fünfzehn Minuten bedauerte der Pilot, leider müssten wir zurück zum Flugplatz, die Thermik lasse nach. Schade, aber abschmieren wollte ich auch nicht. Immer näher kam die Landebahn, der Boden raste förmlich auf uns zu – ein Rumpler, und die Erde hatte uns wieder.

Der Pilot ließ den Flieger mit hoher Geschwindigkeit auf die Halle zuschießen, würde er ihn auch zum Halten bringen? Zehn Meter vor der Halle standen wir, und das Flugzeug legte sich zur Seite, als wollte es ruhen. Ich befreite mich von den Gurten, die Kuppel über uns öffnete sich, die

Erde hatte mich wieder. Was für ein Tag dachte ich, doch der Tag war noch lange nicht zu Ende!

Mein Banknachbar hatte wie versprochen mein Gepäck bewacht. Gern erzählte ich ihm von meinem Flug und fragte ihn dann, ob es im nächsten Ort ein Gasthaus gäbe.

»Ja«, nickte er, »wenn Sie wollen, können wir zusammen dorthin laufen, denn in diesem Ort wohne ich, und ich möchte mich jetzt dann mal auf den Weg machen, ehe es dunkel wird.«

Der Flug hatte mir neue Energie geschenkt, und es machte mir nichts aus, dass das Gasthaus eineinhalb Stunden entfernt lag. Ich nahm meine Rucksäcke auf die Schulter und folgte meinem Banknachbarn, der sich als interessanter Gesprächspartner entpuppte. Die Zeit verging wie im Flug, und ein wenig schwebend fühlte ich mich noch immer, wie wir da durch die Wiesen und Felder marschierten, die im grauen Licht des Abends lagen.

Am Ortsschild wies mein Begleiter mir den Weg zu dem Gasthaus, das seinem Freund gehörte. Ich sollte einen Gruß von ihm ausrichten und fragen, ob ich mein Zelt auf der Wiese hinter seinem Haus aufbauen dürfe. Es kostete mich ein wenig Überwindung, es genauso zu machen, denn das Gasthaus stellte sich als Nobelherberge heraus.

Obwohl das Restaurant bis auf den letzten Platz besetzt war, ging der Wirt mit mir nach draußen, um den idealen Platz für mein Zelt auszumachen. Der war bald gefunden, und mit den besten Wünschen für eine gute Nacht verabschiedete er sich. Herunter mit den Rucksäcken von den müden Schultern und das Zelt aufbauen, bevor die Dunkelheit das Tal umschloss. Halbfertig stand mein Zelt auf der Wiese, als der junge Wirt im Eilschritt auf mich zukam.

»Halt!«, rief er. »Halt!«

Oje, dachte ich da.

»Nicht mehr aufbauen! Lassen Sie das! Packen Sie es am besten gleich wieder zusammen.«

O nein, warum denn das?, fragte ich mich.

»Mir ist eingefallen«, erklärte der Wirt, »dass ich oben im Haus ein freies Zimmer habe. Da können Sie kostenlos übernachten.«

Und schon schnappte er sich meinen schweren Rucksack und rannte damit zum Haus, so dass ich Mühe hatte, ihm zu folgen. Flugs ging es zwei Treppen hinauf über weiche Teppiche in ein Luxuszimmer. Staunend stand ich in der Tür.

»Und nutzen Sie ja alles aus!«, befahl der Wirt. »Nehmen Sie ein Bad, und erholen Sie sich gut. Ich muss gleich wieder runter zu meinen Gästen – gute Nacht!« Und weg war er.

Entspannt lag ich etwas später in der warmen Wanne und konnte das große Glück dieses Tages kaum fassen. Ich blieb sehr lange im Wasser und genoss es, mich danach in einen flauschigen weißen Bademantel zu hüllen und auf das Sofa zu setzen. Die müden Beine ausruhen. Es klopfte an der Tür. Mit einem Tablett randvoll mit Essen stand der Wirt vor meiner Tür. Da unten im Lokal meistens bis nach Mitternacht Betrieb sei, wolle er mir jetzt schon etwas zum Frühstück bringen, er schlafe nämlich bestimmt noch, wenn ein Wanderer wie ich losmarschiere.

Am nächsten Tag, tief in den Taunuswäldern, rief ich gegen Mittag im Restaurant an. Ich hatte mir eine Visitenkarte mitgenommen und wollte mich für die Gastfreundschaft bedanken. Eine Frau ging ans Telefon – die Mutter des Wirts, wie sich schnell herausstellte. Sie hatte schon von mir gehört und fügte hinzu: »Mein Sohn hat ganz in unserem Sinne gehandelt. Es freut mich, dass er Ihnen das Zimmer gegeben hat. Eine gute Reise weiterhin!«

Einundvierzig

Der Schamane im Wald

Von Idstein kommend, einer wunderschönen Stadt voller Fachwerkhäuser, führte mich mein Weg über den Limes tief in den Taunus hinein. Ein schöner Tag mit weiter Fernsicht auf dem Höhenrücken, durch große Weideflächen, kleine Dörfer am Wegesrand und tiefe Wälder mit erheblichen Sturmschäden.

Gegen Mittag machte ich auf einem großen Holzpolder am Wegesrand eine Rast, als ein Forstbeamter in seinem grünen Jeep auf mich zufuhr, stoppte und den Hut lupfend freundlich grüßend ausstieg. Ohne Umschweife nahm er neben mir Platz, und schnell waren wir in einem Gespräch, das sich hauptsächlich um Kyrill drehte.

Der Forstbeamte zeigte mir an gefällten starken Fichtenstämmen, dass ihr Kern morsch war. Das war mir auch schon einige Male aufgefallen, und mit großem Interesse lauschte ich der Erklärung des Fachmanns.

Wenn der Rotwildbestand in den Wäldern überhandnimmt, etwa weil ein Waldbesitzer großen Wert auf die Jagd legt, werden die noch jungen Bäume durch das Wild geschädigt. Diese Stellen wachsen zwar äußerlich zu, aber das Kernholz hat keine Widerstandskraft gegen den Befall von Bakterien und Pilzen. So kann es passieren, dass große starke Stämme von einem Orkan wie Kyrill um die eigene Achse gedreht werden und wie Streichhölzer zerbrechen.

Ich erfuhr noch viel Wissenswertes über die geologischen

Besonderheiten der Gegend, ehe sich der Forstbeamte von mir verabschiedete.

Etwas später stieß ein junger Mann mit Haaren bis zu den Hüften zu mir, der mich zwei, drei Stunden begleitete. Er wollte einige Tage im Wald verbringen, um schamanische Rituale durchzuführen. Wieder erfuhr ich in kurzer Zeit viel Wissenswertes und Erstaunliches über fremde Bräuche und Sitten. Der junge Mann selbst war schon in der Mongolei und in Amerika gewesen und hatte dort berühmte Schamanen kennengelernt.

»Auch Krebskranke können von Schamanen geheilt werden«, erklärte er unvermittelt.

»Aha?«

»Manchmal kommt die Krankheit nämlich nicht von einem selbst, sondern von Vorfahren oder anderen Umständen, die dem Betroffenen nicht bewusst sind«, führte er aus. »Ein Schamane erkennt diese Probleme und nimmt sie dem Patienten ab, indem er sie sozusagen bei sich im Inneren verarbeitet.«

»Und wie macht er das genau?«

»Es gibt Techniken, wie man diese von anderen Menschen übernommenen Probleme oder Krankheiten an die belebte oder unbelebte Natur übergibt.«

»Was sind das für Techniken?«, wollte ich neugierig wissen.

»Das müssen Sie mich in ein paar Jahren noch mal fragen, wenn ich selbst auf meinem Weg weiter bin«, lächelte der junge Mann. Er war mir ein angenehmer Begleiter, der viel Interessantes zu erzählen wusste.

Obwohl diese Begegnung sehr inspirierend war, freute ich mich am meisten darüber, dass ich dem jungen Mann ohne Vorurteile zugehört hatte. Es war klar, dass er ein völlig anderes Leben führte als ich. Sein Modell der Welt entsprach nicht meinem. Dennoch hatte ich ihm auf gleicher Augenhöhe mit Achtung und Respekt und Neugier zugehört. Ich hatte ihn nicht als Spinner verurteilt. Mit gleichem Recht hätte er mich für einen solchen halten können: zu Fuß bis nach Rom!

Meine Haltung beglückte mich sehr, denn so wollte ich leben: Auf Augenhöhe mit allen Menschen, die mir begegneten. Ohne Vorurteile und Misstrauen. Neugierig und offen, bejahend und zugewandt – liebevoll.

Spät am Abend kam ich in Glashütte an. Gern hätte ich mein Zelt aufgeschlagen – doch ich fand keinen geeigneten Platz. Am Ortsrand von Glashütte entdeckte ich eine Tennisanlage mit einer kleinen Cafeteria und fragte dort nach etwas Essbarem. Der Wirt war sehr erstaunt über meine Frage, da die Cafeteria lediglich Mitgliedern des Tennisclubs offenstünde. Dennoch lud er mich ein, auf der Terrasse Platz zu nehmen. »Ich bring Ihnen was zu essen.« Später erlaubte er mir, unter dem Vordach an der Gaststube die Nacht zu verbringen.

In der nächsten Nacht schlief ich mal wieder in einem Bett: Am Stadtrand von Frankfurt rief ich ein bekanntes Ehepaar an, beide wie Sigrid und ich Fuchsienfreunde. Sie waren ganz überrascht von meinem Anruf und der Bitte, sie besuchen zu dürfen.

Wir verbrachten einen schönen Abend, der für mich schon allein deshalb eine Abwechslung war, weil ich meine Gastgeber ausnahmsweise einmal kannte. Natürlich besichtigte ich auch den Garten der beiden. Fuchsien und Lantanen standen in voller Blüte, und mich überfiel Sehnsucht nach meinen eigenen Fuchsien und … Sigrid.

Zweiundvierzig

Eine schreckliche Nacht

Der Odenwald hat es in sich, lange Höhenrücken mal frei, dann wieder dicht bewaldet, tiefe Täler. Ich musste mich sehr anstrengen, doch es waren schöne Tage durch herrliche Buchenwälder. Vom Steigerkopf kommend in Richtung Birkenau gelaufen, weiter nach Buchklingen, ich suchte schon eifrig einen Platz für mein Zelt und die kommende Nacht. Schwül war es, der Schweiß rann mir von der Stirn, keine Schutzhütte am Weg.

In den Orten, die ich durchwanderte, fand ich keine Gaststätten oder wenn, dann waren sie geschlossen, für immer. Allmählich wurde ich unruhig, Hunger und Durst plagten mich und ich sah keine Möglichkeit zum Einkaufen. Also immer weiter. Auch im nächsten Tal ein großes Gasthaus und das Schild »geschlossen« an der Tür. Weit und breit kein Mensch. Auf einer schmalen Waldstraße verließ ich auch diesen Ort, leicht aufwärts führte mein Weg. Rechts die Straße, links der Bach, steile bewaldete Hänge mit Fichten, nirgends Platz zum Zelten. Der Weg wurde steiler und enger. Es sah nicht gut aus für mich. Sollte ich heute zum ersten Mal keinen Platz zum Schlafen finden?

Pechschwarz die Nacht, und ich war müde von dem langen Weg, den ich heute schon zurückgelegt hatte. Ich konnte nicht mehr, ich musste es mir selbst eingestehen: Kurt, du bist fertig.

Plötzlich tauchte drei Schritte vor mir aus dem Dunkel der Nacht eine Bank auf, ich nahm sie als Wink des Schicksals. Zu schmal, um darauf zu liegen, blies ich meine Matratze auf, legte den Schlafsack aus und beides hinter die Bank auf den Boden.

Mein Gepäck unter der Bank verstaut, in den Schlafsack gekrochen, wünschte ich mir nur noch Ruhe, doch der Schlaf wollte nicht kommen. Eine Stunde verging, da hörte ich aus der Ferne, das Rauschen des Baches übertönend, das Grollen eines heranziehenden Gewitters. Es würde doch nicht zu mir ziehen? Immer lauter wurde der Donner, Blitze zuckten am Himmel, knipsten für Sekunden ein grelles Licht in den Wald, der Donner folgte mit ohrenbetäubenden Schlägen. Da lag ich schutzlos am Straßenrand, neben mir zog sich der Hang steil nach oben. Ich hatte keine Wahl. Ich musste, was da kam, über mich ergehen lassen.

Und es kam eine Menge. Wie aus Eimern schüttete der Regen, Blitz und Donner in schneller Folge. Meinen Schlafsack bis auf einen schmalen Sehschlitz geschlossen, betrachtete ich das Naturschauspiel. Nach einer halben Stunde verzog sich das Gewitter. Glück gehabt? Von wegen!

Es dauerte nicht lange, das Gewitter drehte und kam zurück. Alles ging von vorne los. Mein Schlafsack, angeblich wasserdicht, schützte mich nicht, ich lag wortwörtlich im Wasser, die Nässe kroch durch den Reißverschluss. Ich ergab mich in mein Schicksal, zog meine Jacke aus dem Rucksack, legte sie mir über den Kopf und hoffte auf ein Ende des Gewitters.

Es kehrte ein drittes Mal zurück in dieser Nacht, und ich Erdenwurm machte mich klein. Kurz muss ich doch eingeschlafen sein. Als ich aufwachte, erinnerte ich mich an ein Kindheitserlebnis – vielleicht hatte ich davon geträumt: Ich war ungefähr fünf Jahre alt. Wir wohnten in einem Abbruchhaus ohne Dach. Als ich eines Morgens aufwachte, war mein ganzes Bett nass, und ich rief meiner Mutter zu: Mama, ich war's nicht!

Heute war ich fünfundsechzig und wieder nicht schuld.

Erst morgens gegen fünf Uhr ließ das Gewitter nach, nicht aber der Regen. Ich fror erbärmlich. Also aufgestanden und weitergegangen, damit mir wenigstens warm wurde.

In der Dunkelheit suchte ich mein Gepäck zusammen und alles, was ich anfasste, war von Schneckenschleim überzogen. Dutzende dieser alles andere als possierlichen Tierchen namens Spanische Wegschnecke »Arion lusitanicus« waren in der Dunkelheit über mich gekrochen, einige hatte ich zerdrückt ohne es zu merken, es war ekelhaft, und es half mir überhaupt nicht, dass ich in der Gärtnermeisterprüfung nach genau dieser Art gefragt worden war.

Der zähe Schleim klebte überall und ließ sich nicht abwischen. Also mit dem Schleim weiter und versuchen, nicht daran zu denken. Sehr mühsam, Schritt für Schritt, kämpfte ich mich zur Hochebene. Es regnete ohne Unterlass.

Im ersten Tageslicht sah ich vor mir einen kleinen Ort und musste bald darauf feststellen, dass ich mich verlaufen hatte. Wenigstens ließ der Regen nun etwas nach. Die Erde dampfte, als öffneten unten im Tal riesige Kessel ihre Ventile. Da und dort lösten sich Nebelfetzen, stiegen nach oben, wurden von den Fichtenwälder an den Talhängen eingefangen und wieder losgelassen, zartes Spiel von Feen und Elfen, eine unwirkliche Schönheit verzauberte die Landschaft. Einzelne Rufe der Krähen, sonst kein Laut, jeder Ton von den weißen Wattebäuschen verschluckt.

Ich zog meinen Kompass zu Rate, der mir die Richtung wies, doch welcher der zwei parallel laufenden Bergrücken war der richtige?

Ich musste es ausprobieren und entdeckte beim dritten Anlauf das Zeichen meiner Markierung. Jetzt hatte ich mein Ziel wieder im Visier, steil bergan. Wenigstens wurde es mir warm, trotz meiner nassen Kleidung. Zum Glück hatte mich noch kein einziges Mal eine Erkältung erwischt – obwohl ich schon so viel gefroren hatte.

Diese Vitalität machte mich froh, ebenso wie die Gedanken an Sigrid, die ich am nächsten Tag treffen sollte. Allerdings konnte ich Sigrid in meinem momentanen Zustand nicht unter die Augen treten, unrasiert, voller Schneckenschleim, mit schmutzigen und nassen Kleidern. Ich musste mich dringend säubern, doch ich wollte nicht schon wieder in ein Gasthaus. Mein Budget war ohnehin über Gebühr strapaziert, und lieber alleine kräftig sparen und mit Sigrid öfter einkehren … Wenn doch nur irgendwo eine Schutzhütte auftauchen würde, eine mit Feuerstelle, Schlafgelegenheit und vor allem: einem Wasseranschluss …

Ich wusste, dass ich mir damit etwas Unmögliches wünschte. Während der fünfundsiebzig Tage, die ich nun schon unterwegs war, hatte ich keine einzige Hütte gesehen, die Feuer, Bett und Wasser zugleich bot. Wohl oder übel musste ich mich auf eine weitere Übernachtung im Gasthaus einstellen – wenn mich überhaupt jemand nehmen würde, schneckenschleimig wie ich daherkam, wenn ich überhaupt irgendwo ein geöffnetes Gasthaus finden würde. Ewas Warmes im Bauch … eine heiße Dusche … und ausruhen …

Der Schleim blieb an mir kleben, obwohl es munter weiterregnete. Sobald ich stehenblieb, fror ich. Also laufen. Immer weiter. Laufen. Stunde um Stunde wanderte ich durch dichte Wälder und hoffte im Stillen auf ein Wunder. Dass es nicht mehr regnen möge. Dass mir warm würde. Dass meine Kleidung trocknete.

Am frühen Nachmittag ließ der Regen langsam nach, einzelne Sonnenstrahlen kämpften sich durch die Wolkenlücken, die Nebelbänke lösten sich auf.

Mein Weg zog sich eine Anhöhe entlang, als unter mir das Dach einer Hütte auftauchte. Je näher ich kam, desto deutlicher erkannte ich sie, gut getarnt im Wald versteckt. Wie vor einem geöffneten Zelt stand ich schließlich da. In der Mitte: eine gemauerte Feuerstelle! Tische und Bänke luden zum Verweilen ein. Rasch entschlüpfte ich meinem Gepäck und entdeckte dabei … das konnte doch nicht sein … Wasser!

Eine Quelle mit fließendem Wasser, ein langer Holztrog wie eine Wanne. So kalt konnte das Wasser gar nicht sein, dass ich mich nicht darauf freute, den Schneckenschleim loszuwerden. Ich versicherte mich, auch wirklich allein zu sein, breitete mein gesamtes nasses Gepäck in der Hütte aus und entledigte mich zum Schluss meiner nassen Klamotten. Nichts wie hinein in den Holzbottich und kräftig gerieben und gerubbelt. Von oben bis unten schrubbte ich mich und stellte dabei fest: Mensch, Kurt, du bist ja nur noch Haut und Knochen!

Die Wunderhütte

Ja, die letzten Wochen hatten an mir gezehrt. Dennoch wog ich sicher mehr als vor meiner ersten Operation, da waren es bei 1,80 Meter nur 53 Kilogramm gewesen. Ich fühlte ich mich so gut wie lange nicht mehr, auch wenn ich abends immer recht müde war.

Nach dem Bad fror ich erst recht – flugs sammelte ich Holz, um ein Feuer zu machen. Ich freute mich sehr auf die Wärme und darauf, endlich mal wieder trockene Kleidung zu tragen, ich wusste ja gar nicht mehr, wie sich das anfühlt.

Schnell hatte ich genügend Holz beisammen – es war zwar feucht, sollte aber brennen –, schichtete es in die Feuerstelle, nahm den Plastikbeutel, in dem ich die Zündhölzer verwahrte ... es gab keine Zündhölzer mehr. In einer roten Brühe schwammen die Reste; die Zündhölzer hatten sich völlig aufgelöst. Vor mir das kunstvoll aufgetürmte Holz in der Feuerstelle, ich vom Bad noch nass in meiner feuchten Hose schlotternd, was nun?

Ich erinnerte mich an Abenteuergeschichten, die ich in meiner Jugend gelesen hatte. Echte Helden ließen sich von einer roten Brühe nicht in Verzweiflung stürzen. Echte Helden verstanden es, Feuersteine aneinanderzuschlagen und Funken zu zaubern oder Holz bis zum Glimmen zu reiben.

Meine Badewanne

Doch ich hatte weder Feuersteine noch trockenes Holz. Dafür hatte ich eine Taschenlampe. Ich versuche, mit Hilfe eines kleinen Drahtstücks einen Kurzschluss zu fabrizieren. Es klappte nicht. War ich zu ungeschickt, ein echter Held zu sein? Während ich diese Frage erwog, hörte ich Hundegebell. Ein Hund im Wald verhieß ein Herrchen oder Frauchen.

Ich rannte den Hang hoch zum Waldweg oberhalb der Hütte. Da kam ein Jogger im blauen Sportanzug rhythmisch schnaufend auf mich zugelaufen, der Hund war schon weiter, ich hörte ihn in der Ferne bellen. Nur ungern lässt sich ein Jogger in seinem Lauf bremsen, aber dieser hielt an, als ich auf den Weg trat mit nacktem Oberkörper, klapperdünn und in einer nassen Hose. Er hätte auch erst recht durchstarten können!

Mit wenigen Worten entschuldigte ich mich für die Störung und fragte um Feuer. Während ich sprach, hüpfte der Jogger auf und ab wie die Nadel einer keuchenden Nähmaschine, hüpfte weiter, als er in die Tasche griff und mir ein blaues Feuerzeug reichte.

Wie der Blitz sprang ich den Abhang hinunter, einmal, zweimal am Rädchen gedreht, die Flamme fauchte hoch, fraß sich durch das in der Hütte gefundene trockene Papier und die dürren Zweige zischten. Mein Feuer brannte! Rasch zurück zum hüpfenden Jogger, der sich beeilte, seinem Hund hinterherzujagen – und ich rannte zurück zu meinem Feuer. Nach einigen Minuten bildete sich Glut, ich hatte gewonnen! Was für ein Glück!

Noch immer fror ich erbärmlich und legte Schlafsack, Matratze, Jacke, Hemden, alles, was von Schneckenschleim überzogen war, zum Wasserbottich und schrubbte und bürstete. Erstaunlich, wie zäh dieser Schleim war! Wenigstens wurde mir warm dabei. Es dauert lange, bis alles sauber und in der Nähe des prasselnden Feuers zum Trocknen ausgebreitet lag. Wie Schnitzel in der Pfanne, so wendete ich meine Siebensachen. Funkenflug brannte mir zwei Löcher in ein Hemd, das tat mir zwar leid, aber es war nicht zu ändern. Mir war warm! Das Glück stand an meiner Seite! Hose und Hemd trockneten langsam, aber sicher. Es nieselte – und dann konnte ich in ofenwarme Kleidung schlüpfen. Mir fehlen die Worte, diese Wohltat zu beschreiben.

Leider machte sie mich nicht satt. Unerbittlich meldete sich mein Hunger zurück, den ich seit langem ignorierte. Wie heißt es so schön: Je mehr der Kerl hat, je mehr der Kerl will.

Kein einziger Krümel Proviant fand sich mehr in meinem Gepäck. Das bedeutete, ich würde bald aufbrechen müssen.

Weg vom Feuer und die Rucksäcke schultern – keine verlockende Aussicht!

Ach, wenn doch jemand vorbeikäme mit Essen, dachte ich, mein Glück wäre perfekt. Es war mir bewusst, dass dies absolut unrealistisch war. Seit Wochen war ich keinem echten Wanderer mehr begegnet, also keinem Menschen, der Proviant mit sich führte.

Es dauerte nicht lang, da hörte ich Stimmen – und kurz darauf stand, angelockt vom Rauch meines Feuers, ein junges Paar vor meiner Hütte. Sie waren auf dem gleichen Weg unterwegs wie ich, allerdings nur eine Woche lang.

Wir hatten uns viel zu erzählen, wie wir so um das Feuer saßen und uns wärmten. Eine so tiefe Sympathie wuchs zwischen uns, dass uns der Abschied nach ein, zwei Stunden schwerfiel, doch die beiden hatten noch ein Stück Weg vor sich bis ins Neckartal, wo sie ein Quartier bestellt hatten. Sie trugen ihr Gepäck bereits auf den Schultern, da fragte mich die Frau so ganz nebenbei: »Kurt, hast du überhaupt etwas zu essen?«

Ich schüttelte den Kopf.

»Warum sagst du denn nichts! Mensch, wir haben doch genug dabei!«

»Das brauchen wir alles nicht«, bekräftigte ihr Mann, »wir sind heute Abend im Gasthaus!«

Wie auf Kommando nahmen beide ihre Rucksäcke ab, kramten – und breiteten immer mehr Herrlichkeiten vor mir aus. Müsliriegel und Äpfel, Schokolade und Kekse, Brot und Käse, Karotten und Paprikaschoten, und je mehr sie fanden, desto strahlender wurde ihr Lächeln, was mich am allermeisten bewegte.

Als sie fort waren, fehlten sie mir sehr. Ich hatte die beiden in kurzer Zeit ins Herz geschlossen.

Ihre Gaben unterteilte ich in drei gleich große Häufchen.

Eins für jetzt, eins für später und eins für morgen. Am Feuer aß ich, dann legte ich mich in meinen Schlafsack. Müde war ich. Schlafen konnte ich trotzdem nicht. Die Ereignisse hatten mich aufgewühlt.

Ich dachte über mein Glück, über den Zufall oder die Fügung nach: Je länger ich unterwegs war, desto tiefer empfand ich, geführt zu sein. Jemand oder etwas hielt seine schützende Hand über mich. So erlebte ich Glauben auf eine ganz andere, neue und unbekannte Art. Mit Kirche hatte das alles nichts zu tun. Glauben kann man nicht wollen. Glauben bekommt man geschenkt.

Plötzlich Geräusche von Schritten. Kam mein Pärchen zurück? Nein, ein großer älterer Herr stand vor mir. Der Rauch und der Geruch des Feuers hatten ihn angelockt. Er war verwundert, mich zu treffen, hatte eher mit Jugendlichen gerechnet. Ich erzählte, wie ich hier gelandet war, er erzählte, dass er jede Nacht einen Spaziergang im Wald unternehme.

Ich weiß nicht, wie es geschah, jedenfalls saß der ältere Herr auf einmal neben mir und breitete seine ganze Lebensgeschichte aus. Betroffen hörte ich von den Schicksalsschlägen, die er als junger Mensch hatte erfahren müssen, noch mehr bewegte mich die Lebenslähmung, zu der diese geführt hatten. Tief in der Nacht verließ mich der Besucher, und ich hoffte innig, ich sei ihm eine Hilfe gewesen.

Am nächsten Morgen in der Dämmerung ließ mich ein leises Husten hochschrecken. Dunkel vor dem Hellgrau der Dämmerung stand der Mann vom Abend erneut vor mir. In der Nacht habe er über seinen Büchern gesessen und mir Titel aufgeschrieben, die ich unbedingt lesen solle. Er sei die ganze Nacht wach gewesen und nun getrieben von der Angst, mich zu verpassen, den Waldweg nach oben gelaufen. Jetzt falle ihm ein Stein vom Herzen. Er reichte mir den Zettel mit den Buchtiteln, den ich sorgfältig verwahrte, und begleitete mich später noch ein Stück des Weges.

Dreiundvierzig

Kirschentage und -nächte

Immer näher kam ich meiner Heimat und hatte nun auch ein Stück Heimat an meiner Seite: Sigrid wanderte seit Ziegelhausen, wohin Sabine sie mit dem Auto gefahren hatte, wieder mit mir. Und: Es regnete nicht!

So starteten wir guter Dinge in den steilen Anstieg zum Schlierberg und freuten uns auf die Wanderung durch den Kraichgau bis zu den Anfängen des Nordschwarzwaldes.

Am zweiten Tag in Sigrids Begleitung machte mir plötzlich meine Hüfte Probleme. Ich konnte es nicht fassen, wollte es nicht glauben, doch der Schmerz war beharrlich und stark. Nicht jetzt. Nicht wenn Sigrid dabei war – doch es half nichts. Trotz der Schmerzen versuchte ich, mit meiner Frau mitzuhalten und mir nichts anmerken zu lassen. Die liebliche Landschaft lenkte mich ab, und als wir abends unter einem großen alten Kirschbaum unser Zelt aufschlugen, hoffte ich inständig, es möge mir am nächsten Tag bessergehen.

Mitten in der Nacht wachten wir auf. Die Süße der Kirschen – wie ein tiefroter Traum über uns. Ohne zu sprechen, krabbelten wir aus dem Zelt und pflückten süße reife Kirschen direkt in den Mund. Über uns die Sterne. Es war fast ein bisschen, als wären wir zwanzig oder dreiundzwanzig, als wir auch nicht viel hatten, mal einen alten Schlitten, mal zwei Stück Kuchen, mal einen Abend im Kino und immer nur uns.

Am nächsten Abend fiel Sigrid ein, dass ein Schulfreund von ihr in der Nähe wohnte.

»Ruf ihn an!«, schlug ich vor.

»Das geht nicht!«

»Warum nicht?«

»Er weiß doch gar nicht, dass wir da sind.«

»Na – deswegen sollst du ihn ja anrufen, damit er Bescheid weiß!«

»Es ist schon spät.«

»So früh wird er wohl nicht ins Bett gehen!«

»Ich weiß nicht.«

»Ich schon.«

»Also auf deine Verantwortung?«

»Ja, auf meine Verantwortung!«

Mit Sigrid an der Siegfriedsquelle im Kraichgau

Sigrids Schulfreund freute sich so sehr über ihren Anruf, dass er uns mit dem Auto abholte. Seine Frau richtete derweil schon ein Bett für Sigrid und mich. Wir verlebten einen schönen Abend, und als in der Nacht ein heftiges Gewitter niederging, war Sigrid froh, dass ich die Verantwortung übernommen hatte …

Der nächste Tag war wieder ein Kirschentag. Die roten Früchte säumten unseren Weg und hielten uns oftmals auf, so dass wir nur langsam vorankamen. Wie gut passten die Kirschen zu dieser lieblichen Landschaft, die Sigrid und ich in diesen Tagen durchquerten. Vorbei an großen Höfen und wogenden Getreidefeldern mit blühendem Mohn am

Wegesrand und prachtvollen Nussbäumen, die eine reiche Ernte versprachen.

Am fünften Tag erreichten wir die Gold- und Uhrenstadt Pforzheim am Nordrand des Schwarzwaldes und befanden uns dann schon auf dem Westweg. Er führt von Pforzheim über die Höhen und Täler des Schwarzwaldes direkt nach Basel.

Sigrid und ich liefen einträchtig nebeneinanderher, oder ich lief voraus oder Sigrid, und immer waren wir in einem Rhythmus. Genossen die herrlichen Ausblicke und den Frieden in den Wäldern, die Weite über den Feldern, sprachen manchmal mehr, manchmal weniger, waren nun gut eingelaufen ... für immer und ewig und bis ans Ende der Welt.

Vierundvierzig

Alleinunterhalter

Der Himmel hatte nicht nur eine Schleuse geöffnet, nein zwei waren es allemal, und ich war froh, dass meine Sigrid nicht mehr neben mir gehen musste. Auf steilen schmalen Wegen rannen mir Bäche von Wasser entgegen. Breite Wege bestanden nur noch aus Inseln, überall Wasser, nichts als Wasser. Dichter Nebel hing in den Wäldern, die Markierung war fast nicht zu sehen. Nur nicht verlaufen!

Plötzlich tauchte im Nebel eine Schutzhütte auf. Ich freute mich schon, solche Hütten hatte ich nun in allerbester Erinnerung, doch der Anblick von dieser stimmte mich traurig. Gedankenlose Menschen hatten sie in einen Müllcontainer verwandelt.

So lief ich weiter, Stunde um Stunde durch Nebel und Wald. Unterwegs begegnete mir ein Kanadier. Er war auf einer fünftägigen Wanderung durch den Schwarzwald: in kurzen Hosen! Enttäuscht fragte er mich, ob es im Schwarzwald eigentlich nur regnen würde.

»Nein, ganz bestimmt nicht«, erwiderte ich trotz mangelnder Beweise.

Um die späte Nachmittagszeit entdeckte ich eine kleine Hinweistafel, die Richtung Tal zeigte: »Zum Harkhof – Vesper- und Übernachtungsmöglichkeiten« Vesper! Übernachtung! Das klang wunderbar. Sollte ich es wagen? Was, wenn der Harkhof auch von dem Virus namens Gaststättensterben befallen wäre? Ich beschloss, es zu riskieren, und folgte der Hinweistafel. Vorsichtig stieg ich den rutschigen Weg hinunter, meine Brille beschlagen, mehr hinderlich als hilfreich. Dann lag das Gasthaus vor mir, und aus dem Kamin stieg Rauch auf. Erleichtert atmete ich auf.

Die gemütliche Gaststube gefiel mir auf Anhieb. Hier würde ich gern verweilen – wenn man mich ließe. Regenwasser tropfte an mir herab. Eine große Pfütze bildete sich auf dem Boden unter meinen Füßen. Die Wirtin sah es wohl, doch sie warf mich nicht hinaus, sondern bejahte meine Frage nach Essen und Quartier. Meinen vom Wasser schweren Anorak nahm sie mir wie selbstverständlich ab, um ihn im Heizungsraum zum Trocknen aufzuhängen.

Die wenigen Gäste in der Stube musterten mich neugierig. Ein Mensch? Ein Waldschrat? Wie konnte man bei solch einem Wetter bloß durch den Schwarzwald laufen!

Die Wirtin reichte mir unterdessen den Schlüssel zum Matratzenlager, sechs Stück fand ich in einem sehr sauberen und großen Raum und suchte mir eine nahe am Fenster aus. Ich legte mein Hab und Gut zum Trocknen aus, wusch und kämmte mich und eilte dann zurück in die warme Gaststube, denn noch immer fror ich erbärmlich. Sturm und Regen waren mittlerweile so stark, dass ich eng an der Hauswand entlang über den Hof lief. Als ich in die Gaststube trat, schlugen mir Lachen und Stimmengewirr neuer Gäste entgegen, eine Gruppe hatte Tische zusammengerückt und hielt die Wirtin auf Trab.

Ich setzte mich an den nunmehr einzigen freien Tisch in der Nähe von zwei Ehepaaren. Ein deftiger Braten mit sämiger dunkler Sauce dampfte auf ihrem Tisch. Durch einen Spalt in der Türe zur Küche sah ich eine rüstige Großmutter mit Töpfen und Pfannen am Herd hantieren, jeder Handgriff saß, und keiner musste lange warten, auch ich nicht. Schnell stand auch eine Kanne voll heißem Tee vor mir.

Eines der beiden Ehepaare begann ein Gespräch mit mir, woher ich denn komme … und wohin ich wolle … dann mischte sich das zweite Ehepaar ein, und dann setzte sich einer von der Gruppe an der langen Tafel zu mir und noch einer – und auf einmal war es mucksmäuschenstill in der Gaststube, und alle hörten mir zu. Das war mir ein wenig peinlich, doch ich bekam immer neue Fragen gestellt, die ich ja auch beantworten musste.

Die beiden Ehepaare hatten ebenfalls eine Tour machen wollen, die aber sprichwörtlich ins Wasser gefallen war. Ein bisschen verlegen erzählten sie mir, dass sie seit dem Mittag hier in der Stube säßen.

»Na gut, dass dieser tapfere Wandersmann nun aufgetaucht ist«, rief eine Frau vom Nebentisch, »der hat stellvertretend für uns alle die Tour gemacht.«

Johlen und Beifallklatschen der heiteren Runde.

Eine der beiden Ehefrauen fragte mich, warum ich nichts Warmes essen würde, vorhin hätte ich nur einen Vesperteller verspeist, sie habe das genau beobachtet.

Die Frage war mir unangenehm, doch ich antwortete

wahrheitsgemäß, dass ich meine Reisekasse nicht überstrapazieren wolle.

»Darf ich Sie zu einem warmen Essen einladen?«, fragte da ein Mann aus der Gruppe.

Das Angebot anzunehmen fiel mir nicht leicht, doch letztlich willigte ich ein. Musste aber dann doch nachfragen, womit ich das denn verdient hätte.

»Sie haben unseren ins Wasser gefallenen Tag gerettet!«, erhielt ich zur Antwort. Es sei ein Erlebnis gewesen, mir zu begegnen, und ich hätte die Gruppe, die sich vor meinem Eintreffen gelangweilt habe, weil ihre Wanderung wie die der Ehepaare ins Wasser gefallen sei, vortrefflich unterhalten – und ganz nebenbei hätten sie sogar das Gefühl, auf sehr behagliche Art bei Speis und Trank auch ein wenig gewandert zu sein, und da sei es ja wohl das mindeste, mich als kleines Dankeschön zum Essen einzuladen.

So gesehen beschloss ich, mir das Essen in der Tat verdient zu haben. Ich war sogar ein bisschen heiser vom vielen Reden, das ich schon gar nicht mehr gewöhnt war.

Fünfundvierzig

Nächtliche Gipfelstürmer

Wenig später – noch immer war ich im Schwarzwald unterwegs – hatte es wieder einmal die ganze Nacht geregnet, und morgens schlüpfte ich in meine noch immer nassen Kleider; Freude kam da nicht auf.

Nach oben ging es zum Höhenweg in Richtung Hausach im Kinzigtal. Nebelbänke hingen in den Wäldern, und der Regen tropfte von den Bäumen, die Wege hatten sich in Bäche verwandelt. Einmal nass, nässer geht es nicht. Nur nicht die Markierung verlieren, nur nicht auch noch Umwege laufen!

Am Nachmittag erreichte ich den Spitzfelsen mit weitem Blick hinunter ins Kinzigtal und die große Stadt Hausach direkt an der Mündung der Gutach in die Kinzig.

In Hausach wollte ich am nächsten Tag meinen Enkel Oliver am Bahnhof abholen. Ich freute mich sehr auf das Wochenende in seiner Begleitung und hoffte inständig, der Regen möge nachlassen. Meinetwegen sollte er mich heute aufweichen bis auf die Knochen, aber morgen und übermorgen, wenn mein Enkel mit mir lief, dann bitte schön kein Regen!

Oliver ist mein ältester Enkel, und mit Wandern hat er eigentlich nicht viel am Hut. Das forderte mich heraus, ihm unterwegs auch etwas zu bieten, und es rührte mich, dass er mir eine Freude machen wollte mit seiner Begleitung. Die wollte ich erwidern. Wenn vielleicht auch nicht gleich, so doch später einmal. Später einmal ... wenn ich nicht mehr da wäre. Er sollte eine schöne Erinnerung an die Tage mit seinem Großvater haben. Das musste der Regengott doch einsehen!

Im Schwarzwald

Abends ließ sich die Sonne endlich blicken, und der nasse Boden dampfte. Ich fand eine saubere Hütte mit zwei Bänken und einem Tisch. Wind kam auf, und ich war zuversichtlich, meine Wäsche zu trocknen.

Tief unten im Tal leuchteten die Lichter von Hausach, letzte Vogelstimmen im Wald mit langen Pausen dazwischen, bis nur noch der Wind sang. Mit meinem Wanderstock blockierte ich die Tür und schlüpfte in meinen Schlafsack. Kurz vor Mitternacht ein Poltern und Rütteln an der Tür. Ich schreckte hoch, in der einen Hand die Taschenlampe, in der anderen das Fahrtenmesser.

»Wer da?«, rief ich, um Festigkeit in der Stimme bemüht, was nicht so einfach war, aus dem Schlaf gerissen.

Eine dünne Stimme antwortete. »Entschuldigung. Wir wussten nicht, dass hier besetzt ist.«

Neugierig öffnete ich die Tür und nahm meine Besucher in Augenschein: Zwei junge Burschen aus dem Tal hatten spontan beschlossen, die Nacht in der Hütte zu verbringen. Sie waren gut ausgerüstet, hatten eine Zeltplane dabei und Proviant.

»Kommt doch herein«, lud ich sie ein. »Es ist genug Platz für uns alle.«

Das wollten sie nicht. In allerbester Stimmung, von Lachanfällen unterbrochen, spannten sie am Gipfelkreuz ihre Plane und legten sich darunter. Der Wind frischte auf, und sie hatten Mühe, die sich immer wieder losreißende Plane festzuzurren. Als sie endlich fertig waren, packten sie ihren Proviant aus und belohnten sich mit einer Mitternachtsjause. Ihre Freude und ihren Stolz konnte ich bis in die Hütte spüren, und ich dachte bei mir, vielleicht könnte es mir morgen doch gelingen, Oliver fürs Wandern zu begeistern – die jungen Burschen waren in seinem Alter, Anfang zwanzig.

Der Wind wurde stärker, wieder goss es wie aus Kübeln, die zwei unter der Plane verloren das Lachen nicht, und das steckte mich an. Immer wieder musste ich in meinem Schlafsack grinsen. Sechzehn, das war ein Alter! Da hatte ich mit meinem Freund Lothar im Hohen Venn in Belgien während einer Wanderung auch mal eine Nacht unter einer Plane verbracht …

Plötzlich ein Knall und lautes Flattern. Der Sturm hatte

die Zeltplane der beiden Jungs fortgerissen, sie lagen jetzt schutzlos auf dem Felsen unter dem Gipfelkreuz, der Regen trieb sie in meine Hütte. An Schlaf war nun natürlich nicht mehr zu denken!

Sechsundvierzig

Oliver

Fast geräuschlos rollte der Stadtzug von Stuttgart im Hausacher Bahnhof ein. Einige wenige Menschen stiegen aus … kein Oliver. Hatte er den Zug verpasst? Nein! Er schaute sich suchend um, entdeckte mich.

Kräftig drückte ich den Burschen an mich. Ein stattlicher Junge! Dann merkte ich, dass etwas nicht stimmte. Mein Enkel stand im T-Shirt auf dem Bahnsteig und trug eine Gänsehaut im Nieselregen. Ein kühler Wind blies obendrein.

»Oliver, wo ist deine Jacke? Hast du sie im Zug vergessen?«, fragte ich ihn. Noch war es nicht zu spät, sie zu holen.

»Musste mich so beeilen heut Morgen. Hat pressiert! Da hab ich die Jacke zu Hause liegenlassen.«

Ich schüttelte den Kopf über den Jungen. Wenn seine Ohren nicht angewachsen wären, hätte er sie vermutlich auch noch vergessen. Einundzwanzig Jahre war er alt – wenn ich an mich selbst in diesem Alter dachte … da war ich schon Vater! Nein, das konnte man nicht vergleichen. Das waren andere Zeiten damals.

»Opa, es geht schon«, beschwichtigte Oliver mich.

»Nein, das ist zu kalt«, widersprach ich und kramte in meinem Rucksack nach der Regenjacke. Oliver zog sie mit einem Gesichtsausdruck an, der mir zeigen sollte, dass er überhaupt nicht friere und die Jacke sicher nicht brauche, aber seinem Opa zuliebe würde er sie dann eben mal überwerfen … er hatte keine Ahnung, was auf ihn zukommen sollte!

Zuerst einmal bot er sich an, mein Zelt zu tragen, worüber ich mich sehr freute. Dann ging's los, den Hang hinauf zur Schlossebene und weiter im steilen Anstieg zum Farrenkopf auf 789 Metern Höhe.

Solch eine Strecke voller Serpentinen war für Oliver Neuland. Seine leichten Schuhe ließen ihn jeden Stein spüren, doch der Ehrgeiz hatte ihn gepackt. Was sein alter kranker Opa schaffte, würde er ebenfalls hinkriegen. Ohne zu klagen, marschierte er tapfer hinter mir her.

Auf der Farrenkopfhütte rasteten wir kurz, und ein paar verirrte Sonnenstrahlen ließen die verregnete Welt gleich freundlicher aussehen. Wir hatten noch einiges vor uns, und ich tröstete Oliver immer wieder mal: »Bald haben wir es geschafft!«

Er erwiderte dann stets. »Geht schon, Opa, geht schon«, und sein Durchhaltewillen machte mich stolz und froh.

So stiegen wir hinauf zum Karlstein, 969 Meter hoch, durch dichten Fichtenwald und wieder abwärts auf den Bärenacker. Hier machten wir endlich Rast in einem Gasthof. Heute, so hatte ich mir vorgenommen, wird nicht gespart – und wenn ich selbst danach tagelang trocken Brot essen würde. Oliver sollte diese Zeit mit mir in allerbester Erinnerung behalten als etwas Schönes und Einmaliges. Er sollte später sagen können: Ich bin ein Stück des langen Weges mit meinem Opa gegangen, mit dem einzigen Opa, den ich habe.

Ich war sehr stolz auf meinen Enkel, der sich so tapfer geschlagen hatte ohne Murren und ohne Klagen und nun erschöpft neben mir saß. Wahrscheinlich spürte er jeden

Muskel in seinem Körper, doch er sagte keinen Ton. Ein echter Peipe eben!

Wir lehnten am warmen Kachelofen in der Gaststube und ließen es uns schmecken. Zuweilen wurde mir das Herz schwer bei dem Gedanken, was wir alles noch hätten gemeinsam erleben können, ja wenn! Ich versuchte, mich schnell wieder in den Griff zu bekommen. Denn jetzt war er doch da, mein Oliver, war ich noch da. Saß Seite an Seite mit ihm. Jede Minute kostete ich aus, speicherte sie tief in meiner Seele.

Oliver im T-Shirt

Auf einer Wiese am Waldrand schlugen wir unser Zelt auf, lagen nebeneinander in unseren Schlafsäcken und redeten noch lang. Oliver, der im letzten Lehrjahr zum Mechatroniker stand, wollte wissen, wie das damals in der Meisterschule gewesen wäre, und ich erzählte ihm, wie ich mit 23 Jahren nach Berlin ging, auf die Ingenieurakademie für Gartenbau, Abteilung Meisterschüler. Ich musste so weit weg von daheim, weil dies die einzige Schule war, die den Unterricht von Montag bis Mittwoch anbot. Ich war damals schon Vater dreier Töchter und hatte meine Familie zu ernähren – von Donnerstag bis Sonntag arbeitete ich.

»Opa, da waren doch die 68er in Berlin!«

»Von denen hab ich nichts mitgekriegt, Oliver. Ich habe bloß geschafft und gelernt, und das andere hat mich nicht interessiert. Ich hatte ein Ziel.«

»Du hast die Steine also nicht zum Schaufenstereinwerfen in die Hand genommen, sondern zum Pflastern«, grinste Oliver, ich sah es nicht, es war dunkel im Zelt, hörte es aber an seiner Stimme.

»Genau.«

»Und woher hast du das Geld für die Meisterschule gehabt? Hat dir das dein Betrieb finanziert?«

»Von wegen! Ich hab mich ein halbes Jahr bei der Bundeswehr verpflichtet. Das war mein Kapital für die Meisterschule.«

»Hm«, machte Oliver. Müde die Stimme.

»Gute Nacht«, sagte ich, und fast unmittelbar danach war mein Enkel eingeschlafen. Ich lag noch lange wach und lauschte seinen Atemzügen.

Mitten in der Nacht bekam Oliver von dem gut gewürzten Essen einen gewaltigen Durst. In unseren Flaschen war kein Wasser mehr. So lief ich durch die stockfinstere Nacht zu einem Brunnen, der mir bei Tageslicht aufgefallen war, füllte dort meine zwei Flaschen und brachte sie meinem Enkel. Schließlich musste er fit sein am nächsten Tag.

Fit war vor allem das Wetter: Ein strahlender Morgen begrüßte uns. Nun fehlte bloß ein Frühstück – doch dafür mussten wir eine Weile laufen. Weit und breit kein Dorf, kein Gasthaus – und als wir endlich eines fanden, waren die Reserven aufgebraucht; eine Reisegruppe, die dort übernachtet hatte, war im Begriff aufzubrechen. Brot gab es nicht mehr, und das Frühstücksbuffet war leer geräumt. Ich bat den Wirt um Kaffee, zu essen würden wir schon etwas finden. Mit Oliver sammelte ich Reste von den Tischen ein. Brötchen und zwei Eier, Wurst und Käse – so hatten wir rasch genug beisammen, um satt zu werden, konnten sogar noch Proviant einpacken.

Ein Bilderbuchtag lag vor uns. Sonnenschein, herrliche Fernsicht und eine wunderschöne Strecke, vorbei an einsamen Schwarzwaldhöfen mit reichen Apfelbäumen und wilden Kirschen.

Auf der Höhe Briflirain zeigte ein großer Stein mit einer Metalltafel die Wasserscheide zwischen der Nordsee und dem Schwarzen Meer an; Quellgebiet von Elz und Bregquelle. An der Martinskapelle vorbei wanderten wir zum Brend. Es war mir ein großes Anliegen, Oliver einiges Wissenswerte zu vermitteln. So erklärte ich ihm die Bedeutung der Wasserscheide und hoffte, ich sei nicht zu schulmeisterlich. Ich wünschte mir, dass er sich später einmal erinnert. Hier war ich mit meinem Opa.

Nach fünfunddreißig Kilometern – wenige Kilometer vor unserem eigentlichen Ziel, dem Thurner – merkte ich, jetzt hat Oliver genug. Er beschwerte sich nicht, doch es war deutlich sichtbar, dass er seine Grenze überschritten hatte, untrainiert, wie er war. Ich fragte in einem schönen Gasthof mit prächtigen Blumenkästen an den Balkonen nach einem Zimmer – und hier verbrachten wir unseren letzten gemeinsamen Abend … auf dieser Wanderung … für immer?

Über den Krebs sprachen wir nicht. Warum auch? Ändert ja nichts. Wir wissen es; und fertig. Es wird nicht anders, wenn man darüber spricht, und man tut sich nur weh und den anderen erst recht. Es mag wohl Menschen geben, die es erleichtert, darüber zu sprechen. Ich gehöre nicht zu ihnen.

Am nächsten Tag schafften Oliver und ich es gerade noch, trocken in Titisee anzukommen, kauften Proviant, und schon taufte uns die nächste Regenfront. Ich war froh, Oliver wohlbehütet im Zug zu wissen, als ich selbst bei starkem Regen und Wind die Stadt verließ.

Stunde um Stunde den steilen Anstieg auf den Hochfirst gemeistert. Oben angekommen, ein starker Sturm, der Regen peitschte mir ins Gesicht, vor mir ein kleines Gasthaus auf dem Gipfel. Diesmal leistete ich mir keine Einkehr, zu viel Geld hatte ich in den letzten Tagen verbraucht. Ich fand einen offenen Holzschuppen mit Bänken, versuchte das Beste daraus zu machen, kroch in meinen Schlafsack und hoffte, Oliver möge wohlbehalten zu Hause angekommen sein.

Siebenundvierzig

In der Wutachschlucht

Es zog an allen Ecken, und der Himmel hatte kein Einsehen mit mir. Die Welt hier oben war in dicke Wolken gehüllt, es regnete ohne Unterlass und der Sturm tobte. Bis gegen dreizehn Uhr blieb ich unter dem Vordach liegen. Ich fühlte mich erschöpft und befürchtete, krank zu werden. Mental war ich trotz aller Unbilden noch immer fit … doch würde mein geschwächter Körper durchhalten?

Nicht daran denken, verordnete ich mir und stürzte mich in die nächste Bewährungsprobe: Durch den Hochwald an den Luchsenfelsen in die Wutachschlucht. Bei schlechtem Wetter einer der gefährlichsten Wege im Schwarzwald. Schmal und steil der Pfad, durch den tagelangen Regen schmierig und aufgeweicht. Bei guten Wetter- und Wegbedingungen ist diese Strecke entlang der Wutach ein echter Höhepunkt für jeden Wanderer.

Unter den jetzigen Verhältnissen war sie schlichtweg gefährlich, und es war mir klar, dass ich bei einem Absturz keine Hilfe erwarten konnte. Ich war völlig allein auf mich gestellt – und wenn ich stürzte … ob mein Handy hier Empfang hatte, war fraglich.

Ich probierte es erst gar nicht aus, wanderte immer tiefer in die Schlucht, unten rauschte die Hochwasser führende Gutach. Der schmale Weg zog sich am Hang entlang, es ging steil nach oben oder nach unten. Nur nicht stolpern und ausrutschen auf dem aufgeweichten Boden. Viele hohe Fichten fanden keinen Halt mehr, und der Sturm hatte leichtes Spiel mit ihnen gehabt. Umgestürzt lagen sie auf dem Boden, häufig quer über meinem Weg. Über sie hinwegzusteigen war nicht möglich, so robbte ich auf dem Bauch liegend unter den Stämmen hindurch, blieb mit meinem Gepäck hängen, rappelte mich hoch, fünfundzwanzig Kilo auf dem Rücken, die zogen schwer nach unten, mit zittrigen Knien aufgestanden, das dauerte manchmal eine Weile, weiter.

Nach kurzer Zeit war ich verdreckt von oben bis unten – und erschöpft. Trotzdem faszinierte mich dieses Naturschauspiel, das Getöse des Flusses, das Heulen des Sturmes, der strömende Regen und die frische Luft. Die Wutachschlucht hat eine Gesamtlänge von zirka 50 Kilometern und gilt als die jüngste Schlucht Europas – entstanden vor 20 000 bis 70 000 Jahren. Sie ist wie eine Arche Noah für Pflanzen: 1200 Arten sind hier vertreten, dazu über 200 Schmetterlingsarten und zirka 100 verschiedene Vogelarten.

Spät am Abend, die Dämmerung legte sich über die Schlucht, hatte ich mein Ziel, die Schattenmühle, erreicht. In meinem Wanderbuch war eine ganzjährig geöffnete Gaststätte verzeichnet. Ein Haus fand ich auch, aber keine hell erleuchteten Fenster, lediglich über der Eingangstüre das armselig schwache Licht einer Funzel. *Verehrte Kundschaft, wegen extrem schlechter Wetterlage hat unser Haus geschlossen.*

Meine ganze Motivation, die mich den schweren und gefährlichen Weg geleitet hatte, stürzte in sich zusammen. Da stand ich nun. Nass bis auf die Knochen und hungrig und erschöpft und allein. Ich erinnerte mich an einen alten Schuppen, der mir zuvor aufgefallen war, zögerte nicht und machte kehrt, passierte ein ehemaliges Sägewerk, ebenfalls geschlossen für immer. ... Aber dort hinten ... schimmerte da nicht ein schwaches Licht? Sollte ich vielleicht doch Glück haben?

Ich folgte dem Schimmer und gelangte vor ein kleines Häuschen mit niedriger Eingangstür, klopfte an, nichts rührte sich, klopfte wieder. Endlich Schritte im Haus. Ein Schlüssel drehte sich im Schloss, knarzend öffnete sich die Holztür und eine ältere Frau schaute mich überrascht an. »Wo kommen Sie denn her bei diesem Wetter?«

Ich schilderte ihr meine Not, das Gasthaus sei geschlossen, und ich suchte einen Platz für die Nacht.

»Die machen es sich einfach, sperren zu, und ich kann einspringen!«

»So habe ich das nicht gemeint.«

»Ich bin ja gar nicht eingestellt auf Gäste!

»Ein Stück Brot und irgendwo ein Plätzchen – ich bezahle auch dafür.«

»Na, dann kommen Sie erst mal rein!«, lud sie mich ein und führte mich schließlich in ein Zimmer unterm Dach. Als ich mich gewaschen und gerichtet hatte, lockte mich der Duft gebratener Eier. Die gute Frau hatte den Tisch schon gedeckt und bewirtete mich reichlich. Geld wollte sie keines annehmen.

Achtundvierzig

Ein Mann zwischen zwei Frauen

Am zweiten Tag durch die Wutachschlucht begleitete mich ein Mann von etwa vierzig Jahren, der herzlich lachte, als ich ihn als jungen Mann bezeichnete. In der Nähe der Schattenmühle hatten wir uns getroffen, waren uns auf Anhieb sympathisch und beschlossen, ein Stück gemeinsam zu gehen. Kleinere Regenschauer konnten uns den Tag nicht verderben.

Sehr bald waren wir in einem intensiven Gedankenaustausch über Gott und die Welt. Mein Begleiter hatte sich für einige Tage eine Auszeit vom Büro genommen, um mit sich und einem bestimmten Problem ins Reine zu kommen. Er hatte das Gefühl, die Lösung beim Wandern zu finden. Nirgends wird der Mensch in seinem Innersten freier als in der Natur.

Quartier im Wald

Andere Männer hätten sich das Problem meines Begleiters vielleicht gewünscht – er litt darunter, sich nicht zwischen zwei Frauen entscheiden zu können. Ausführlich erzählte er mir von beiden Frauen, und ich verstand wohl, dass die Wahl schwerfiel. Ich überlegte lange, welchen Ratschlag ich ihm geben könnte, und weiß nicht, ob das, was ich ihm dann sagte, ein kluger Rat war: »Bring einen sehr anstrengenden Wandertag hinter dich. Denk nicht an die zwei Frauen. Beschäftige dich mit deinem Hiersein und dem, was du siehst in der Natur. Dann geh spät am Abend müde ins Bett. Die Frau, an die du am nächsten Morgen als Erstes denkst, die heiratest du.«

Spät am Abend gelangte ich zu einer offenen Hütte, die in meinem Wanderbuch erwähnt war. Ich verstaute mein Gepäck unter einer der Bänke, rollte Matratze und Schlafsack aus und löffelte kalte Linsensuppe aus der Dose, ehe ich mich zum Schlafen niederlegte.

Gegen Mitternacht – rabenschwarze Finsternis umgab mich – schreckte ich von einem Geräusch hoch. Noch vom Schlaf benommen, sah ich ein gleißend helles Licht auf mich zukommen. Was war das? Ich fasste mein Fahrtenmesser, das immer links von mir mit im Schlafsack lag, und rief »Wer kommt da?«

Keine Antwort. Das Licht tanzte näher.

»Wer kommt da?«, wiederholte ich.

Keine Antwort.

Ich sprang auf, das Messer fest umklammert.

»Wer ist da?«, rief ich nun so laut ich konnte.

Das Licht blieb stehen, dann hörte ich ein dünnes Stimmchen: »Hier ist eine Frau, die auch schlafen will.«

Kurz darauf stand die junge Frau vor mir, auf ihrer Stirn trug sie eine helle Halogenlampe. Auf ihrer Wanderung vom Bodensee nach Freiburg hatte sie sich in der Zeit verschätzt, wollte aber unbedingt diese Hütte erreichen und hier übernachten. Beide erleichtert, setzten wir uns an den Tisch, sie hatte noch nichts gegessen, ich gab ihr von meinem Proviant. Wir waren beide recht müde und legten uns nach einem kurzen Gespräch jeder in seinen Schlafsack.

In der Morgendämmerung erwachte ich mit einem unguten Gefühl im Magen. Der Linseneintopf vom Abend war mir anscheinend nicht bekommen. Ich aß nur sehr selten Dosenkost, meistens Brot und Käse und wünschte, ich hätte dies auch gestern getan. Leise schlich ich in den Wald und übergab mich dort. Kaum in der Hütte zurück, löste sich meine Stomaversorgung von der Bauchdecke. Zum Glück schlief die Nachtwanderin nebenan auf ihrer Bank tief und fest; so konnte ich mich, was mir sehr peinlich war, meiner Kleidung entledigen und notdürftig mit dem wenigen Trinkwasser, das ich bei mir hatte, reinigen. Ich wolle, auch nicht alles verbrauchen, schließlich hatte die Wanderin beim Aufwachen vielleicht Durst. Lange dauerte es, bis ich mich wieder gerichtet hatte, doch ich schaffte es, fertig zu werden, ehe die junge Frau aufwachte. Nach einem kurzen Frühstück trennten wir uns, sie auf dem Wege, nach Freiburg und ich in Richtung Konstanz am Bodensee.

Neunundvierzig

Deutschland durchwandert

Das Wetter war schön. Doch mit mir stimmte etwas nicht. Stunde um Stunde ging es mir schlechter. Kraftlos schleppte ich mich mit meinem schweren Gepäck vorwärts, jeder Schritt eine Qual. Kurz vor Singen nahm ich erschöpft Quartier. Morgen würde ich mit meinem Bruder Martin zusammentreffen, und ein Zimmer in Singen könnte wesentlich teurer sein.

Kaum hatte ich mich in dem kleinen Zimmer eingerichtet, als ich wieder erbrechen musste. Mir war elend. Hundeelend. Wie nur sollte ich Martin begegnen? Woher die Kraft nehmen weiterzulaufen, wenn doch das schwerste Stück der Strecke noch vor mir lag? Der Gotthard rückte näher, und ich war zu schwach zum Treppensteigen.

Ich legte mich ins Bett und schlief mit kleinen Unterbrechungen bis zum nächsten Morgen, träumte viel in dieser Nacht.

Um rechtzeitig am Bahnhof zu sein, fuhr ich am nächsten Morgen die vier Kilometer mit dem Bus bis zum Bahnhof.

Als ich Martin sah, ging es mir gleich besser, und trotz meiner Schwäche besichtigten wir Singen und wanderten in Richtung Güttingen und von dort über die liebliche Landschaft des Bodanrückens.

Es tat mir unendlich leid, dass ich in so schlechter Verfassung war und wir nur langsam vorankamen. Martin war zwar betroffen von meinem Zustand, allerdings zweifelte er keine Sekunde daran, dass ich mein großes Ziel, Rom, erreichen würde. Mir aber war ganz klamm zumute. Wie sollte ich über den Gotthard kommen? Das Gotthardmassiv türmte sich auf vor mir und drückte mir auf die Brust. Und der Apennin! Martin klopfte mir auf die Schulter und sagte: Du schaffst das.

Ich weiß nicht, ob er nicht sehen wollte, wie ich beisammen war, oder ob er es sah und ignorierte. Das war mir ganz recht.

»Dann gehen wir halt langsamer, wenn du halblebig bist«, war Martins Kommentar. Und so machten wir es. Schön langsam, Schritt für Schritt wanderten wir durch die wunderschöne Landschaft mit schmucken kleinen Dörfern.

In der Nähe des Mindelsees fanden wir durch Zufall eine kleine Künstler-Gaststätte und feierten in schönem Ambiente meine Durchwanderung Deutschlands. Ich selbst hätte nicht gefeiert. Aber Martin bestand darauf und sagte: »Mensch, Kurt! Teil eins der Etappe liegt nun hinter dir! Ich bin stolz auf dich!«

Am Waldrand, mit Blick auf den Mindelsee, bauten wir unser Zelt auf. Während mein Bruder fleißig einen Festmeter Holz nach dem anderen sägte, war mir hundeelend. Schwäche und Übelkeit ließen mich nicht zur Ruhe kommen; obwohl ich völlig erschöpft war, fand ich keinen Schlaf. Nach Mitternacht ging meine Stomaversorgung auf. Ich reinigte mich und musste das Gleiche im Morgengrauen dann noch mal tun. Es war deprimierend – und es kam noch schlimmer.

Am nächsten Tag, kaum war Martin in den Zug nach Hause gestiegen, überfiel mich ein Juckreiz am ganzen Körper. Schlagartig war ich überall mit nässenden Blasen übersät, kleineren und größeren, eine einzige juckende Wunde. Nesselsucht? Bloß nicht kratzen. Immer wieder sagte ich es mir: Nicht kratzen, nicht kratzen, sonst wird alles schlimmer.

In einer Apotheke kaufte ich Tabletten, die nach einer Weile den Juckreiz linderten. Am liebsten wäre ich gelaufen und gelaufen, dem Jucken davongelaufen – doch noch immer war ich so schwach, dass ich mich einfach nur in mein Zelt legen konnte.

Es regnete ohne Unterlass. Eine Schlechtwetterfront, wie ich in der Apotheke erfahren hatte, die während der nächsten Tage das Wetter bestimmen sollte. Ich hoffte inständig, dies möge nur für das Wetter in Deutschland gelten.

Fünfzig

Grüezi!!!

Doch meine Hoffnung auf besseres Wetter schwemmte der Regen fort. Meine Phantasien von dem wunderschönen Schweizerland allerdings nicht: Ich dachte an Berge, Täler, Almen, Käse und: Franken!

In Kreuzlingen, wo ich Deutschland verlassen hatte, sortierte ich die fremde Währung in meine Börse und fühlte mich dennoch nicht im »Ausland«. Prägend für mein Heimatgefühl, so stellte ich fest, ist die Sprache, und Deutsch spricht man in vielen Teilen der Schweiz, wenn auch charmant schweizerisch.

Folgenreicher als der Landeswechsel gestaltete sich der Währungswechsel dennoch. Zu Beginn dachte ich immer wieder, ich müsste mich verrechnet haben – ich konnte oft nicht fassen, wie viel mich dieses schöne Land kostete. Die finanzielle Mehrbelastung brachte mich in arge Bedrängnis. Mit zehn Euro pro Tag würde ich hier nicht durchkommen. »Die Schweiz ist teuer – und sie ist es wert«, sagte ich am Telefon zu Sigrid.

Von meiner angeschlagenen Gesundheit, der zehrenden Schlappheit und meinen Befürchtungen sagte ich ihr nichts. Sie sollte sich keine Sorgen machen. Die machte ich mir selbst. An das Gotthardmassiv durfte ich gar nicht denken.

Meine ersten Schritte in der Schweiz tat ich auf einem Umweg, von zwei in die gleiche Richtung führenden Wegen wählte ich den falschen, und es dauerte lang, bis ich in einem weiten Waldgebiet nach rund zehn Kilometern merkte, dass da etwas nicht stimmte. Die Schweiz ist ein kleines Land – zum Verlaufen reicht es allemal!

Trotz der zusätzlichen Kilometer schaffte ich es, über die Ottenberge bis nach Tobel zu wandern, klatschnass bis auf die Knochen. Was für ein Glück, dass ich Unterkunft bei einer Bäuerin fand, wo ich heiß duschen und die nassen Kleider trocknen konnte. Wie immer in diesen Tagen vorm Einschlafen hoffte ich inständig, es möge mir am nächsten Morgen bessergehen, ich möge wieder zu Kräften kommen. Ich fühlte mich so schlapp, dass ich mich eher schleppte denn lief.

Über Will, die Äbtestadt, ging ich in strömendem Regen Richtung Wattwil und Rickenpass. Diesmal fand ich keinen trockenen Schlafplatz, aber es war ja eigentlich ohnehin schon egal. Einmal nass, immer nass. Manchmal stellte ich mir vor, wie schön diese Gegend im Sonnenschein aussehen würde, und dies bedurfte immer mehr Phantasie. Tagelang sollte ich durch Grau laufen. Rechts und links Hänge, saftige Almwiesen unter Grauschleiern, darüber Waldregionen mit schroffen Felsen – keine ebene Fläche für mein Zelt. Das Regenwasser schoss in kleinen Bächen den Weg hinab, ach, wäre ich nur halb so schnell auf meinem Gang nach oben.

Durch die beschlagenen Gläser meiner Brille, fast übersehen, entdeckte ich müde und erschöpft eine kleine Holztafel mit dem Hinweis auf einen Gasthof. Ich schaute den steilen Nebenweg empor, putzte meine Brille mit einem nassen Taschentuch so gut es ging. Und siehe da: ein prächtiger Schweizerhof oben am Hang. Breit und gediegen, fast erhaben stand er da, eins mit seiner Umgebung. Sollte ich es wagen? Dort hinauf, nur um zu essen und zu trinken – und später müsste ich wieder hinunter … Meine Beine waren so müde. Der Anstieg zum Pass würde mir genug abfordern. Da meldete sich meine Bauchstimme: Lauf hoch! Geh dorthin! Es wird schon einen Grund haben. Frag nicht, geh einfach!

Auf dieser Wanderung – und wenn ich es recht bedenke: in meinem ganzen Leben – habe ich immer gut daran getan, dieser inneren Stimme zu folgen. Auf meine beiden Stöcke gestützt, stemmte ich mich nach oben. Lautes Hundegebell kündigte mich an, und der Bauer grüßte mich freundlich. Ich solle nur näher treten.

»Ich habe das Schild gesehen, und da bin ich«, stellte ich mich vor. »Hunger und Durst habe ich auch mitgebracht.«

Da solle ich doch mal in die Blockhütte gehen zu seiner Frau. Dort sei geheizt, er komme später nach, melke nur noch die Kühe.

Die Blockhütte erwies sich als gemütliche Gaststube, sauber und warm und wunderbar behaglich. Meine Brille längst wieder beschlagen, tastete ich mich in den Raum, suchte einen Tisch, eine Bank, befreite mich zuerst vom Gewicht der beiden Rucksäcke, legte die regenschwere Jacke ab und rieb meine Brille trocken. Da stand sie plötzlich in der Stube, die Frau des Hauses.

Guten Tag auch, grüezi, ich hätte mir ja ein schönes Wetter zum Wandern ausgesucht, ich solle zuerst einmal das nasse Zeug ablegen und mich aufwärmen, was ich denn gerne hätte, wo ich herkäme und wohin ich wollte, viele Fragen auf einmal. Was? Aus Deutschland nach Rom? Oh, das sei aber ein langer Weg.

Ja, das hätte ich auch schon bemerkt. Wenn ich vielleicht heiße Milch bekommen könne, das wäre wunderbar, und ein belegtes Brot.

Sehr gern, die Milch hole sie drüben im Haus, in der Blockhütte habe sie nur Bier und Limonade vorrätig. Ich solle mich ausruhen, bald sei sie mit der warmen Milch wieder da.

Sie lächelte mich an, groß und strahlend und wunderbar wärmend, ging hinaus in den Regen, durch das Fenster, an dem die Tropfen rannen, sah ich sie im großen Haus verschwinden.

Froh, dem schlechten Wetter für kurze Zeit entkommen zu sein, streckte ich die Beine unter den Tisch und wünschte, dass meine Kleider trocknen würden und ich noch eine Weile hier sitzen dürfte.

Es dauerte nicht lange, da kam die Bäuerin zurück mit einer großen Tasse heißen Kakaos, setzte sich zu mir an den Tisch, sah mir freundlich zu, wie ich dankbar in kleinen Schlucken trank. Eine schöne Frau. Sie füllte den Raum mit ihrem Wesen aus, und ich, ich fühlte mich geborgen. Der heiße Kakao tat das Übrige – da sah die Welt schon gleich ganz anders aus.

Der Aufforderung, etwas von meiner langen Reise zu erzählen, kam ich gerne nach, je mehr ich erzählte, desto länger konnte ich in der warmen Stube bleiben. Ich begann im Norden und sprach einige Minuten, da legte sie mir die Hand auf die Schulter »Da hast du dir ja einiges vorgenommen in deinem Alter.«

Ich nickte. Das Alter, das war das eine. Das andere, das sagte ich nicht.

»Jetzt erzähl ich dir mal was«, sagte sie dann unvermittelt. »Ich habe mit meinem Mann vereinbart, dass wir einmal im Jahr einem Wanderer oder Pilger eine Freude machen. Er bekommt kostenloses Essen und Trinken, er darf umsonst übernachten, und wenn er Wäsche zu waschen hat, dann mache ich das auch.« Sie schwieg kurz, schaute mich mit ihren warmen braunen Augen an und fuhr fort: »Mit dir, Kurt, so denke ich, haben wir den Richtigen ausgewählt.«

Ich war sprachlos, und als ich begriffen hatte, welch großzügiges Angebot mir hier unterbreitet wurde, dankte ich zuerst zutiefst gerührt der Frau und später meinem Bauchgefühl, das mich wieder einmal zu Menschen geführt hatte.

Nachts lag ich in einem schönen Zimmer in diesem Haus aus Holz, zusammengefügt aus Baumstämmen, mit der Axt zugeschlagen. Über zweihundert Jahre alt das Heim. Schwere Eichentüren und knarzende Treppen. Massive Holzböden und Möbel, alles geschmackvoll und stabil. Vor dem Fenster in Balkonkästen rote Hängegeranien in voller Pracht. Die Farbe der Blüten so intensiv und die Blüten so zahlreich, wie es nur im Gebirge möglich ist. Draußen vor dem Fenster die Berge zum Greifen nah, in der Nacht nur zu ahnen, schwere Schatten und ein halber Mond.

Der Regen hatte nachgelassen. Eine Weile stand ich am

Fenster: Sieh doch hinaus, sagte ich zu mir, wie schön die Welt ist, und sieh hinein. Zufrieden lag ich etwas später wieder in dem behaglichen Bett, das nach Almwiesen duftete, Bauch und Herz voller Freude und Dankbarkeit. Ich dachte an meine Sigrid, an die Kinder, an unsere Enkel, ob sie spürten, dass ich im Moment wieder einmal so glücklich sein darf.

Das Haus atmete, es lebte. Hier ein Knarren, dort ein Stöhnen, ein Knistern und Knacken. Ganz gab ich mich dem Zauber der Nacht hin. Auf einmal verstand ich die Stimme des Hauses. Die massiven Balken der Wände, die Stützen und Decken, alles lebte, hob und senkte sich durch die Temperaturunterschiede zur kühlen Nachtluft, wie ein tiefes friedliches Atmen. Freilich wusste ich, dass es doch kein Atem war, dass es für alle Geräusche Erklärungen gab, aber war das Geheimnis nicht viel schöner?

Ich dachte an die vielen Bäume, die ihr Leben für dieses Haus gelassen hatten. Die Geschichte der Bäume, im kargen Boden des Gebirges aufgewachsen, kernig und stark, raunte weiter in diesem Haus, und ich hörte ihr zu. Sah klirrend kalte Winternächte im gleißenden Mondlicht und starke Männer mit Äxten, dampfende Wolkengebilde vor den Gesichtern geformt, so, wie die Bäume später Heimat formen würden für viele Menschen. Obdach und Geborgenheit geben.

Als ich am nächsten Morgen nach einem reichhaltigen Frühstück in herzlicher Stimmung die Familie verließ – auch die Schwiegereltern saßen mit am Tisch und die Kinder –, spürte ich: Jetzt bin ich wieder in meiner Kraft.

Auf der Flucht

Während der letzten Tage hatte ich viel an meine Mutter gedacht. Einige Male war mir ihr Spruch eingefallen, mit dem sie mich abends häufig ins Bett brachte: Sorge dich nicht, lebe. Ich hatte ihn zwischendurch verwandelt in: Sorge dich nicht, laufe.

Ich freute mich darauf, dies bei Gelegenheit meiner Mutter zu erzählen. Das Laufen hat in unserer Familie eine besondere Bedeutung. Mein Leben begann sozusagen unterwegs: auf der Flucht aus Schlesien, die ich im Alter von drei Jahren auf meinen eigenen kurzen Beinchen meisterte.

Ich bin in Schweidnitz geboren. Meine Mutter stammt aus Köln, mein Vater aus Schlesien. Die beiden haben sich bei einer Dampferfahrt auf dem Rhein kennengelernt. Es war im Januar 1945, dem härtesten und eisigsten Kriegswinter, und die Menschen wären schon längst geflohen, wenn sie die Straßen benutzen hätten dürfen, doch die mussten frei bleiben für den Rückzug der Armee. Erst als die russischen Soldaten sich von Osten und die deutschen Soldaten sich nach Westen durchschlugen, kam die Masse der Menschen in Bewegung. Innerhalb einer Stunde brachen wir mit Tausenden anderen auf. Insgesamt waren seinerzeit Millionen Menschen unterwegs auf der Flucht.

Ich war drei Jahre alt, und ich ging zu Fuß. Von Schweidnitz nach Köln. Im Januar liefen wir los, und im Juni kamen wir an. Meine Mutter war zweiundzwanzig Jahre jung. Mein Vater war in Gefangenschaft. Jeden Nachmittag, ich war dann schon sehr müde, so erzählte mir meine Mutter später, fragte ich sie: »Mama, wann sind wir daheim?«

Ich selbst habe kaum Erinnerungen an diese Zeit. Einmal wachte ich auf, und ein Haus stand in Flammen. Wir rannten hinaus, während die Trümmer und Funken flogen, ein anderes Mal explodierte eine Elbbrücke, kaum hatten wir sie passiert. Schreiende, schwerverletzte, sterbende Menschen.

Und Erfrorene. So viele erfrorene Menschen.

So begann mein Leben mit einer Flucht. Sollte es auch so enden … mit einer Flucht? Oder war dies keine Flucht, war dies ein Beginn?

Zweiundfünfzig

Der hundertste Tag

Durch offenes Land führte mich mein Weg über zahlreiche kleine Bäche hinunter nach Schmerikon und weiter auf einem vielbenutzten Rad- und Wanderweg am Zürichsee entlang Richtung Rapperswil. Hier stieß ich auch auf das Zeichen des Jakobsweges, der mich bis nach Einsiedel begleiten sollte.

Über den Fessisberg erreichte ich nach einem langen steilen Anstieg den Etzelpass und gönnte mir in einem Gasthaus ein Bier. Ein Essen zu bestellen verkniff ich mir – eingedenk meiner Telefonate mit Sigrid. Die Gute hatte ja recht. Bald würde sie selbst sehen, dass Sparen in der Schweiz leichter gesagt als getan ist. Teuer war auch das Telefonieren, und hier hielt ich mich erst recht knapp, besonders wenn es um ein bestimmtes Thema ging.

»Kurt, ich habe mal wieder einen Kontoauszug ausgedruckt, du hast ja wieder fleißig abgehoben«, machte Sigrid sich Sorgen.

»Hm.«

»Das ist so viel!«

»Die Schweiz ist teuer.«

»Ja, schon, aber wir müssen sparen.«

»Ich weiß doch, Sigrid.«

»Wir müssen mehr als vorsichtig sein – du hast noch ein Stück Weg vor dir.«

»Ich tu mein Möglichstes, Sigrid.«

»Das weiß ich, Kurt, aber irgendwo muss Schluss sein!«

»Ja. Aber ich mach die Reise doch nur einmal.«

Sigrid seufzte. Ich seufzte und aß trockenes Brot – aber das war noch immer zu wenig gespart, viel zu wenig, denn Sigrid dachte an all die Kosten, die auf sie zukommen würden. Zum Beispiel meine Beerdigung. Und dann hätte ich das ganze Geld verwandert, das Konto wäre leer. So ist sie, meine Sigrid. Mit beiden Beinen auf der Erde. Eine realistische Frau.

Von Anfang an hat sie unser Geld verwaltet. Ich habe es verdient, sie hat es ausgegeben, wie sich das gehört. Nun gab ich auch mal was aus. Ich lebte äußerst sparsam, doch es kam dennoch einiges zusammen.

Manchmal bin ich gefragt worden, ob die Wanderung schöner gewesen wäre, wenn ich mehr Geld zur Verfügung gehabt hätte. In manchem Moment, wenn ich frierend im nassen Zelt schlotterte, wäre mir ein warmes Bett wohl recht gewesen. Doch ich bezweifle, dass ich in weichen Betten so viel erlebt hätte, wie ich es erlebt habe in den 166 Tagen meines Unterwegsseins mit knappen finanziellen Mitteln. Und egal wie erledigt ich am Abend einschlief: An jedem neuen Morgen wachte ich voller Freude über den vor mir liegenden Tag auf.

Eine ruhige Abendstimmung lag über dem weiten Land, unter mir viele kleine Hügel, tiefe Täler, einzeln stehende Höfe und schmale Straßen, die sich wie silbrige Schlangen um die Berge mit ihren grünen Wiesen wanden. Kein Regen!

So fehlte mir am Abend dieses ersten Tages, an dem ich

mich besser fühlte, nur noch ein Quartier für die Nacht. Das war nicht so einfach zu finden in dem zum Teil moorigen Gelände bis zur Höhe Grueb.

Endlich entdeckte ich einen alten, windschiefen Holzstall. Durch eine mit Draht zusammengehaltene Tür trat ich ein. Dick lag der Kot von Schafen auf dem Boden, ein strenger Geruch stach in meiner Nase. Nicht sehr einladend. Doch wo Tiere leben, da muss es auch Heu geben! Mit ein paar Schritten war ich aus dem Stall und schaute mich suchend um: Da! Eine Leiter mit einigen fehlenden Sprossen. Sie endete an einer Luke. Ob ich das mit meinem Gepäck schaffen würde? Sehr vorsichtig setzte ich meine Füße, denn wenn eine Sprosse durchbrechen würde, läge ich auf dem Boden – das wollte ich mir gar nicht ausmalen. Ein gebrochenes Bein hätte genügt, meine Wanderung zu beenden.

Schließlich schaffte ich es bis zur Luke, zwängte mich mühsam hindurch und kroch auf den Heuboden, wo mich das nächste Abenteuer erwartete: Die Bodenbretter dort bestanden mehr aus Lücken denn aus Holz, und ich musste gut aufpassen, nicht abzustürzen. Heu gab es auch nicht in Hülle und Fülle, doch ich fand genug, um mir ein Lager zu bereiten.

Draußen war es mittlerweile stockdunkel geworden, der Wind pfiff sein Lied durch die Löcher und Ritzen in Dach und Wand. Ein paar fehlende Ziegel im First gaben den Blick frei auf den Lauf der Sterne, den ich im Schlafsack liegend noch lange betrachtete.

Nach und nach verstummten die Stimmen im Wald. Nur die Mäuse huschten über den Boden, über meinen Schlafsack, ich nahm es gleichmütig hin, sie wohnten schließlich hier, ich war bloß Gast für eine Nacht.

Von einem Stall in den nächsten

Über den Sihlsee kommend, sah ich schon von weiten die barocke Klosterkirche der Benediktiner in Einsiedel, meistbesuchter Wallfahrtsort der Schweiz und zudem der bedeutendste Barockbau des Landes mit der Gnadenkapelle und der schwarzen Madonna darin.

Auf der Alm

Über sehr schlechte Wege auf den nassen Almen, von den Kühen zertrampelte Pfade, in denen tief das Wasser stand, ständig einsinkend, schaffte ich es bis hoch zur Frugäli-Hütte auf 1600 Metern Höhe. Kalt pfiff der Wind hier oben, leichte Regenschauer wechselten sich ab mit Sonnenstrahlen, die weidenden Kühe auf den weiten Almen wie künstlich ausgeleuchtet.

Mit meinen schweren Schuhen voller Schlamm trat ich in die fast leere Gaststube der Almhütte ein. Auf einer Bank vor dem großen grünen Kachelofen saß eine ältere Frau mit Strickzeug in der Hand. Flink flogen die Finger, und unten baumelte eine fast fertige braune Socke. Ein grauer Haarkranz umrundete ihr gütiges Gesicht, sie lächelte mir freundlich zu, Dutzende von Sonnenstrahlen in den Augenwinkeln. Grüezi und ja, ich könne etwas zu essen und zu trinken haben, sie rufe die Schwiegertochter.

Später kamen der Bauer und ein Bekannter in die Stube. Um ihr Gespräch zu verfolgen, musste ich mich sehr anstrengen, aus ihrem Dialekt das Nötigste zu verstehen. Eine Pfanne mit Bratkartoffeln und Spiegeleiern, etwas warme

Milch, wie schnell war ich wieder zufrieden, glücklich, den schwierigen Weg geschafft zu haben, glücklich, dass es mir wieder besserging – und als ich auch noch einen Platz für die Nacht im Stall über dem Milchraum zugewiesen bekam, fehlte es mir an nichts mehr.

Nach der Ermahnung, bitte kein offenes Feuer zu entzünden, ging ich in den Stall über eine Holztreppe hoch in das leere Heulager, fand eine Matratze, schleifte sie in die Abstellkammer, wo die Wände voller Werkzeuge hingen: Äxte, Sägen und allerhand Gerät, das ich noch nie zuvor gesehen hatte.

Ich war fast eingeschlafen, da wurde es munter im Stall. Eine Herde von Milchkühen fand ihren gewohnten Weg ohne Begleitung. Etwas später hörte ich die Stimme des Senners, sein »Ho, ho« war den Kühen vertraut. Als hätten sie Nummern gezogen, liefen sie nacheinander zur Melkanlage, sichtlich zufrieden, den Druck in ihren prallen Eutern loszuwerden. Das Zischen und Klacken der Melkanlage erfüllte den Stall, die gemolkenen Kühe trabten an ihren Platz, rupften Heu aus den Raufen und legten sich nach und nach zufrieden wiederkäuend nieder.

Nach einer guten Stunde kehrte allmählich Ruhe ein. Der Senner versorgte seine Milch und traf die nötigen Vorbereitungen, um am anderen Tag mit dem Käse zu beginnen. Dann schlug die Tür zu, und ich war alleine im Stall, unter mir ein leises Stampfen und Stoßen und manchmal ein zufriedenes Muhen einer Kuh, dem ich innerlich zustimmte, ganz und gar.

Aus einem kleinen Fenster in der Abstellkammer sah ich hinaus in die Schweizer Bergwelt, wo sich der Tag mit fahlem Licht verabschiedete. In den Tälern breitete sich das Dunkel der Nacht aus. Über den Boden der kleinen Kammer huschten Mäuse, es war genug Platz für alle. Wie heißt es so schön: Friede in den Hütten.

Am nächsten Morgen trotteten die Kühe in langer Reihe hinaus auf die Almen, immer weiter entfernte sich der Klang ihrer Glocken, bis er nur noch als Ahnung in den Bergen wiederhallte. Ein schönes Geräusch. Viel schöner als das Trommeln des Regens auf dem Dach. Ich wollte nicht schon wieder nass werden, wollte nicht schon wieder durch Matsch und Schlamm stapfen – aber ich brauchte Proviant. Also auf nach Schwyz.

Am Vortag war der Weg über die Almen und Berge bereits äußerst beschwerlich gewesen; der Regen in der Nacht hatte die Strecke nun gänzlich aufgeweicht oder gleich fortgeschwemmt. Schlamm, Pfützen, Sumpf, Matsch. Die schwarze Brühe quoll über meine Schuhe und natürlich hatte ich nach kürzester Zeit nasse Füße. An manchen steilen Hängen hatte sich oft in großen Platten das komplette Erdreich bis auf den Fels gelöst, und Sträucher und junge Bäume waren in die Tiefe abgerutscht – und mit ihnen mein Weg.

Mit meinem schweren Gepäck auf dem Rücken musste ich viele Sprünge über große Risse und kleinere Abgründe wagen, landete im Matsch, rutschte aus, stürzte, rappelte mich vorsichtig hoch, schaute mich um: Bloß kein Erdrutsch! Und ich womöglich mittendrin. Auch so könnte meine Reise enden. An manchen dieser äußerst gefährlichen Stellen gab es fast kein Durchkommen mehr, in zwanzig bis fünfzig Metern Entfernung sah ich meinen Weg und musste mich durch Schlammberge und über Geröll kämpfen. Mir war die Sache nicht geheuer, aber es gab keine andere Strecke. Nur nicht stürzen und liegen bleiben, hier in den Bergen … wer sollte mich finden?

Auch den Kühen auf den Almen musste das schlechte Wetter aufs Gemüt geschlagen haben. Eine ganze Herde ließ die Köpfe hängen. Ich kam ihnen gerade recht. Ein Ruck ging durch die Versammlung, Ohren zuckten, wuchtige Schädel wurden geschüttelt, Leben kam in die Rinder. Die Mutigsten schnupperten an mir und meinem Gepäck, drückten sich mit der Stirn an mich, als wollten sie mich zum Spielen einladen. Von allen Seiten war ich bald eingekreist, auch die Vorsichtigen wagten sich näher.

Ich versuchte weiterzugehen, die Herde im gleichen Schritt immer hinter und neben mir her. Alles Zureden half nichts, diese Geschöpfe wollten nicht auf der Weide bleiben, nein, sie wollten mich offensichtlich begleiten. Wenn ich mit den Armen in der Luft herumfuchtelte, wichen sie nur ein paar Schritte zurück, und schon waren sie wieder da, an meiner Seite, rieben ihre Stirnen an mir.

So gingen wir zusammen die Anhöhe der Alm hoch und auf der anderen Seite im Schnellschritt den Hang wieder hinunter. Die Kühe rannten vor mir und hinter mir, junge und alte, unten an einem Weg endlich ein Weidezaun mit einem schmalen Durchlass. Für die Kühe bedeutete er das Ende unserer gemeinsamen Reise. Eine Weile noch muhten sie hinter mir her – wie konnte ich sie alleine lassen auf der Alm im strömenden Regen!

Auch in der kleinen Stadt Schwyz regnete es. Dennoch bewunderte ich auf dem Hauptplatz die reichverzierte Fassade des Rathauses und machte später Rast unter dem grünen Baldachin eines kleinen Gasthauses am Platze.

Vor allem aber versuchte ich der drohenden Regenfront zu entkommen, ein hoffnungsloses Unterfangen. Über dem Gebirge hatte das schlechte Wetter sich festgesetzt, in den Tälern hingen die Wolken tief, ein wunderschönes Naturschauspiel, das man als Zuschauer im Trockenen vor dieser herrlichen Kulisse sicherlich genießen könnte. Mittendrin zu sein aber war kein Spaß. Ich war tropfnass bis auf die Knochen und sah die vielen Serpentinen hinunter nach Sisikon am Vierwaldstätter See durch meine ständig beschlagene Brille.

An einem Campingplatz zeigte mir die freundliche Besitzerin vom Fenster ihres Büros aus, wo ich mein Zelt aufschlagen sollte. Sie blieb lieber im Trockenen.

Es ist kein Vergnügen, das Zelt aufzubauen, wenn es aus Eimern schüttet. Sollte es noch etwas gegeben haben, das trocken war, wurde es nun auch nass. Klitschnass.

Als mein Zelt stand, war es innen genauso nass wie außen. Wenigstens konnte ich auf dem Campingplatz heiß duschen und mein Stoma versorgen. Welch eine Wohltat! Und dann zurück ins Zelt. Der Schlaf ist ein wunderbarer Begleiter des Wanderers; wenn er denn kommt, ist alle Mühsal vergessen.

Vierwaldstätter See

Den nächsten Tag hätte ich am liebsten verschlafen. Tief hingen die Wolken über dem Vierwaldstätter See. Der Regen prasselte unaufhörlich auf mein Zelt, innen auf dem Folienboden suchten sich kleine Rinnsale ihren Weg, natürlich am liebsten dorthin, wo meine feuchten Kleider lagen.

Auf dem See fuhr alle zwei Stunden ein Ausflugsdampfer. Der Ton seines Horns wurde schnell verschluckt von den dichten Regenwolken, kein einziger Passagier stand an Deck. Die Besitzerin des Campingplatzes verzichtete wegen des schlechten Wetters auf die Miete für meinen Platz für diesen Tag. Sobald ich das Zelt verließ, musste ich meine Brille putzen, und auf einmal hatte ich eines der Gläser lose in der Hand. Zum Glück war es nicht zerbrochen. Und zum Glück hatte ich eine Ersatzbrille dabei. Da sah der Tag doch schon wieder besser aus. Ein klein wenig. Auch wenn die Ersatzbrille noch immer keine klare Sicht brachte.

Vierundfünfzig

Besuch bei Wilhelm Tell

In meiner Schulzeit habe ich einiges davon auswendig gelernt – obwohl sich die Existenz Wilhelm Tells nicht beweisen lässt –, nun war ich dort: auf der Tellsplatte. An dieser Stelle soll Wilhelm Tell der Sage nach aus dem Kahn der Häscher geflohen sein.

In der Kapelle, die durch Gitter vor mutwilliger Zerstörung geschützt ist, konnte ich vier große Fresken des Historienmalers Ernst Stückelberger bewundern. Apfelschuss, Tellssprung, Tyrannenmord an Landvogt Gessler und den Rütlischwur.

Über den See schallte der Klang eines Glockenspiels. Wo kam es her? Je weiter ich lief, umso deutlicher hörte ich den zauberhaften Klang. Eine letzte Steigung, und ich stand auf der Rütliwiese vor einem großen offenen Stahlturm und darin aufgehängten achtunddreißig Glocken in verschiedenen Größen: ein Geschenk der Schweizer Schokoladenindustrie an das Schweizer Volk. Computergesteuert hat es zwanzig Melodien im Programm und spielt stündlich zehn Minuten lang.

In Flüelen verließ ich den Vierwaldstätter See und wanderte entlang der rauschenden Reuss. Durch die tagelangen

Regenfälle führte sie sehr viel Wasser, über riesige Findlinge im Flussbett sprudelnd, schäumend und tobend. Baumstämme, von den steilen Hängen losgerissen, wälzten sich in den Fluten, als badeten sie mit höchstem Genuss, blieben hängen, türmten sich auf, wurden von der nächsten Woge weitergerissen hinab ins Tal.

Am nächsten Tag wanderte ich bis zum Abend im Tal der Reuss aufwärts auf der alten Gotthardroute. Mit leichtem Anstieg ging es auf abenteuerlichen Wegen stetig nach oben, mal in halber Hanghöhe, dann direkt am Fluss entlang, über Brücken und schwankende Hängebrücken an Schutznetzen gegen Steinschlag vorbei. Das Rauschen der Reuss erfüllte das ganze Tal. Zeitweilig unterschritt ich kühn geschwungene Autobahnbrücken, deren Fahrbahn in Göschenen in den 16 Kilometer langen Gotthardtunnel mündet.

Lange Fahrzeugkolonnen krochen Richtung Süden. Manchmal erschien es mir, als käme ich schneller voran als sie. Ich dachte an Reisende aus früheren Jahrhunderten, wie beschwerlich das Vorankommen damals gewesen sein mochte.

Auf der gegenüberliegenden Hangseite blitzten über Viadukten, Tunneln, Kehren und Schleifen die Gleise der Bahn. Welch eine Ingenieursleistung und welch eine schwere und gefährliche Arbeit hatten die Menschen hier schon vor über hundert Jahren geleistet. Und erst recht am Gotthard, der mir ja noch bevorstand und an den ich mit Herzklopfen dachte.

Über schmale Pfade, an kleinen Höfen vorbeiwandernd kam ich am späten Nachmittag aus dem wildromantischen Tal auf die alte Passstraße und erreichte Göschenen, wo ich am nächsten Tag Sigrid vom Bahnhof abholen sollte, für die letzte Etappe, die wir gemeinsam wandern wollten.

In diesem Bergdorf einen Zeltplatz zu finden, erschien mir aussichtslos. Gasthäuser gab es einige im Ort, doch würde ich mir ein Zimmer leisten können?

Das erste Mal auf meiner Wanderung entdeckte ich vor einem Wirtshaus eine große Tafel, wo die Zimmerpreise mit Kreide aufgeschrieben waren. Erstaunlicherweise erschwinglich! Es war sogar noch ein Zimmer frei. Erleichtert quartierte ich mich ein und stellte dann fest, nicht genügend Bargeld bei mir zu haben. Der letzte Geldautomat, an dem ich am Vormittag etwas abheben wollte, hatte meine Karte nicht akzeptiert.

»Gibt es hier einen Geldautomaten?«, fragte ich den Wirt.

»Nein, hier nicht, aber in W.«

»Den kenne ich schon«, erwiderte ich, »der streikt.«

»Hm«, machte der Wirt und fuhr sich mit der Hand durch die dichten braunen Haare. Und noch einmal »Hm.« Dann sagte er »In Andermatt gibt es einen.«

»Wie weit ist es bis dorthin?«

»Zehn Kilometer.«

»Oje«, entfuhr es mir. So weit würde ich es heute nicht mehr schaffen. Ich war recht müde, und morgen würde Sigrid in Göschenen ankommen. Zu dem Geldautomaten müsste ich zuerst nach Andermatt und dann wieder zurück, zwanzig Kilometer bergauf, bergab, nein, das würde ich jetzt nicht mehr schaffen.

»Also«, sagte der Wirt und fuhr sich noch einmal durch die Haare, »draußen vor der Tür steht mein Wagen. Ich fahr Sie nach Andermatt. Ihr Gepäck können Sie hierlassen.«

Ich bedankte mich herzlich und nahm gern Platz in dem Geländewagen. Die Sonne hatte sich aus dem Tal verabschiedet, aber die Berggipfel waren in goldenes Sonnenlicht gehüllt. Wie flott und bequem ging es die vielen Serpentinen hoch, durch Tunnel und unter Lawinendächer, da hätte ich zu Fuß einen weiten Weg zu bewältigen gehabt. Nach sportlicher Fahrt – der Wirt kannte die Strecke wie seine Westentasche – gelangten wir auf die Hochebene.

Strahlender Sonnenschein, alle Wolken hatten sich verzogen, der Himmel klar und blau. Andermatt ist ein sehr schöner Kur- und Wintersportort mit einem Geldautomaten, den der Wirt zielsicher ansteuerte. Als ich Geld abgehoben hatte, fragte mich der Wirt, ob ich einiges Wissens- und Sehenswerte erfahren wollte. Natürlich wollte ich! So unternahmen wir eine ausgedehnte Stadtrundfahrt, die der Wirt mit unterhaltsamen Anekdoten aus der Stadtgeschichte kurzweilig gestaltete. Ich versuchte mir so viel wie nur möglich zu merken, um Sigrid damit zu überraschen.

Auf der Rückfahrt holte uns der Schatten ein – im Tal brannten schon Lichter. Ich bedankte mich herzlich bei dem Wirt, der mich bat, pünktlich im Speisesaal zu erscheinen. Nach einer ausgiebigen Dusche freute ich mich dann auch sehr auf etwas Essbares. Ich hatte großen Hunger. Im Speisesaal saßen nur wenige Gäste, die von einem Kellner bedient wurden. Mich bediente der Wirt persönlich. Kam immer wieder zu mir, fragte, was ich gerne hätte, ob alles zu meiner Zufriedenheit sei und was ich trinken wollte.

»Was können Sie denn empfehlen?«

»In Graubünden bauen wir auch Wein an!«

»Das würde mich interessieren. Ich komme ja selbst aus einer Weingegend. Da täte ich doch gern ein kleines Gläschen probieren.«

Der Wirt zwinkerte mir zu und stellte dann eine ganze Flasche auf den Tisch. »Das ist ein guter Tropfen«, pries er ihn an, »den trink ich auch sehr gern.«

Oje, dachte ich. Oje, was wird das kosten. Doch ich wollte die Flasche nicht zurückweisen, der Mann war so herzlich und grundsympathisch. Der Wein schmeckte vorzüglich, doch in meinem Hinterkopf ratterte die Rechenmaschine. Auch das Menü schmeckte sehr gut, und ich wurde rundum satt und fühlte mich sehr behaglich und zufrieden. Lange blieb ich an meinem Tisch sitzen, sah dem Gastbetrieb zu. Doch die wachsende Rechnung ließ mir keine Ruhe, und so fragte ich den Wirt, was ich schuldig sei für dieses gute Essen und Trinken. Der Wirt schaute mich an, lächelte.

»Nichts.«

»Das geht nicht«, widersprach ich.

»Das geht sehr wohl.«

»Aber Sie haben doch Unkosten«, versuchte ich es noch einmal.

»Ich bin hier der Chef!«

Da fiel es mir leicht, danke zu sagen, und sehr gerührt und reich beschenkt ging ich auf mein schönes kleines Zimmer unter dem Dach.

Fünfundfünfzig

Mit Sigrid im Stroh

Die Strada alta gilt als eine der schönsten Wanderstrecken Europas, und es freute mich, sie mit meiner Sigrid kennenzulernen.

»So viel Urlaub wie in diesem Jahr hab ich mein Lebtag noch nicht gehabt«, begrüßte meine Frau mich am Bahnhof von Göschenen.

Natürlich verschmähten wir die Bergbahn nach Andermatt. Ehrensache, dass wir den steilen Anstieg zu Fuß bewältigten. Wir liefen über die kühn geschwungene steinerne Häderlinsbrücke, früher die Grenze der Wegepflichten zwischen den Urner und Andermatter Säumen, und gelangten auf den alten Saumpfad, der mal schmal, mal breit im Tal der Reuss verläuft. Durch die enge Schöllenenschlucht erreichten wir den Anstieg Richtung Andermatt.

Seit vielen Tagen war ich auf diesen Anstieg nach Andermatt und weiter zum Gotthardpass gespannt. Würde ich den Weg körperlich schaffen, trotz des fehlenden Sauerstoffs im Blut? Würde ich den Gotthard schaffen trotz meines Krebses? Ich hatte schon so viel geschafft … doch die großen Herausforderungen, die begannen nun. Schweiz und Italien. Jetzt wurde es ernst. Jetzt ging es ans Eingemachte, wie man so schön sagt, und ich war gespannt, wie viel Eingemachtes ich noch an Reserven hatte. Sigrid ging neben mir. Allein dies schenkte mir Kraft und Zuversicht.

Hoch oberhalb der tosenden Reuss erreichten wir den engsten Teil der Schlucht und liefen dort über die 1830 erbaute Teufelsbrücke, bis schließlich im Schein der Abendsonne Andermatt vor uns lag. Mit meiner Sigrid.

Einen Platz für das Zelt fanden wir leider nicht, und so angestrengt wir auch rechneten – eine Übernachtung im Gasthaus war nicht erschwinglich. Unterkünfte hätte es genug gegeben, doch die Preise waren … schweizerisch. Sigrid riss die Augen auf. So hatte sie sich das nicht vorgestellt.

»Da siehst du mal!«, konnte ich mir nicht verkneifen, und Sigrid nickte.

Wir wanderten weiter in südlicher Richtung auf dem Reussdamm, rechts von uns im Abendlicht das 3059 Meter hohe Müeterlishorn.

Von weitem sahen wir zwei Häuser mit Stallungen und entdeckten beim Näherkommen ein Schild: Strohlager für Wanderer.

Was günstig klang, hatte einen stolzen Preis: 25 Euro plus

Frühstück wollte der Besitzer dieser rustikalen Unterkunft. Wir einigten uns auf 20 Euro. Ohne Frühstück.

Ein kräftiger Ammoniakgeruch stach uns in der Herberge in die Nasen, das Licht ließ sich nicht einschalten, eine schwache Funzel brannte an der Stalldecke. Wir waren nicht die einzigen Lebewesen in dieser Herberge. Links und rechts eines schmalen Mittelweges auf jeder Seite sechs Pferde. Große, prachtvolle Tiere mit langen Mähnen. Aus ihrer Nachtruhe aufgeschreckt sahen sie uns neugierig aus ihren großen braunen Augen an. Manche scharrten mit den Hufen, andere schnaubten. Ein kräftiger Brauner schüttelte den Kopf, dass seine Mähne flog, und bleckte dann auch noch die Zähne. Unheimlich sah das aus im Zwielicht.

Die Treppe zum Strohlager befand sich auf der anderen Seite des Stalls. Wir mussten also durch das Spalier der Pferde. Die streckten ihre Hälse lang, von beiden Seiten wurden wir beschnuppert, weiche Mäuler kamen näher, hochgezogene Oberlippen über langen gelben Zähnen suchten nach Zuckerstückchen, fanden nichts, knabberten ein wenig an Sigrids Schulter. Die hielt die Luft an und ging tapfer weiter, wenn auch mit weichen Knien.

Über eine steile Holztreppe erreichten wir schließlich das Strohlager und mussten dann noch eine schwere Falltüre aufdrücken, die nur unwillig mit lautem Knarren nachgab. Endlich standen wir auf dem Dachboden. Durch zwei kleine Fenster fiel fahles Licht herein, Spinnweben an Balken und Decken. Über die Länge des Raumes erstreckte sich eine niedrige Holzbrüstung, dahinter bis zu einem Meter hoch Stroh. In einer großen Holzkiste lagen Decken. Der Dachboden bot Platz für mindestens zwanzig Wanderer.

Wir freuten uns, dass wir an diesem Abend die Einzigen waren und hatten viel Spaß, denn kaum lagen wir in den Schlafsäcken, versanken wir auch schon in dem locker aufgeschütteten Stroh und kamen nicht mehr hoch. Sigrid musste ich einmal sogar ausgraben, nur ihr Kopf spitzte noch hervor, was uns zusätzlich erheiterte. Diese Fröhlichkeit schenkte mir neue Zuversicht, den Gotthard zu schaffen … morgen …

Sechsundfünfzig

Der Gotthard

Morgengeräusche: Heu aus Krippen gerupft, malmende Zähne, ab und an ein Schnauben. Erste Sonnenstrahlen über das Chastelhorn, hellblau der Himmel, keine Wolke in Sicht, nur ein wenig Nebel, hauchzart über der Hochebene und dem Reussdamm. Sigrid und ich folgten einem alten Säumerpfad zum Mätteli auf 1790 Meter, wanderten weiter zum Brüggloch und schließlich unter der Passstraße hindurch über die Grenze zwischen den Kantonen Uri und Tessin.

Unzählige Pfützen, die wir, von einer Steinplatte zur nächsten hüpfend, übersprangen, säumten unseren Weg. Über große Steinblöcke gelangten wir zum alten Gotthardweg, wo wir einen herrlichen Blick genossen auf weite Almen vor uns und links und rechts die schroffen Felsen des Winterhorns und des Blaubergs.

Eine Gruppe Radfahrer in bunten Trikots quälte sich die Passstraße hinauf, zu stolz, um zu schieben, und vielleicht von der Vorfreude auf die Abfahrt nach Airolo motiviert. Und auch ich war voller Vorfreude. Ungeahnte Kräfte wohnten in meinen Beinen, und ich staunte, wie gut sie liefen, wie gut es mir ging. Alle Bedenken der letzten Woche waren wie fortgeblasen, ich freute mich mit Sigrid an meiner Seite und spürte große Zuversicht, dass ich den Gotthard schaffen würde, nicht er mich!

Plötzlich schallendes Hufegetrappel. Hörnerklang durch die weite Bergwelt, von den hohen Felswänden zurückgeworfen, der blaue Himmel, die Berge.

»Was ist denn das?«, fragte Sigrid mich.

Ich zuckte mit den Schultern. Nichts zu sehen.

Bis plötzlich zwei schwarze wippende Hüte als scharfer Kontrast zum Himmel auftauchten. Größer und deutlicher wurden die Hüte, zwei von der frischen Luft gerötete Gesichter erschienen, dahinter Aufbauten mit Kisten und Taschen. Hufgeklapper, Wiehern und Schnauben, immer größer wurde das Gefährt, und dann trabte Historie pur auf uns zu: drei Schimmel und dahinter zwei Rappen angeschirrt und mit langen Riemen vom Kutscher hoch auf seinem Bock geführt.

Die Kutsche

Imposant in seinem weißen Hemd und dem roten Wams, neben sich auf dem Bock eine ansehnliche Begleiterin im gleichen Gewand, die immer wieder in ein goldfarbenes Horn stieß. Sigrid und ich am Straßenrand kamen uns vor wie träumend. Die Passagiere der gelbschwarzen Kutsche mit den roten Seitenstreifen grüßten fröhlich, auch sie in historische Gewänder gekleidet.

Lange noch hörten wir das Klapp-klapp-klapp der Hufe, das früher zum Leben der Menschen hier gehört hatte. Erst 1921 fuhr die letzte Pferdepostkutsche über den Gotthardpass. In der Stille, die auf die historische Kutschfahrt folgte, klangen die Rufe der Bergdohlen lauter als zuvor. Greifvögel im Gleitflug zogen Kreise und Bahnen. Der Himmel ein einziges Strahlen.

Windung um Windung wanderten wir höher. Riesige Felsen türmten sich vor uns auf, von der Eiszeit glattgeschliffen, fast poliert, mit feinen Streifen wie marmoriert. Kleine Bergseen, azurblau und smaragdgrün, schließlich der angestaute Lago di Lucendro. Über allem thronte der Monte Prosa mit seinem 2737 Meter hohen Gipfel.

Und dann hatte ich … hatten wir es geschafft. Geschafft! Oben! Eine tiefe und stille Freude erfüllte mich. Ich gab Sigrid die Hand gratulierte ihr und nahm sie dann fest in die Arme. Mutig und zäh hatte sie mich begleitet, und ich war mächtig stolz auf sie. Zusammen standen wir am höchsten Punkt des E1: auf 2091 Metern Höhe. Wir feierten diesen Gipfel anschließend in Ospizio mit Lambrusco und Spaghetti. Am Nebentisch »unserer« Trattoria saßen die Gäste der historischen Kutschfahrt.

Mit Sigrid am Gipfel

In diesem Jahr jährte sich zum 125. Mal der Durchbruch des Gotthard-Eisenbahntunnels. Leicht und schnell kommen die Menschen seither vom Norden in den Süden oder andersherum. Die Kutsche als alltägliches Transportmittel hat ausgedient. Dennoch erinnert man sich hier noch gern an diese Zeiten, als die Überquerung des Gotthards ein Abenteuer war. Und auch ich erinnerte mich gern an diese Zeiten, von denen ich gelesen hatte, und es erfüllte mich mit Freude, die Wege von damals mit meinen eigenen Füßen zu bewältigen, anstatt den Pass im Auto zu überqueren. Ich wanderte sozusagen auf Goethes Spuren seiner italienischen Reise und konnte nachempfinden, wie ihn der Zauber dieser

Landschaft beeindruckte, wenn mir auch die rechten Worte dafür fehlten. Dreimal hat Goethe den Gotthard überquert. Mir genügte einmal! Viele Jahrhunderte lang gingen die Menschen zu Fuß über die Berge. Der Sankt-Gotthard-Pass war lange Zeit die wichtigste Nord-Süd-Verbindung über die Alpen – auch für Pilger! Das Gotthard-Hospiz bot schon im 12. Jahrhundert Herbergsmöglichkeiten für Pilger auf dem Weg nach Rom. Pilger wie mich.

Ich spürte es immer deutlicher. Als Wanderer war ich gestartet. Gewandelt hatte ich mich Schritt für Schritt. Als Pilger würde ich Rom erreichen. Wenn ich Rom erreichte.

Über die alte Passstraße wanderten Sigrid und ich zum Val Tremola, dem Tal des Zitterns. In zahlreichen Kehren windet sich die gepflasterte Straße hinunter ins Tal des Ticino. Der Fußweg ist steil und gefährlich, kreuzt die Passstraße oft und führt auch über kleine Almwiesen.

Mit allen Fasern meines Körpers spürte ich den Süden. Die Luft ganz anders, so weich und mild, auch die Gerüche und der Himmel, dieser südliche Himmel. Schritt für Schritt nahm ich diesen Süden in mir auf, immer mehr Süden und Sigrid an meiner Seite.

Siebenundfünfzig

Strada alta

Viele Stunden wanderten wir mit weitem Ausblick hinunter zum Ticino ins Valle Leventina nach Airolo und sahen aus dieser Perspektive den geschwungenen Lauf der Autobahn, die tief aus dem Innersten des Gotthard-Massivs immer neue blitzende Karossen ans Tageslicht spuckte, wie auf einem Fließband.

In Airolo war Zelten nicht möglich, so nahmen wir Quartier in einem italienischen Gasthaus, wo wir diesen Tag in Ruhe ausklingen ließen und den nächsten Tag mit Zuversicht begannen.

Neugierig spazierten wir nach einem ausgiebigen Frühstück durch die gerade erwachende Stadt. In Airolo beginnt einer der schönsten Wanderwege von Europa die Strada alta. Wie gut passten die morgendlichen Impressionen zu unserer Freude auf den neuen Tag: Geschäftsleute öffneten ihre Läden, fegten die Straße vor ihrem Laden, besprengten das Pflaster mit Wasser, bereiteten den Boden für einen schönen neuen und heißen Tag.

Nach ein paar Stunden waren wir hoch über dem Valle Leventina, und hoch stand unsere Stimmung im herrlichen Sonnenschein. Ein paar feine Federwolken sorgten für Abwechslung und ließen das tiefe Blau noch intensiver erscheinen. Es konnte gar nicht schöner sein. Durch dichte Kastanien- und Kiefernwälder schlängelte sich unser Saumpfad, mal steigend, mal fallend am Berghang entlang. Es war warm. Und wärmer. Wurde heiß. Sehr heiß. Überall auf den Wiesen grünte und blühte es, schier unerschöpflich die Kraft des Lebens.

Oft durchwanderten wir kleinere und größere Bergdörfer, reich geschmückt die Häuser. Geranien, Petunien und farbenprächtige Hängenelken wetteiferten mit ihrer Schönheit. Dunkle Holzhäuser mit Dächern aus Steinplatten, häufig vorbildlich renoviert, bildeten die beeindruckende Kulisse auf dieser Bühne atemberaubender Bergwelt. Viele der Häuser dienen jetzt als Ferien- und Wochenendunterkünfte oder Altersruhesitze. Im Volksmund wird das Tessin auch Altersheim der Schweiz genannt.

Ein Bergbauer und seine Frau schenkten uns Ziegenkäse und Brot und luden uns ein, eine Zeitlang bei ihnen zu verweilen, wo wir inmitten frei laufender Ziegen Lebensgeschichten austauschten. Wir bekamen auch frisches Quellwasser mit auf unsere weitere Wanderung.

Bei dieser Hitze hatten wir häufig Durst. Zum Glück gab es in jedem Dorf einen Brunnen, und so mussten wir keinen Wasservorrat tragen, sondern konnten immer wieder frisches Wasser auffüllen.

In einigen Orten, die wir durchwanderten, waren uns Plakate aufgefallen, die ein großes Blaskonzert in einem benachbarten Ort ankündigten. Zufällig gelangten wir am richtigen Tag zur richtigen Zeit in ebendieses Dorf.

Vor einer kleinen Dorfkirche packten die Mitglieder der Kappelle auf einem schmalen Vorplatz ihre Instrumente aus und stimmten sie: Trompeten, Posaunen, Pfeifen, Flöten, Klarinetten, Trommeln – seltsame Geräusche in den Bergen, fast wie in einem Orchestergraben.

Sigrid und ich setzten uns wie so viele andere Zuhörer auf eine Steinmauer, froh, das Gewicht der Rucksäcke für eine Weile los zu sein. Doch dann dauerte uns die Pause zu lang. Immer wieder sah es aus, als würde das Konzert nun endlich beginnen – und begann dann doch nicht. Der Dirigent sprang einmal hierhin, dann dorthin, wie ein Hütehund seine Herde, so umkreiste er die Kapelle. Notenständer fielen um, dann sollte es losgehen, aber irgendetwas mit der Pauke passte nicht, wieder eine Verzögerung.

»Das wird heute nichts mehr«, befürchtete Sigrid und wollte weiter.

»Wart noch ein bisschen«, bat ich sie.

Während wir warteten, hatten fleißige Frauen Klapptische am Eingang der Kirche aufgestellt und zauberten aus Kisten, Körben und Schüsseln ein reichliches Buffet.

Der Herrlichkeiten ansichtig geworden, lief mir das Wasser im Munde zusammen, doch diese Tische waren nicht für uns gedeckt. Also konnten wir tatsächlich weiterwandern. Dies wollte ich Sigrid gerade vorschlagen, als der Dirigent das lang ersehnte Zeichen gab. Kräftig bliesen Männer mit Trachtenhüten in ihre Instrumente, die Backen immer runder und roter.

Nach einer Viertelstunde verschwanden die Instrumente blitzschnell in den Koffern, Notenständer wurden zusammengeklappt, und im Eilschritt hasteten die Männer zum Kirchenvorplatz und den dort ausgestellten Köstlichkeiten des kalten Buffets. Hier wurde nicht geübt, sondern gleich kräftig zugegriffen.

Sigrid und ich konnten kaum glauben, dass dies das ganze Konzert gewesen sein sollte – bei diesem Werbeaufwand! Ich fragte einen Passanten, ob das Konzert tatsächlich zu Ende sei. »Musik fertig, jetzt feiern!«, erhielt ich zur Antwort.

Weggefährten

Eine Feier, die ohne Sigrid und mich stattfand. Wir zogen weiter durch herrlich schattige Kastanienwälder. Die Halsglöckchen halbwilder Ziegenherden, die wir von irgendwoher hörten, machten keine Pause, konzertierten ohne Unterlass, doch wir sahen lange Zeit keine einzige Ziege.

Oberhalb von Vigera schlugen wir auf einer Almwiese unser Zelt auf und genossen noch lange eine wunderbare Fernsicht in die Tessiner Bergwelt.

Auch der nächste Tag war angefüllt mit herrlichen Impressionen auf der Strada alta. In Halbhöhenlage ging es zügig voran. Mittags rasteten wir unter einer Gruppe von Bäumen auf einer Almwiese, als plötzlich rechts und links von uns Schüsse knallten.

»Deckung! Deckung!«, rief ich Sigrid zu, und wir warfen uns beide auf den Boden, lagen heftig atmend flach an die Erde gepresst. Ich fühlte mich wie in meiner Bundeswehrzeit. »Kopf unten lassen, Sigrid!«

Und dann griffen sie auch schon an, umzingelten uns, ein, zwei Dutzend Schweizer Soldaten. Wir waren mitten in eine Übung geraten. Mit spaßhaft erhobenen Händen ergaben wir uns, was die Soldaten nicht beeindruckte, mit Platzpatronen schießend, springend, Deckung suchten, rannten sie einfach an uns vorbei und verschwanden einem unsichtbaren Feind hinterherhetzend im Wald.

Der Trupp war schon ein paar Minuten verschwunden, als drei Fußkranke hinterherhumpelten – die Einzigen übrigens, die uns Beachtung schenkten, sogar einen Gruß herüberriefen.

Gegen Abend entdeckte ich eine kleine Quelle und ein paar hundert Meter davon entfernt eine alte Holzhütte. Ich öffnete die Tür, Sigrid warf einen Blick ins Innere der Hütte, schüttelte den Kopf und sagte: »Nein! Da geh ich nicht rein!«

Über ihre Schulter schaute ich in den Stall und verstand. Da würde ich auch nicht schlafen wollen. Mindestens zwanzig Zentimeter hoch lag der getrocknete Mist von Ziegen und Rindern.

»Wo Tiere sind, ist auch Heu«, dachte ich laut und fand die Tür zum Stadel. Doch dieser Heustadel war eher eine Gerümpelkammer. Immerhin fand ich eine alte Fünfliter-Milchkanne, mit der ich an der Quelle Wasser holen konnte für eine überfällige Rasur.

Als wir unser Zelt aufgeschlagen hatten, war der Mond

über die Gipfel der Berge geklettert und tauchte Bäume und Wiesen und die Milchkanne in sein silbriges Licht.

»Viel schöner als drinnen!«, seufzte Sigrid, und wie meistens war ich einer Meinung mit meiner Frau.

Achtundfünfzig

Südliche Sonne

Von Tag zu Tag wurde die Luft wärmer, ab Mittag war es richtig heiß und wir gewöhnten uns italienische Sitten an und rasteten mittags länger. Das Laufen in der Hitze mit dem Gepäck war sehr anstrengend für mich. Sigrid hingegen lief wie ein gutgeschmiertes Rädchen, was mich mit großem Stolz auf meine Frau erfüllte.

Der Weg nach Biasca war zäh und beschwerlich, führte über Felswege und durch versiegte Wasserschluchten. Zuerst liefen wir lange bergauf, dann kletterten wir am Rande steiler Feldwände über Geröll und hohe Stufen, teilweise auch über umgestürzte Baumriesen, bergab. Fast drei Stunden dauerte dieser Abstieg.

Dem Stadtkern von Biasca näherten wir uns auf vielen Kilometern Asphalt, der die brütende Hitze gespeichert hatte und sie großzügig abstrahlte. In einem kleinen Park aßen wir unseren Proviant und rasteten, ehe wir am Nachmittag weiterwanderten, vorbei an einem 80 Meter hohen Wasserfall, der von dem kleinen See Carigiolo gespeist wird. Es war immer noch sehr warm, aber nicht mehr so heiß, als wir aufbrachen, immer neben dem Ticino.

Plötzlich endete unser Weg. Ein Zeichen hatten wir schon lange nicht mehr gesehen. Wir waren gefangen zwischen Autobahn, Eisenbahnlinie und Ticino. Und nun? Alles wieder zurück? Schon ab Biasca hatten wir den richtigen Einstieg nicht gefunden. Ich hatte geglaubt, irgendwie würde es schon gehen.

»So, hast du geglaubt«, sagte Sigrid.

»Oft funktioniert das«, verteidigte ich mich.

»Ja, oft«, sagte Sigrid.

»Also auf ins Abenteuer«, gab ich mich zuversichtlich, und abenteuerlich gestaltete sich unsere Route nun allemal. Wir liefen neben Bahngleisen her, wagten uns über eine Eisenbahnbrücke und wateten unter der Autobahnbrücke am Ticino entlang – als wollten wir aus zwielichtigen Gründen keine Spuren hinterlassen.

Spät am Abend landeten wir schließlich in einer Fernfahrerkneipe. Viele verschiedene Sprachen schallten durch den Raum, es war laut und verraucht, und manche der Gestalten, die hier mit heiseren Stimmen ihre Bestellungen in die abgestandene Luft riefen, machten einen finsteren Eindruck auf mich. Schnell aßen Sigrid und ich unsere belegten Brote, tranken jeder ein Glas Bier dazu, und dann nichts wie weg.

Nach einigem Suchen fanden wir auch unsere Markierung wieder und stellten unser Zelt auf eine herrlich duftende frischgemähte Wiese – in unmittelbarer Nähe unseres Wanderwegs, damit er uns ja nicht davonlief über Nacht.

Früh am Morgen weckte uns lautes Brummen, ich kroch aus dem Zelt und sah einen Hubschrauber, der Teile eines Gittermastes zum Berghang flog. Dort setzte er seine Last ab, stieg wieder hoch und holte von irgendwoher das nächste Teil – wie ein zuverlässiger, fliegender Arbeitselefant.

Stunde um Stunde liefen Sigrid und ich am Ufer des Ticino entlang. Die Sonne stach vom Himmel. Was ich früher zu viel an Regen abbekommen hatte, bekam ich nun im gleichen Verhältnis an Sonne, und zuweilen sehnte ich mich nach einem kühlen Guss.

Erschöpft erreichten wir die Hauptstadt des Tessins, Bellinzona, und nahmen dort in der Nähe des Bahnhofs ein Zimmer. Nachdem wir unsere Wäsche gewaschen und uns frisch gemacht hatten – kalte Dusche lautete die Sehnsucht, nicht wie in der Vergangenheit so oft: heiße Dusche! –, besichtigten wir die Stadt.

Die Burgen von Bellinzona, umgeben vom Gotthar-Massiv, sind von der UNESCO als Weltkulturerbe benannt. Sigrid und ich freuten uns, ohne Gepäck zum Castelgrande zu steigen und dort die herrliche Aussicht über Stadt, Tal und die Berge bis zum Horizont zu genießen.

Auf dem Weg zurück in unser Quartier kam ich auf die Idee, mir die Haare schneiden zu lassen. Lang hatten die Läden hier geöffnet – und vielleicht würde ich frisch geschoren weniger schwitzen. Meine Bedenken, wie ich einem italienischen Friseur erklären sollte, was ich wollte, erwiesen sich als überflüssig, viele Menschen in der Stadt verstanden Deutsch.

Es wurde dunkel, und wir wollten in unser Quartier – doch wir hatten die Rechnung ohne den Wirt gemacht, der in Gestalt Hunderter von Menschen auf der Straße erschien, kaum war die Sonne untergegangen. Wo kamen die denn alle her? Hier wurden die Bordsteine abends nicht hochgeklappt, nein, hier wurden sie runtergeklappt. Alle Straßen und Gassen voll mit Menschen, in allen Bars und Restaurants reges Leben, Lachen und Singen und Knattern und Hupen.

Ganz verzaubert von der südlichen Atmosphäre setzten wir uns an den Rand eines Brunnens und schauten und staunten.

»Das ist wie Italien«, sagte Sigrid.

»Mitten in der Schweiz«, ergänzte ich.

Am nächsten Morgen verließen wir Bellinzona und den Tecino, wanderten lange durch die Außenbezirke der Stadt, über die Ausfallstraßen, bis es links hoch in die Berge ging, immer aufwärts nach Camorino – und wieder einmal fehlte die Markierung.

Nun ging es ordentlich zur Sache, hinein in die Berge ins Hinterland. Die Wanderwege waren zum Teil in einem sehr schlechten Zustand und stellenweise sogar gefährlich.

Weil ich diesmal vornweg lief und den richtigen Weg verlor, Sigrid aber auf diesem blieb, trennten wir uns, ohne es sofort zu merken. Ich wartete längere Zeit – wer nicht kam, war Sigrid. Allmählich machte ich mir Sorgen – denn ich wähnte mich auf dem richtigen Weg. Sigrid tauchte nicht auf. Wo war sie? Gestürzt? Hatte sie sich verlaufen? War ihr übel?

Da fiel mir meine Trillerpfeife ein. Ich setzte sie an die Lippen und blies, was meine Lungen hergaben. Ein schrilles Gellen, einmal, zweimal, dreimal … da hörte ich Sigrid antworten, hoch über mir – ich pfiff weiter –, und nach einer Weile sah ich die kleine geliebte Gestalt quer über eine Almwiese laufen.

Unser Wiedersehen feierten wir bei Murice in einer Almhütte. Der vom Senner selbstgemachte Ziegenkäse war sehr gut – und sehr teuer!

»Wenn wir das vorher gewusst hätten«, seufzte Sigrid. »Wir müssen immer vorher fragen, was die Sachen kosten!«

»Hauptsache, wir haben uns wiedergefunden«, erwiderte ich und drängte zum Aufbruch.

Viele verlassene Bergdörfer säumten unseren weiteren Weg, und oft hörten wir die Herden halbwilder Schweine, die in den Bergen frei herumlaufen … bis zum Herbst, wenn die Jäger kommen.

Oberhalb von Tesserete schlugen wir auf einer Wiese unser Lager auf und befanden uns am nächsten Tag schon auf dem Anmarsch Richtung Lugano. Die Markierung war mehr als dürftig, aber der Weg durch diese großartige Landschaft entschädigte uns für vieles.

Auf der Ostseite des San Clemente an einem Brunnen vorbei gelangten wir zur Einsiedelei San Bernardo und von hier über die Salita delle Capelletta nach Porza. Und dann lag er vor uns. Der Luganer See.

Wir verschnauften eine Weile und genossen den Anblick, die Milde der Luft und die friedliche Schönheit des Südens. Wir waren beide neugierig auf Lugano und beschlossen, unser Gepäck am Bahnhof in ein Schließfach zu sperren.

Es ist jedes Mal faszinierend, wenn man von der Stille der Wanderung zurück in die Zivilisation kehrt. Vor wenigen Stunden noch zu zweit in der menschenleeren Bergwelt, sahen wir nun Menschen, so weit das Auge reichte. Hetzende und flanierende, in Cafés und Autos, auf Fahrrädern und Mopeds, in Anzügen und Sommerkleidern, essend und redend, mit Hüten und Kinderwägen, Menschen, Menschen, Menschen. Wo kamen die nur alle her – und wo wollten die hin!

Und wir selbst? Eine Pension in Lugano hätten wir uns nicht leisten können, doch wir leisteten uns, weil es schon spät war, und wir den dreistündigen Aufstieg auf den San Salvatore nicht im Dunkeln bewältigen wollten, die Bergbahn zur Gipfelstation.

Vom Ausstieg hatten wir nur noch fünfzehn Minuten zu gehen – dann standen wir hoch über Lugano und dem Luganer See. Auf einer kleinen Felsplattform legten wir unsere Matten aus, in der Mitte zwischen den beiden Lichtermeeren der Stadt und der Sterne.

Tief unten der Luganer See mit seinen beleuchteten Schiffen, an den Uferstraßen die Lichterketten der Autos, und überall dazwischen und drum herum die flirrenden Lichter der Stadt. Die warme Luft strich die Felsen hoch, ein leichter Wind kam auf, in der Ferne blitzte Wetterleuchten.

Sigrid und ich waren rechtschaffen müde, doch die Sterne und die Lichter, die laue Luft und der Süden ließen uns lange nicht schlafen, keinen Augenblick wollten wir verpassen von dieser Nacht.

Neunundfünfzig

Schweiz, ade

Sehr früh am nächsten Morgen stiegen wir über zum Teil schlechte Wege nach Ciona hinab. Weiter zu dem malerischen Bergort Carona und von dort durch dichten Kastanienwald nach Morcote, einem kleinen Bergdorf am Luganer See.

Hier hatte unsere Tochter Birgit in einem schönen Hotel direkt am See ein Zimmer für uns gebucht. Welch ein Luxus, keine Gedanken daran verschwenden zu müssen, wo wir die nächste Nacht verbringen würden! Ein wenig getrübt wurde unsere Stimmung vom nahen Abschied. Sigrid wäre sehr gern weiter mit mir gelaufen – doch das gestattete unsere Reisekasse nicht, die schon längst mit roten Zahlen mahnte. Einer allein unterwegs war teuer genug. Zwei waren nicht finanzierbar, beim besten Willen nicht.

Hätten wir zu diesem Zeitpunkt gewusst, womit ich in Italien zu kämpfen haben würde, wären wir vielleicht beide froh gewesen, Sigrid dies ersparen zu können – nachher ist man immer klüger.

Es gelang uns, die Traurigkeit zurückzudrängen und die

Freude über das Wiedersehen mit unseren Töchtern in den Vordergrund zu rücken. Zwei Tage lang wollten wir gemeinsam die Gegend erkunden. Zwei unvergesslich schöne Tage, an denen ich mir oftmals wünschte, sie würden nie vergehen.

Abends im Hotelzimmer versuchte Sigrid wieder einmal, mich zur Vernunft zu bringen:

»Komm mit uns nach Hause! Du hast schon so viel geschafft, Kurt!«

»Ja, und ich geh weiter meinen Weg.«

»Du musst doch niemandem etwas beweisen! Jeder weiß doch, dass du es kannst.«

»Ich habe gesagt, ich gehe bis Rom, und genau das werde ich tun.«

»Bis jetzt hast du Glück gehabt. Großes Glück.«

»Warum soll das aufhören?«, fragte ich, obwohl ich selbst lange nicht so sicher war, wie ich vorgab. Der Apennin drückte mir auf die Seele.

»Man soll sein Glück nicht aufs Spiel setzen!«

»Ich werde vorsichtig sein.«

»Überleg es dir, Kurt!«

»Da gibt es nichts zu überlegen.«

»Wir können morgen mit den Kindern nach Hause fahren.«

»Da ist ja gar nicht genug Platz im Auto.«

»Das lässt sich bestimmt einrichten.«

»Nein, Sigrid. Ich geh weiter. Bis nach Rom.«

»Du bist vielleicht ein Dickkopf!«

»Danke, gleichfalls.«

Nachdem wir am ersten Abend die Durchquerung der Schweiz gefeiert hatten, wanderten wir am nächsten Tag durch das wildromantische Verzasca-Tal.

Obwohl wir alle uns lange nicht gesehen hatten und es viel zu erzählen gab, schwiegen wir angesichts der überwältigenden Schönheit der Natur. So grün. So fruchtbar. So unberührt. So einzigartig. Und dann auch noch der Stausee mit der höchsten Staumauer Europas – 220 Meter.

Am nächsten Tag trennten sich unsere Wege. Für immer?

»Wir sehen uns in Rom«, versicherten meine Töchter mir, und ich nickte. Wollte es glauben. Zu gern. Fühlte mich auch zuversichtlich. Gekräftigt von der Liebe meiner Familie und dem Weg, der bereits hinter mir lag.

Meine Töchter hatten mir Hygieneartikel zur Stomaversorgung für zwei Monate mitgebracht, die meine Rucksäcke prall füllten. In Morcote auf dem Markt kauften sie mir einen leichten Strohhut, die Sonne meinte es einfach zu gut.

Auf zu neuen Ufern

Mittags legte meine Fähre von Morcote nach Porto Ceresio ab. Ich stand auf dem Deck der Fähre, winkte meinen Damen am Ufer einen letzten Abschiedsgruß, winkte mit meinem neuen Hut so lange, bis sie eins mit dem Ufer waren und in dem gleißenden Sonnenlicht verschwanden.

Würden wir uns wiedersehen? In welcher Verfassung? Was erwartete mich in dem fremden Land Italien, wo ich noch nie in meinem Leben gewesen war? Würde ich die Berge des Appenins bewältigen? Oder scheitern? Was würde passieren wenn es mir plötzlich schlechtergehen würde … richtig schlecht? Kein Arzt weit und breit. Und nur ein kleines Wörterbüchlein Italienisch-Deutsch in der Tasche.

Doch was sollten diese Gedanken – was wäre, wenn: überflüssig! Es kommt sowieso immer anders, als man denkt, und verlassen kann man sich bloß darauf, dass man sich auf nichts verlassen kann.

Ich schluckte ein paarmal, putzte meine Brille und fixierte die Häuser von Porto Ceresio auf der italienischen Seite des Sees.

Rom, sagte ich vor mich hin. Rom und sonst nichts.

Sechzig

Wie in einer anderen Welt

Doch wo war es … Rom? Die Richtung kannte ich zwar, doch von meiner Markierung weit und breit keine Spur. Flirrend lag die heiße Luft über dem Luganer See, wie ausgestorben der kleine Ort Porto Ceresio. Niemand, den ich hätte fragen können. Siesta. Selbst die Hunde zu faul, ihre Plätze im Schatten zu verlassen und mich anzubellen.

Ich musste nach oben, in die Berge. Doch auf welchem Weg? Endlich, fast am Ortsende, die erste Markierung an einem leerstehenden Haus. Gleich dahinter ging es steil den Hang hoch in den Wald hinein, leider war der Weg gesäumt von allerlei Abfall.

Ich schaute nach vorne und kam allmählich in Tritt nach den drei ruhigen Tagen mit meinen Damen. Jetzt ging es wieder zur Sache, von 272 Metern auf den 1105 Meter hohen Monte Piambello.

Meine Mühsal in der Hitze wurde belohnt mit einem herrlichen Ausblick auf den Luganer See und auf Morcote mit seiner schönen Kirche. Darüber die Kette der Alpen, zum Teil noch schneebedeckt.

Auf steilen, schlechten Wegen stieg ich ab Richtung

Ganna in die Lombardei. Immer wieder stolperte und stürzte ich, mein Gepäck zog mich zu Boden, schwitzend und schnaufend rappelte ich mich hoch, das Wasser rann mir in die Augen, die brannten, die Brille war nun auch feucht, aber diesmal nicht vom Regen. Sollte ich das Laufen verlernt haben in den drei Tagen Pause?

Sehr müde baute ich abends mein Zelt auf und rief zu Hause an. Alle heil angekommen. Eine Sorge weniger.

Am nächsten Morgen adoptierte mich gleich nach dem Aufstehen im Naturpark Campo di Fiori ein beflissener Mückenschwarm. Das Geschwader und seine zahlreichen Verwandten waren überaus besorgt um mein Wohl und sollten mich von nun an viele Tage und Nächte eskortieren, unerbittlich aufmerksam und gnadenlos gierig.

Ich durchwanderte Dutzende kleiner Bergdörfer, wo mir überwiegend alte Menschen begegneten. Es ist traurig, anzusehen, wie Häuser und ganze Dörfer, Heimat vieler Menschen, mehr und mehr verfallen, doch Arbeit gibt es in den Städten, und dorthin zieht es die Jugend.

Meine Route war zum Teil in einem sehr schlechten Zustand, ausgewaschen von den unwetterartigen Regenfällen der letzten Zeit. Sehr langsam und vorsichtig suchte ich meinen Weg – Markierungen fehlten oftmals.

Ein Bauer mit einem altersschwachen grauen Jeep, den ich nach einem Alimentari gefragt hatte, lud mich ein, auf der Ladefläche Platz zu nehmen. Zwischen Äxten und Sägen ging es in rascher Fahrt kreuz und quer durch verwinkelte Gassen, bis wir endlich vor einem winzigen Laden hielten, den ich ohne Hilfe niemals gefunden hätte, so versteckt lag er hinter einem Torbogen. Mit Mühe krabbelte ich wie ein Käfer mit hochaufgetürmtem Panzer aus dem Wagen und bedankte mich herzlich.

Der Bauer lachte mich strahlend an und schaute beifallheischend in die Runde an dem kleinen Brunnen mit einigen Holzbänken, wo sich ein Dutzend Männer und Frauen, die meisten jenseits der 70, versammelt hatten.

Ja, was ist denn das für ein sonderbarer Geselle? Viele Italiener sind neugierig, und wenn sie etwas wissen wollen, dann fragen sie. Zuerst einmal fragten sie allerdings sich selbst. Ein wilder Wortwechsel setzte ein, die Sätze flogen nur so über den Platz. Hände wurden gehoben und geschüttelt, mancher Goldzahn wurde entblößt, und immer wieder wurde ich unverhohlen und freundlich gemustert.

Als ich den kleinen Laden betrat, folgten sie mir alle. Ein großer kräftiger Mann und seine schwarzhaarige hagere Frau, die damit beschäftigt waren, Waren in Regale zu räumen, schauten erstaunt auf den Andrang von Menschen, der durch die Tür in den Laden quoll. Vorneweg ich, bepackt mit zwei Rucksäcken und meinen beiden Stöcken.

Schließlich richtete jemand das Wort an mich. Nein, nicht das Wort, die Wörter. Ich verstand nur Bahnhof. Gern hätte ich etwas erwiderte, doch ich hatte gar keine Gelegenheit, da viele Italiener die Kunst beherrschen, beim Sprechen nicht zu atmen. Dann ergab sich doch eine Lücke. Ich zeigte auf mich:

»Buon giorno, ho vengo dalla Germania, sono Pelegrino Roma, vorrei di pane, Mortadella, Formaggio.«

»Si! Si! Capito! Si!«

Verständnisvolles Nicken antwortete mir, und dann bemühten sich nicht nur die beiden Geschäftsinhaber um mich; die versammelten Einwohner rissen irgendwelche Pakete und Päckchen aus den Regalen und reichten sie mir mit aufgerissen Augen und schmatzenden Mündern. Wenn ich nicht nahm, was mir angeboten wurde, bekam ich es resolut unter den Arm geklemmt oder so lang an die Brust gedrückt, bis ich es nehmen musste. Alle lachten und freuten sich, mir helfen zu können.

Mit meinen beiden Rucksäcken auf den Schultern konnte ich mich eingekeilt zwischen den vielen Menschen in dem kleinen Laden kaum bewegen, ohne befürchten zu müssen, die Regale leer zu wischen. In Windeseile waren zwei Tüten gefüllt, die mir die langhaarige Frau an der Kasse in einen Wortschwall geschnürt reichte.

Ich bezahlte und verließ den Laden unter Applaus, Bravo- und Complimenti-Rufen. Ich kam mir vor wie in einem Theaterstück. Ich wusste ja noch nicht, dass jemand, der eine längere Strecke zu Fuß geht, in Italien Aufsehen erregt.

Stunde um Stunde quälte ich mich den steilen Anstieg zum Fort von Orion empor und erreichte schließlich den Höhenweg mit einer weiten Aussicht in die Lombardei und den Lago di Varese.

Vorbei an einem großen Kreuz führte mich mein Weg zu vielen Gedenksteinen. Gedenksteine waren mir unterwegs schon einige begegnet. Diese hier waren ungewöhnlich: Jeder Stein war zur Erinnerung an eine Waffengattung der italienischen Armee bestimmt, bis zu den Spionen – hier waren sie alle vertreten.

An Bunkeranlagen vorbei, längst von Bäumen und Büschen bewachsen – die Natur heilt alles –, zog sich mein Weg nach oben. Immer wieder herrliche Ausblicke ins weite Land. Am Ende des Hochgrats entdeckte ich eine kleine, von Wind und Wetter dunkelgrau verfärbte Hütte. Ich klopfte an die Tür, hörte etwas, trat ein und grüßte einen älteren Mann mit Glatze.

»Buon giorno, signore vengo dalla Germania«, stellte ich mich vor. Meine Augen mussten sich erst an die Dämmerung gewöhnen.

»Salve. Ho capito«, nickte der Mann, musterte mich prüfend und fasste mich dann am Arm, zog mich durch eine kleine Tür, die ich zuerst gar nicht gesehen hatte, in einen zweiten Raum, wo an einem langen Holztisch ein Italiener etwa in meinem Alter saß. Er konnte ein paar Brocken Deutsch, da er vor vielen Jahren fern der Heimat einige Monate in Dortmund gearbeitet hatte.

In der bescheidenen Hütte gab es bloß Regale, eine Bank, einen Tisch, zwei Stühle, einen Ofen mit Holzvorrat und einiges an Küchengeräten. Alles andere als bescheiden aber war der Inhalt der Regale. Ich kam mir vor wie bei einer Expedition. Mehrere Kanister mit Wasser, zwei Kanister mit Wein, Brot, Salami, Oliven, Mortadella, Käse, Fischkonserven, Öl, Dosen, Suppen, Fertiggerichte, Süßigkeiten und vieles mehr.

Mein Gastgeber war ein pensionierter Polizist und verbrachte den Sommer in den Bergen. Ohne gefragt zu werden, erzählte er freimütig: Zurzeit sei sein Freund zu Besuch. Dieser habe oft Ärger mit seiner Frau, die viel jünger sei als er selbst, aber er habe ja nicht auf ihn hören wollen, jedenfalls könne er jetzt nichts mehr für seinen Freund tun, als ihm hin und wieder Obdach gewähren. Der so gescholtene Freund lachte und unterstrich die Rede des anderen mit weit ausholenden Gesten – gar nicht beleidigt, eher zustimmend – und verzog das Gesicht zu vielerlei Grimassen. Vorne fehlte ihm ein Zahn, ob das wohl das Werk der Gattin war?

Mit einem geheimnisvollen Gesichtsausdruck wurde ich nach draußen gebeten. Meine Rucksäcke hatten mir die beiden schon abgenommen und in einer Ecke verstaut. Wir traten hinaus ins Freie auf eine kleine Plattform. Dort verschlug es mir die Sprache. Ein unbeschreiblich schöner Ausblick über die Lombardei, auf den Lago Maggiore, den Lago Varese, bis in der Ferne den Luganer See.

Nach der gebührenden Bewunderung des Panoramas – bello! fantastico! – wurde ich zurück ins Hütteninnere gebeten. Und dann übertrafen sich die beiden Freunde in ihrer Rolle als Gastgeber. Der eine schenkte Wein und Wasser ein, holte Brot. Der andere nahm von einer Schnur an der Decke eine lange knorrige Salami, aus dem Regal Mortadella, Brot, Käse, Cracker, öffnete eine Dose Tunfisch und begleitete dies alles mit auffordernden Gesten und Lauten. Drei Gläser wurden auf den Tisch gestellt, Oliven in Öl, Knoblauchzehen in Öl, Zwiebeln in Öl. Die beiden Gastgeber überboten sich darin, diese Köstlichkeiten auf mein Brot zu träufeln und gaben keine Ruhe, bis ich bis oben hin voll war.

Immer wieder deutete ich an, dass ich heute noch einen weiten Weg vor mir hätte, bis nach Gavirate oder noch weiter bis Biandromo, und mir der viele Wein schon in den Kopf gestiegen sei – wie sollte ich da den steilen Abstieg schaffen! Die beiden ließen meine Einwände nicht gelten, reichten mir noch ein Brot, träufelten köstliches Olivenöl mit Knoblauch darauf und gossen mein Glas voll.

Auf dem Balkon

Sehr herzlich nahmen wir voneinander Abschied. Vom Wein wunderbar beschwingt musste ich mich stark konzentrieren, um auf dem schlechten Weg hinunter ins Tal nach Gavirate nicht zu stürzen. Immer wieder hielt ich inne, schnaufte durch. Fühlte mich so reich beschenkt und aufgenommen in diesem Land, das gar nicht mehr fremd war, auch wenn ich die Sprache nicht beherrschte. Menschen. Das sind wir doch alle: Menschen.

In der Hölle

Der 120. Tag meiner Wanderung kam mir manchmal vor wie eine Strafe. Und das lag nicht an den Warnhinweisen wegen der Giftschlangen in diesem Naturschutzgebiet des Ticino. Die Luft war voller aggressiver Mücken, bei jeder Pause waren sie überfallartig in Mund, Nase und Ohren, am ganzen Körper zerstochen, eine schmerzende Beule an der anderen. Und das Jucken. Überall und ständig. Fast unerträglich. Was hatte ich mir da angetan!

Mein Trinkwasser aufgebraucht, litt ich unter großem Durst, obwohl ich von Wasser umgeben war. Leider nicht trinkbar, und so ausgedörrt meine Kehle auch schmerzte, durch Schmutzwasser wollte ich meine Wanderung nicht gefährden. Also blieb mir nichts anderes übrig: Für Trinkwasser und Proviant musste ich den Ticino verlassen und ins Landesinnere laufen. So sollte es eine Weile bleiben, dass ich täglich viele zusätzliche Kilometer gehen musste, um Ortschaften zu finden, wo ich einkaufen konnte, einmal sogar 20 Kilometer. Die Hälfte vom Tage vertan und meine tatsächliche Streckenleistung sehr dürftig.

44 Grad Celsius im Schatten zeigte das Thermometer an diesem Tag. Da wunderte mich meine Schlappheit nicht.

Außerdem hatte ich wahrscheinlich kaum mehr Blut im Körper, das hatten die fleißigen, fürsorglichen Mücken längst ihrer hungrigen Brut verfüttert. Ich lief und lief und lief – auch wenn es mehr ein Schleppen war – bis nach 20 Uhr. Wollte diese Strecke durch das verwachsene Naturschutzgebiet hinter mich bringen. Es musste doch auch wieder besser werden. Es musste doch auch Orte geben, an denen Mücken Flugverbot hatten! Orte, an denen sie wenigstens den Anstand besaßen, mich in meinem Zelt in Ruhe zu lassen. Von einem solchen Ort träumte ich wohl in dieser schrecklichen Nacht, wenn mich das hohe Sirren überhaupt einmal zur Ruhe kommen ließ.

Der nächste Tag auf dem Weg am Ticino entlang war noch schlimmer, obwohl ich das nicht für möglich gehalten hätte. Nachfolgend ein Auszug aus meinem Tagebuch, geschrieben am Abend des 121. Tages.

Wetter: Heiß – Heiß
Heute weitergelaufen nach Abbiategrosso, teils durch Flussauen, dann am Fluss entlang, dann wieder Bauernland. Die Wanderroute führt weitab von Dörfern und Städten, schlecht zum Proviantbesorgen. Es ist so heiß, dass ich für meine Stomaversorgung 2 – 3 Basisplatten am Tage brauche, sie schmelzen am Körper, und es ist jedes Mal eine große Sauerei. In den landwirtschaftlich genutzten Flächen überall Kanäle, um zu fluten. Kann dieses Wasser nicht trinken. Großes Problem mit der Trinkwasserversorgung. Habe gegen Abend ein Ristorante erreicht. Etwas gegessen und getrunken. Weitergelaufen und einen Zeltplatz gesucht. Es werden hier hauptsächlich Mais, Reis und Pappeln angebaut. Endlich einen Zeltplatz gefunden. Die Mücken fressen mich auf.

Neuer Tag, neuer Mut. Versuch, aus der Hölle zu entkommen. Wo es einigermaßen möglich war, verließ ich die Wanderroute und suchte meinen Weg über Landstraßen. Dort war es noch heißer, der Asphalt weich und zäh, dafür weniger Mücken und ab und zu ein Lufthauch vorbeifahrender Autos.

Süden. Das war alles, was ich wusste. Süden. Meine einzige Konstante. Keine Markierung. Zu wenig Orte zur

Orientierung. Kilometerlang Reisfelder in der Ebene. Herrliche Brutgebiete für Mücken. Mücken. Mücken. Immer neue Mückenschwärme. Hatten nicht nur das Blut aus mir gesaugt, sondern auch meine Zuversicht. Ich war erschöpft. Total am Ende. Und sie stachen weiter. Mückenschutzmittel half mir nichts, das war schon immer so gewesen, auch früher im Beruf beim Rosenveredeln hätte ich oft ein Zaubermittel brauchen können. Doch niemals hatte ich bei der Arbeit so geschwitzt wie nun bei über 40 Grad in dieser Hitze mit fast 30 Kilogramm Gepäck auf dem Rücken.

Je mehr Wasser ich trank, desto mehr musste ich tragen. Ich erinnerte mich an mein Wägelchen. Die Reisevorbereitungen. Wenn ich gewusst hätte, wie untauglich sich meine bereifte Konstruktion für diese Route herausstellen würde – das hätte mich sehr entmutigt. Mit einem künstlichen Darmausgang sollte man nicht zu schwer heben. Maximal zehn Kilo, um die Gefahr eines Eingeweidebruchs zu bannen. Doch es war ja alles gut gegangen. Einen knappen Monat nach der Operation war ich losgezogen und alles war gutgegangen. Bis hierher. Bis in die Hitze. Bis zu den Mücken. Es würde auch weiter gutgehen! Nicht mehr denken, Kurt. Laufen. Einfach weiterlaufen. Immer weiter.

Ab und zu passierte ich einzelne Höfe. In manchem kleinen Dorf setzte ich mich eine Weile an einen Brunnen und kühlte mein verschwollenes Gesicht, die Hände, Arme – welch eine Wohltat –, und dann schnell wieder bedecken, ehe die nächsten Biester kämen, aber die ließen sich vom Stoff nicht abhalten. Saugrüssel wie Ölbohrer.

Hinter Bereguardo verließ ich endlich den Parco Ticino über die Ponte di Barche. Sehr interessant fand ich die Konstruktion zur Befestigung der langen Brücke: drei Masten im Fluss und daran mit starken Stahlseilen die einzelnen Pontons verbunden.

Unter einer Straßenbrücke über große Steine steigend, entdeckte ich an der Wand das einzige E1-Zeichen der letzten zehn Tage – eine lang vermisste Bestätigung, auf dem rechten Weg zu sein. Gleich danach lief ich auf der anderen Uferseite aus Unkenntnis fast zwei Stunden auf einer falschen Fährte weiter – bei dieser Bruthitze kein Vergnügen. Alles kein Vergnügen.

Auf einer einsamen Landstraße ging ich Richtung Gropello Cairoli. Spät am Abend hatte ich die lange Steigung in den Ort hinauf geschafft, total verschwitzt, fix und fertig. Zelten war in diesem Bergdorf nicht möglich, so suchte und fand ich in einem Gasthaus ein Zimmer bei einer netten italienischen Familie, die mir als Pilger sogar einen verbilligten Tarif gewährte. Endlich duschen! Kühles Wasser über die Quaddeln und Pusteln und Beulen. Ins Bett gelegt. Geruht. Keine einzige Mücke. War ich im Paradies gelandet?

Ja, das war ich: Die Wirtsleute mit ihren Kindern luden mich ein, am Familientisch Platz zu nehmen. Die Großmutter hatte gekocht, Pasta, Sugo, Brot, Käse und Wein tischte sie auf, und alle langten herzhaft zu. Sehr schwierig gestaltete sich die Konversation, doch mit Händen und Füßen verständigten wir uns dann doch. Es war manchmal recht lustig – und auch anstrengend. Als ich wieder in meinem Zimmer war, hätte ich gern geschlafen, doch ich musste Wäsche waschen. Schließlich fand ich aber doch noch ein wenig Schlaf.

Am nächsten Morgen dauerte es einige Zeit, bis ich – trotz der Wegbeschreibung des Wirtes – die richtige Straße aus dem Ort gefunden hatte, ein mickriges E1-Zeichen, gut versteckt an einer Hauswand. Ich dachte an die vielen Wanderer in Deutschland, die sich empört über mangelhafte Markierungen beklagen. Hier sollten sie einmal laufen! Sie würden aus dem Staunen nicht mehr herauskommen.

Unterwegs nach Tortona versuchte ich über Feldwege zum Ziel zu kommen und scheiterte jämmerlich. Urplötzlich änderten die Wege die Richtung, oder sie endeten im Nichts. Ich kam kaum vorwärts, und die Mücken tanzten begeistert um mich herum. Das Thermometer stieg und stieg, bald schon brannte die Sonne auch im Schatten wieder mit 40 Grad auf mich herab.

Doch mein Wille war ungebrochen. Mein Körper war müde. Erschöpft. Aber ging weiter. Immer weiter. Wir mussten weiter – und wir schafften es. Gegen 13 Uhr sah ich aus der Ferne die Gitterkonstruktion einer großen Bogenbrücke. Fume Po! Die Po-Ebene.

Wieder ein großes Stück bewältigt, dem Parco Ticino mit seiner feuchtheißen Luft und seinen Fährnissen entkommen. Nun konnte es nur noch besser werden. Oder?

Zweiundsechzig

Italiener wollen es wissen!

Die wenigen Passanten, die mir in Sannazzaro begegneten, sah ich im Schatten der Häuser oder in den kleinen Bars.

Ich hätte mich auch gern in eine Bar gesetzt, die müden Glieder ausgeruht, doch diesem Wunsch gab ich nicht nach – ich würde schon irgendwo einen Brunnen mit einer Bank finden.

Plötzlich, wie aus dem Nichts, tauchte eine Frau mittleren Alters mit sehr roten Haaren vor mir auf, zupfte mich am Ärmel und wollte wissen, woher ich käme. Diese Frage war mir in Italien schon einige Male sehr stürmisch gestellt worden – als Wanderer mit viel Gepäck ist man dort nun mal ein Exot, wozu gibt es Autos und Mopeds!

Überhaupt ist Wandern in Italien nicht in Mode.

Umständlich, mit meinen wenigen Brocken Italienisch und unter großzügiger Zuhilfenahme der Zeichensprache erklärte ich, woher ich kam und wohin ich wollte. Die Frau riss die Augen auf. Grüne Augen, stark geschminkt. Sie schüttelte den Kopf immerzu, verlangte Beweise, die ich ihr mit meiner Wanderkarte und meinem Wandertagebuch gerne vorlegte, mittlerweile standen wir an einem Mäuerchen, wohin sie mich gezogen hatte: Schatten.

»Vieni, vieni«, befahl sie mir dann, »prego!«

Ich folgte ihr über die Straße in eine kleine Bar, wo unter einer verblichenen grün-weiß-rot gestreiften Markise ein Dutzend Menschen auf weißen Plastikstühlen saßen, die uns neugierig entgegenblickten.

Wild fuchtelnd betrat die Signora mit mir im Schlepptau die Bühne, redete so schnell, dass mir schwindlig wurde, und sofort redeten alle anderen mit, dass man sein eigenes Wort nicht mehr verstand – das spielte keine Rolle, Hauptsache es wurde geredet, Wörter brauchen Auslauf, so ist das in Italien, sonst verrosten die Kehlen, und das restliche an Geschmeidigkeit bringen Kaffee und Wein.

Mein Gepäck wurde mir abgenommen, ich wurde auf einen Stuhl gesetzt, ein Streit entbrannte, nach einer Weile merkte ich, es ging darum, wer meine Zeche würde zahlen dürfen. Bescheiden bat ich um einen Cafè Latte. Die erste Dame und eine andere blieben beharrlich, jede wollte mich einladen. Wenn ich das früher gewusst hätte, wären zwei Tassen Kaffee auch eine Lösung gewesen.

Ein Mann reichte mir die Hand, sagte ein paar Brocken auf Deutsch, andere Männer kamen, bald war ich umringt von allen Gästen, jeder rückte seinen Stuhl nah an meinen Tisch, ich saß eingequetscht wie in der U-Bahn im Stoßverkehr und neben mir die rothaarige Signora, die wohlwollend nickte, als hätte sie die ganze Strecke selbst und allein auf ihren roten Stöckelschuhen zurückgelegt, so stolz war sie über ihren Fang.

Hinter dem Tresen wurde wichtig telefoniert, dann erschien erhobenen Hauptes ein neuer Akteur. Dem kleinen Mann mit Nickelbrille, der sehr gut Deutsch sprach, wurde flugs Platz gemacht, er sollte übersetzen. Es kümmerte ihn nicht, dass alle gleichzeitig etwas wissen wollten, ordentlich der Reihe nach arbeitete er die Fragen ab und dann die Antworten, die ich ihm gab. Nach einer Weile bat er um eine kurze Pause und verschwand Richtung Toiletten.

Plötzlich allgemeine Heiterkeit. Alle lachten und kicherten, prusteten los – doch niemand konnte oder wollte mir erklären, was der Anlass war. Ich drückte einem der Männer mein Universal-Wörterbuch in die Hand und er begann eifrig darin zu blättern. Endlich hatte er die richtige Seite gefunden, zeigte mir die Frage, und da musste auch ich schmunzeln.

Wie es denn mit dem Sex wäre, wollte Guiseppe wissen. Guiseppe war ungefähr 80, ein knorriger Alter mit sonnengegerbtem Gesicht und hellen, wachen Augen.

Da kam der Dolmetscher zurück, räusperte sich, führte aus: »Guiseppe meint, dass Sie doch schon recht lange unterwegs sind.«

Erneuter Heiterkeitsanfall der Runde.

Ich wandte mich direkt an Guiseppe und lud ihn ein, einmal ein paar Tage mit mir zu gehen, dann würde er schon merken, ob er dann noch Lust hätte.

Aber plötzlich hatte Guiseppe die Frage gar nicht gestellt, sondern derjenige, der neben ihm saß: Massimo. Die Hälfte an Jahren und das Vierfache an Gewicht. So lud ich auch ihn ein, mich zu begleiten. Seinem Bauch würde das bestimmt nicht schaden, das sagte ich auch laut.

Massimo lachte. »O no, no!«

»O doch, doch«, erwiderte ich. »Was Sie vorne am Bauch tragen, trage ich auf dem Rücken.«

Mit der Verzögerung durch die Übersetzung schwoll das Lachen an.

Massimo lachte nur ein bisschen. Er meinte, ich sei »pazzo«.

Pazzo?

Der Übersetzer half: Verrückt.

»Si, si«, stimmte ich zu.

Beim Abschied standen wie auf Kommando alle Männer und Frauen auf und gaben mir die Hand. Viele sagten noch einen persönlichen Spruch. »Complimenti, Complimenti«, gehörte stets dazu. Fester Händedruck von schwieligen Händen, die fleischige Hand von Massimo und die knochige von Guiseppe – gern wäre ich noch eine Weile bei ihnen geblieben, meine rothaarige »Fängerin« umarmte mich sogar impulsiv, und lange noch hatte ich ihr schweres Parfüm in der Nase.

Dreiundsechzig

Apennin, wo bist du?

Wieder hatte ich das Stadium erreicht, in dem meine Beine automatisch liefen. Bis Tortona wollte ich es unbedingt schaffen. In den tiefen Gräben links und rechts der Straße, die auch zum Bewässern genutzt wurden, aber wegen der Trockenheit sehr wenig Wasser führten, tummelten sich am hellen Tag fette Ratten. Manche so groß wie kleine Katzen, störten sie sich nicht an dem einsamen Wanderer, suchten nach Fressbarem im Abfall, der reichlich in den Gräben lag. Stellenweise roch es ganz erbärmlich.

Spät am Abend, in der Ferne sah ich die Lichter von Tortona, schlug ich mein Zelt hinter einer verfallenen Scheune auf einem Stoppelfeld in der Nähe der Autobahn auf. Leider auch in der Nähe der tiefen Gräben voller Ratten. Wäre gern eingeschlafen, doch viel zu laut die Autobahn und meine Gedanken.

Früh am nächsten Morgen wanderte ich in die große Industriestadt Tortona, nun schon in der Region Piemont, am rechten Ufer der Scrivia inmitten eines großen Weinanbaugebietes. Ortsnamen, die ich auf meiner Karte suchte, fand ich nicht. Also den Kompass gezückt und aus drei möglichen Straßen die wahrscheinlichste gewählt.

Erst nach 10 Kilometern auf stark befahrener Straße und bei großer Hitze hatte ich die Gewissheit, richtig zu laufen. Welch große Erleichterung!

Südlich sah ich das Zisterzienserkloster Rivalta Scrivia. Mehrere Versuche, die für mich als Fußgänger gefährliche Straße zu verlassen und über Feldwege an mein Ziel zu kommen, schlugen fehl. Es kostete immer nur viel Zeit und deprimierte mich, wenn der Weg plötzlich endete und ich zurückmusste.

Auf der ganzen Strecke bis Arquarta Scrivia begegnete mir kein Wanderzeichen. In diesem Ort war aber die letzte Möglichkeit, im Tal der Scrivia oberhalb von Genua auf den Höhenzug des Apennin zu kommen.

Endlich in einem Vorort von Arquarta Scrivia fand ich das erste Zeichen, weitere vier folgten – dann hörte der Weg auf. Alles stark zugewachsen, kein Durchkommen. Es war heiß. Ich war verzweifelt. Es musste doch weitergehen. Irgendwo musste es doch weitergehen!

Also zurück auf die Straße. Apennin, wo bist du! Im Zentrum von Arquarta Scrivia ein Hauptwegweiser mit Uhrzeiten und Zeichen, in einer Ausführlichkeit, wie ich es in Italien noch nie gesehen hatte – sollte jetzt auf einmal alles besser werden?

Freudig folgte ich der rotweißen Markierung steil aufwärts, die Hänge bewachsen mit dichtem Gehölz in zundertrockenem Zustand. Hier ein brennendes Streichholz, nicht auszudenken!

Eine herrliche Aussicht tief hinunter ins Tal begleitete mich, links und rechts steile Hänge und weit vor mir die Berge des Apennins.

Gratwanderung

Am Abend errichtete ich auf einem ebenen schmalen Grat neben dem Weg mein Zelt. Der Boden war durch die lange Trockenheit steinhart, und ich hatte größte Schwierigkeiten, meine Aluheringe einzuschlagen. Weil es sehr warm war und ein angenehm lauer Wind vom Tal die Hänge hochstieg, legte ich meine Matratze ins Freie, ruhte mich aus und sah die Lichter der Stadt tief unter mir aufleuchten.

Auf der linken Seite stieg hinter hohen Bergen in einer klaren Nacht der Vollmond auf. Die Stimmen des Waldes wurden immer ruhiger, aus der Ferne Hundegebell, gespenstig und schön zugleich.

Ich legte meine Matratze ins Zelt und hoffte gut und fest zu schlafen in dieser Nacht. Morgen, so wusste ich, käme ein schwerer Tag auf mich zu.

Ich hatte noch nicht lange geschlafen, als vom rechten Hang unter mir laute Männerstimmen und Schreie ertönten. Was war das? Noch benommen vom Schlaf kroch ich aus meinem Zelt. Spürte Brandgeruch in der Nase. Das ganze Buschwerk am Hang unter mir brannte! Großflächig! Menschengestalten, im Rauch kaum erkennbar, versuchten das Feuer unter Kontrolle zu bekommen. Jetzt also hatte es mich erwischt. In den letzten Tagen hatte ich einige abgebrannte Waldflächen gesehen.

Was tun? Niemand wusste, dass ich hier oben war! Ich musste weg. Aber wohin? Vor oder zurück? Rauf oder runter? Was machte der Wind, wohin trieb er das Feuer? Was würde ich bei einer Flucht unbedingt mitnehmen? Alles für die Stomaversorgung! Auf das Zelt konnte ich zur Not verzichten. Nur weg hier! Schnell weg hier!

Ich wartete ab. Unten im Hang reges Treiben. Feuerwehr. Löschfahrzeuge. Es sah gut aus. Es sah aus, als würden die Helfer das Feuer unter Kontrolle bringen, auch wenn immer wieder einzelne Nester aufflammten.

Dann hatten sie es geschafft. Keine Flammen mehr. Nur noch Rauch. Beißender Qualm waberte durch das Tal.

Ich kroch zurück in mein Zelt, stand aber jede Stunde auf, um zu kontrollieren, ob das Feuer sich irgendwo wieder entzündete.

Nach wenig Schlaf war ich am nächsten Morgen sehr früh auf den Beinen, schließlich wollte ich es heute bis zum Passo della Bochetta schaffen. Feine blaue Rauchsäulen stiegen noch immer in den Himmel, der sich das erste Mal leicht bewölkt zeigte. Sollte es kühler werden? Das wünschte ich mir sehr. Bitte bloß 35 Grad Celsius. Oder darunter. Hauptsache nicht mehr über 40 Grad.

Die ersten 2 bis 3 Kilometer meiner Strecke waren vorbildlich markiert, der schmale Weg frei geschnitten, so kam ich zügig voran, obwohl es stetig nach oben ging. Dann sah ich vor mir zwei größere Schilder an Bäumen festgenagelt.

Es fiel mir schwer, ihre Bedeutung zu entziffern. Ich kam zu dem Ergebnis, hier endet ein Amtsbezirk. So muss es denn auch gewesen sein, denn von da an fand ich keine einzige Markierung mehr, der Weg wuchs immer mehr zu, mir schwante nichts Gutes.

Einige Kilometer konnte ich mich noch zurechtfinden, da an Abzweigungen oder Kreuzungen Flaschen in Äste gesteckt waren. Doch auch das hörte auf. An einer Dreierkreuzung, die gleichrangig in dieselbe Richtung führte, wusste ich, Kurt jetzt hast du ein Problem. Jeden der Wege ging ich etwa zehn Minuten ab, um vielleicht doch eine Orientierung zu finden, aber vergeblich. Ich musste mir eingestehen: Ich wusste nicht mehr weiter. Also setzte ich mich zuerst einmal. Was tun? Zurückgehen? Bringt nichts. Weiter in die menschenleeren Berge? Bringt sicher auch nichts.

Nach dem Brand

Also rechts oder links durch die Wildnis nach unten durchschlagen, in der Hoffnung, Ortschaften zu finden, die vielleicht in meiner Karte aufgeführt waren, damit ich herausfand, wo ich war.

Durchschlagen, genau das stand mir bevor. Durch dichtes Gestrüpp, Dornen und Wurzeln wie Fußangeln, lose Geröllflächen wie Rollschuhe unter meinen Füßen – und über allem eine brütend heiße Sonne. Meine Wasserflaschen leer. Drei Stunden wusste ich nicht, ob ich mich im Busch verirrt hatte – bis ich die ersten Häuser eines kleinen Dorfes entdeckte. Wie glücklich war ich, als ich dieses Dorf in meiner Karte fand und mich endlich orientieren konnte.

Wie klein erschien dagegen das Problem der Hügelkette, die mir den Weg versperrte. Also sechs Kilometer in die entgegengesetzte Richtung gelaufen, zuerst den Gebirgszug umgangen, und dann auf einer kleinen Seitenstraße weiter, bis ich über Gavi und Voltaggio endlich einen Weg zum Passo della Bochetta gefunden hatte. Die nächsten 15 Kilometer ging es aufwärts, die letzten 8 Kilometer ziemlich steil. Die Sonne brannte, auf der Straße kaum Schatten, keine Dörfer und damit kein Trinkwasser.

Unten im Tal hörte ich das Rauschen eines kleinen Baches, für mich wegen der steilen Felsen unerreichbar. Man kann nicht nur in der Wüste verdursten, schoss es mir durch den Kopf, auch in den Bergen neben munter plätschernden Bächen.

Dieser Marsch, eine einzige Schinderei, die ich nur kraft meines Willens bewältigte. Wieder einmal war ich überrascht, was mein geschwächter Körper zu leisten imstande war. So war es bisher immer gewesen: Wenn ich besondere Kräfte brauchte, sozusagen über mich selbst hinauswachsen musste, dann stellte mir mein Körper Energiereserven zur Verfügung, von deren Existenz ich gar nichts geahnt hatte.

Übrigens waren meine Knieschmerzen, die mich durch ganz Deutschland und große Teile der Schweiz begleiteten, seit dem Gotthard verschwunden. Anscheinend hatte ich sie irgendwo auf der Strecke verloren.

Einige Kilometer vor dem Passo della Bochetta fand ich endlich auch einen Brunnen mit herrlich frischem Wasser. Mit neuem Mut marschierte ich weiter und stand kurz nach 18 Uhr oben auf dem Pass. Ein Glücksgefühl und ein Gefühl der Dankbarkeit durchströmten mich. Ich sah in der Abendsonne im Westen das Mittelmeer und Genua.

Am nächsten Tag besichtigte ich diese beeindruckende Hafenstadt. Wie immer, wenn ich lange allein unterwegs gewesen war, erschien mir das Stadtleben sehr laut und sehr hektisch. Trotzdem genoss ich das Völkergemisch und das bunte Treiben.

Ein wenig enttäuscht war ich von dem, was man wohlmeinend als morbiden Charme bezeichnen könnte. Viele der prächtigen Häuser hätten dringend einer Restaurierung bedurft. Und ganz allgemein war mir die Stadt zu schmutzig. Dennoch habe ich auch viel Schönes gesehen, und als ich abends mit dem Bus in meine Herberge außerhalb von Genua zurückkehrte, wo mich mein netter Zimmerwirt Claudio, den ich am Vorabend kennengelernt hatte, wie verabredet an der Bushaltestelle abholte, war ich rechtschaffen müde.

Doch Claudios Frau Emilia hatte gekocht, und italienische Mahlzeiten dauern. So saßen wir noch lange beisammen. Auch danach durfte ich nicht gleich schlafen. In Genua hatte ich Schrauben und Klebstoff gekauft, flickte meine total erledigten Schuhe notdürftig zusammen und legte sie über Nacht zum besseren Kleben unter die Bettpfosten. Hoffentlich würden sie noch bis Rom halten. So wie ich.

Vierundsechzig

Alta Via

Nach einem guten Frühstück lief ich bei herrlicher Fernsicht über das Mittelmeer bis nach Colle di Creto. Seit Genua besaß ich endlich das richtige Wanderbuch. Trotz vieler Bemühungen hatte ich bislang weder in Deutschland noch in der Schweiz ein Wanderbuch über den Alta-Via-Weg auftreiben können. Nun war ich im Besitz einer italienischen Ausgabe *Alta Via dei Monti Liguri*.

Mein Weg – wenn ich ihn überhaupt fand – gestaltete sich zunehmend schwierig. Die schmalen Kammpfade waren oft zugewachsen, und im hohen, trockenen Gras entdeckte ich Fehlstücke zu spät. So musste ich mich an kritischen Stellen mit meinen Stöcken vorantasten und den Weg zuerst einmal sichern, was viel Zeit beanspruchte. Wäre ich nur einmal fehlgetreten und gestrauchelt – meine Rucksäcke hätten mich den Abhang hinuntergezogen.

Das zweite, immer brennendere Problem betraf meine Trinkwasserversorgung. Jedes Mal, wenn ich meine Wasservorräte auffüllen konnte, war ich glücklich – doch manchmal lag zu viel Zeit zwischen den Stationen. Ich litt zu oft Durst, der mich schwächte. Quellen und Brunnen, die im Wanderführer gelistet standen, waren ausnahmslos versiegt. Oft befanden sich die Quellen auch abseits der Strecke, und wenn ich sie dann nach einem mühevollen Umweg ausgedörrt fand, überfiel mich große Enttäuschung. Kein Wasser!

Auf dem Monte Bozola

So trocken meine Kehle, so dürr auch die Natur. Überall Anzeichen von Waldbränden. Alleine wandern in einer solchen Gegend konnte schnell gefährlich werden. Ein Fehltritt, ein Unfall – niemand würde mich finden. Also aufgepasst und weiter. Den Durst vergessen. Einfach nicht mehr daran denken. Überhaupt wenig denken. Weiter. Viel weniger gedacht als in Deuschland oder der Schweiz. Weiter. Gehen. Manchmal ein Überlebenskampf. Weiter. Von Passo della Scoffera nach Barbagelata und weiter nach Passo della Ventarola. Und weiter auf den Monte Bozola, zum Passo de Bozcele und zum Monte Fascia. Weiter und nicht denken. Vorsichtshalber sammelte ich meinen Urin.

Und brauchte ihn dann doch nicht, obwohl ich es befürchtet hatte.

Um die Mittagszeit, in der allergrößten Hitze, fand ich einen defekten Hochwasserbehälter mitten im Wald. Was für eine Freude! Die Betonwände waren so marode, dass köstliches Wasser in schmalen Rinnsalen aus der Wand drückte. Endlich meine Flaschen mit frischem Wasser füllen und trinken, trinken, trinken! Kühles klares, köstliches Wasser in der trockenen Kehle.

Mit jedem Schluck stieg mein Mut, und neu gestärkt lief ich weiter zum Passo della Forcetta. Dort siegte die Vernunft. Anhand der Angaben in meinem Wanderbuch rechnete ich mir aus, dass ich nun Wasser und Proviant für zweieinhalb Tage benötige, da ich mich auf Quellen und Brunnen, die im Buch verzeichnet standen, nicht mehr verlassen konnte.

Links die Passstraße, abwärts lag im Tal das Bergdorf Parazzuola. Dort musste ich hinunter, den Alta Via kurz verlassen, und Proviant und Wasser holen. In brütender Hitze lief ich Serpentine um Serpentine bergab und kam erschöpft unten an. Siesta. Der ganze Ort wie ausgestorben. Kein einziges Lebensmittelgeschäft. Endlich ein Fußgänger. Alimentari? Si, si.

Der Mann schickte mich ins Landesinnere, 3 oder 4 Kilometer weiter gäbe es ein Geschäft, wahrscheinlich, also das Geschäft gäbe es schon, aber ob Annamaria schon zurück von ihrer Familienfeier in Pisa sei – das wisse er nicht. Der Mann freute sich, endlich einmal wieder Deutsch reden zu können. Früher war er oft in Deutschland gewesen. Mit der Firma. Baufirma. Also dann alles Gute und Grüße an Annamaria. Ich nickte.

Ich war durstig. Ich war hungrig. Ich war fertig. Also schaltete ich meine Beine auf Autopilot und marschierte weiter. Rechts, links, rechts, links, rechts, links. Nicht denken. Einfach gehen. Rechts, links, rechts, links. Immer weiter, bis ins nächste Dorf, noch kleiner als das vorherige. Keine Spur von Annamaria, auch sonst kein Geschäft, kein Brunnen, aber ein Restaurant am Straßenrand und eine Reihe von Autos davor. Meine Rettung? Ich trat in den vollen Gastraum, fragte mich durch zum Patrone, der hatte keine Zeit für mich, eine Hochzeitsgesellschaft war zu bewirten, immerhin, ein Glas Wasser gab er aus.

Also wieder hinaus in die Hitze und weiter, Serpentine um Serpentine ein langer Aufstieg. Ich rechnete in Wassertropfen. Kühles, frisches, klares Wasser. Ein Genuss. Es gibt ja überhaupt nichts Schöneres als Wasser. Trinken. Schlucken. Wasser! Halluzinierte ich schon? Nein, ich war bei klarem Verstand und rechnete aus, dass ich bei dieser Hitze pro Tag bis zu 5 Liter Trinkwasser brauchte, multipliziert mit zweieinhalb Tagen ohne Nachschubversorgung, das wären mindestens 10 Liter Wasser und zudem Proviant … selbst wenn ich das Wasser und den Proviant hier hätte kaufen können, wie sollte ich das zusätzliche Gewicht tragen? Also kein Wasser und kein Proviant?

Ich zog meine Straßenkarte zu Rate und fand eine Möglichkeit, an der Küste entlang auf einer Seitenstraße nach La Spezia, für mich der Endpunkt der Via Alta, zu gelangen.

Doch wie sollte ich nun, kurz vor Sonnenuntergang 25 Kilometer hinunter zur Küste bewältigen? So weit laufen konnte ich beim besten Willen nicht mehr. Ich hatte noch nicht zu Ende gedacht, da tauchte wie aus dem Nichts ein Bus auf. Also doch? Eine Fata Morgana? Nein, es war der letzte Bus nach Chiavari. Ob ich mitwollte? Aber sicher wollte ich!

Fünfundsechzig

Tunnel, Tunnel, Tunnel

Ich hatte es mir so schön ausgemalt: immer an der Küste entlang, herrlicher Meerblick, ab und zu ein Abstecher in ein kleines Dorf, um Wasser und Proviant zu kaufen, und dann gemütlich weiter Richtung La Spezia. Doch es kam anders. Ganz anders.

Ich hatte Chiavari erst ein paar Kilometer hinter mir gelassen, da tauchte der erste Tunnel vor mir auf. Davor eine große Verbotstafel: gesperrt für Fußgänger und Radfahrer. Was tun? Zurück in die Berge kam nicht in Frage. Wie ein Späher inspizierte ich den Tunnel. Innen nackter Felsen, eine sehr schmale Fahrspur, funzelige Beleuchtung. Ich setzte mich vor den Tunnel auf einen Felsen mit Blick aufs Meer und studierte meine Karte. Ein sehr großer Umweg über die Berge bot sich als einzige Alternative. Nein, das wollte ich nicht. Ein paar Autos fuhren aus dem Tunnel. Dann fuhren welche hinein. Jetzt begriff ich die Aufgabe der Ampel, die ich zuvor gesehen hatte. Der Tunnel wurde stets nur in einer Richtung befahren, es gab ja auch bloß eine Fahrspur. Die Ampel regelte den Verkehr.

Ich beschloss, dass ich nun dran war, und lief in den Tunnel. Es dauerte eine Weile, bis sich meine Augen an das schummrige Licht gewöhnt hatten. Hin und wieder kleine Nischen im Fels. Hoffentlich würde ich dort mit meinem Rucksack hineinpassen! Ich sperrte die Ohren auf und lief weiter. Plötzlich ein mächtiges Dröhnen. Scheinwerfer in langer Reihe von hinten.

Mit klopfendem Herzen erreichte ich die nächste Nische, drückte mich gegen den nassen, kalten Felsen und hoffte, dass keiner der vorbeirasenden Wagen mich erwischen würde. Die Fahrer würden mich – wenn überhaupt – erst im letzten Moment sehen, und dass Fußgänger von Auto fahrenden Italienern nicht ernst genommen werden, hatte ich schon des Öfteren erlebt. Ich schaffte es, mich so dünn zu machen, dass mir kein Haar gekrümmt wurde. Allein der Luftzug streifte mich. Als die Kolonne vorbei war, rannte ich weiter, ehe der Gegenverkehr anbrauste.

Mit dieser Methode – rennen und in Nischen springen – durchquerte ich drei Tunnel mit Längen zwischen 200 und 600 Metern Ich hatte dabei nicht nur Angst, von einem Auto erfasst zu werden. Auch Carabinieri wollte ich nicht unbedingt begegnen.

Als ich eine Weile ohne Übertunnelung am Meer entlanglief, glaubte ich schon, ich hätte es geschafft – bis ich das nächste aufgerissene Maul eines langen schwarzen Schlundes entdeckte. Davor eine rote Ampel mit wartenden Autos. Ich ließ sie vorausfahren und rannte ihnen nach. Stoppte. Starrte auf das Schild: Länge des Tunnels: 2,5 Kilometer. Kehrte um. Setzte mich auf einen Felsen. 2500 Meter. Nein, das war zu lang. Das konnte ich nicht wagen. Aber was sollte ich denn sonst tun? Ich wollte weiter! Ich musste da durch!

Plötzlich hielt ein kleiner offener Kastenwagen neben mir. Ein Mann in Handwerkerkleidung winkte mich ungeduldig heran. Er fragte gar nicht, ob ich mitwollte, für ihn war die Sache klar. Für mich auch. Schnell kletterte ich auf die Ladefläche, hing noch mit allen vieren an der Seitenwand, da gab der Fahrer schon Gas. Mühsam zog ich mich hoch, ließ mich fallen – und konnte dann nur noch meinen Strohhut festhalten, so rasant ging es durch den Tunnel. Angenehm kühl war es hier, der Fahrtwind erfrischte mich, ab und an erwischte mich ein Wasserschwall von der Decke. Kaum aus dem Tunnel heraus, bremste der Wagen in einer kleinen

Haltebucht, der Fahrer sprang heraus und bedeutete mir, hurtig auszusteigen, und erklärte mit Händen und Füßen: Das Mitfahren auf einer Ladefläche sei verboten, wenn die Carabinieri uns erwischten, bekäme er Probleme.

»Grazie! Grazie! Molto Grazie!«, bedankte ich mich und sah erst jetzt: meine Kleidung, meine Rucksäcke – alles weiß! Mein Chauffeur war ein Stuckateur!

Mittlerweile hatte ich Übung im Tunnellauf – und die brauchte ich auch, denn so ging es weiter ... und einmal wäre es fast schiefgegangen: Als der Verkehr im Tunnel heranbrauste, fand ich keine Nische und presste mich so flach ich konnte an den Felsen. Plötzlich ein kurzer, heftiger Schlag auf meinen Rucksack. Ein Außenspiegel hatte ihn gestreift. Nicht auszudenken, wenn er sich in meinen Gepäckriemen verfangen hätte! Nicht daran denken, nur raus aus dem Tunnel ... und rein in den nächsten: 400 Meter, ein Klacks.

Glücklich tauchte ich wieder auf und wähnte mich schon tunnelfrei, da erschien die nächste dunkle Höhle und davor wie zum Hohn ein Schild: 1300 Meter. Was tun? Keine Ampel. Also würde ich auch niemanden bitten können, mich mitzunehmen. Italiener halten nicht gerne an.

Also wieder zurück durch zwei Tunnel bis zur nächsten Ampel, um dort eine Mitfahrgelegenheit zu finden. Diesmal landete ich bei einem Elektriker, lag reichlich unbequem auf Kabelrollen, Lichtschaltern, Steckdosen und Werkzeug. Alles egal, Hauptsache durch. Es dröhnte in meinen Ohren, Wasser glänzte an den Wänden, dann wieder sah ich gar nichts, pechschwarze Nacht, der Wind fuhr mir ins Gesicht und Wassertropfen, als ob es regnen würde. Von fern schon ... Licht ... und dann waren wir draußen.

»Tunnel finito?«, fragte ich meinen hilfsbereiten Chauffeur.

»Si, si, finito«, erwiderte er – und das war die beste Nachricht seit langem.

Glücklich lief ich an der Küstenstraße weiter, das Meer rauschte und es war eine Freude zu laufen. Am Strand von Deiva Marina säuberte ich mich notdürftig und gönnte mir zur Feier des Tages einen Teller Spaghetti.

Leider führte meine Straße mich weg vom Meer ins Landesinnere. Um am Meer zu bleiben, hätte ich auf Eisenbahnschienen laufen müssen, eine Idee, die ich nach kurzer Prüfung verwarf, vor allem, weil ich an dieser felsigen Steilküste durch Tunnel gemusst hätte: auf Schienen! Züge haben zwar keine Außenspiegel, dennoch erschien mir der Gedanke aberwitzig.

Die Straße bot genug Abenteuer, vor allem, weil ich ständig aufpassen musste, nicht auf die Schnellstraße oder die Autobahn zu geraten, beide liefen fast parallel auf dem schmalen Küstenstreifen. Bei heißem Wetter bergauf eine Richtung einzuschlagen, die mich von meinem Ziel entfernte, war frustrierend. So ging es Stunde um Stunde; tiefe Taleinschnitte musste ich umlaufen.

Nicht an die Schmerzen denken in den Beinen, nicht an die von den Gurten tief eingedrückten Schulter. Alles ignorieren und verdrängen. Die herrliche Aussicht über das glitzernde Meer belohnte mich zuweilen, aber nicht immer. Manchmal sah ich auch mehr Müll als Meer. Es wollte mir nicht in den Kopf, dass so ein schönes Land, das von so vielen Menschen aus aller Welt besucht wird, sich mit einer Armee leerer Plastikflaschen präsentiert.

Längst schon hatte ich es mir angewöhnt, auf der rechten Straßenseite entlang der Leitplanken zu laufen. Lief ich links, so, wie es bei uns üblich ist, hupte mich jeder entgegenkommende Autofahrer an. Wegen der kurvenreichen

Strecke entdeckte man mich erst im letzten Augenblick – und das führt in Italien automatisch zu einem Hupimpuls.

Ich lernte, die Gefahr einzuschätzen. Hörte ich einen schnell fahrenden Wagen, sprang ich über die Leitplanke – sicher ist sicher. Etliche Kreuze am Straßenrand zeigten mir, dass diese Sprünge ihre Berechtigung hatten.

So lief ich den ganzen Tag die heiße Küstenstraße entlang, rechter Hand eine weite Aussicht über die steilen Felsenabhänge zum Meer und über das Meer. Ab und zu kleine Dörfer wie Schwalbennester an den Felswänden.

An einer scharfen Linkskurve stand in einer schmalen Parkbucht ein Streifenwagen der Carabinieri mit zwei Polizisten. Sie hatten ein Auge auf die Raser an dieser schmalen Straße. Ich setzte mich auf die Leitplanke, schaute den beiden eine Weile zu, und bald waren wir in einem Gespräch mit Händen und Füßen. Als sie erfuhren, woher ich kam und dass ich nach Rom wollte, schüttelten sie die Köpfe. Bei dieser Hitze! Zu Fuß! Nach Rom! Oh, Mamma mia!

Zwei Tage später, es war gegen die Mittagszeit in einem kleinen Städtchen, hielt plötzlich ein Streifenwagen der Carabinieri neben mir. Einer der Beamten stieg aus, kam direkt auf mich zu, streckte mir seine Hand zum Gruß entgegen und fragte in gebrochenem Deutsch:

»Siee sindä die Manne, die wolle nach Roma mit Fuße?«

»Si«, nickte ich.

»Complimenti, signore!«

Der Beamte klopfte mir auf die Schulter, war mit einem Satz bei seinem Wagen, sein Kollege winkte und hupte wie ein Verrückter, und weg waren sie um die nächste Ecke.

Am übernächsten Tag, einige Kilometer hinter Levanto, hatte ich die nächste Begegnung mit der Polizei. In einer

Parkbucht an einem steilen Abhang standen zwei Streifenwagen. Am Straßenrand in der Nähe lagen mehrere große Findlinge im Schatten einer hohen Kiefer. Ein guter Platz für eine Rast, dachte ich bei mir und setzte mich auf einen der Steine. Plötzlich kam eine junge Polizistin zu mir. Es dauerte eine Weile, bis ich verstand, warum sie mich so dringend bat, von meinem bequemen Sitzplatz aufzustehen und drei Meter entfernt erneut Platz zu nehmen, mir sogar hochhalf und mich wegzerrte: Ich hatte mich mitten in den Fokus der Kamera gesetzt, die Raser blitzen sollte.

Spät am Nachmittag begann ich mir Gedanken um einen Zeltplatz zu machen: überall felsige Steilhänge, immer wieder große Flächen Wald und Buschwerk, ausgedörrt oder zum Teil schon abgebrannt, die Feuergefahr sehr groß. Ein Funke würde hier genügen, Gras und Buschwerk – trocken wie Zunder.

Es wurde Abend, ich fand keinen Platz für mein Zelt. Mein Proviant war aufgebraucht. Durst quälte mich. Da tauchte plötzlich wie zum Trost das wunderbare Panorama der großen Hafenstadt La Spezia vor mir auf. So weit war ich heute gekommen, trotz der Hitze!

Ich genoss den Anblick eine Weile und glaubte bald darauf, einen Zeltplatz gefunden zu haben, doch der kleine Pfad in den Olivenhain mündete in eine Müllkippe. Neben ausrangierten Kühlschränken und Tausenden von Plastikflaschen, Dosen und zerfetzten Matratzen, Waschbecken, Schläuchen und Bauschutt wollte ich nicht schlafen, mit den Ratten Aug in Aug. Also weiter. Den Rucksackriemen auf den schmerzenden Schultern zurechtgerückt und den sieben Kilometer langen Abstieg in die Stadt begonnen. Serpentine um Serpentine ging es abwärts zum größten Flottenstützpunkt der italienischen Marine.

Gegen 20 Uhr und nach über 40 Kilometern Marsch erreichte ich das Zentrum von La Spezia, der zweitgrößten Stadt Liguriens.

Ausnahmsweise musste ich nicht lange suchen, bis ich eine günstige Unterkunft fand. An der Rezeption wurde ich angesprochen, ob ich ein Pilger, Pelegrino, sei. Ich bejahte und bekam einen Preisnachlass von 20 Euro, was mich sehr freute.

Der Lift war defekt. Also hochgestiegen in mein Zimmerchen unterm Dach, kurz ausgeruht und dann ohne Gepäck ins Getümmel, endlich etwas essen. Nach einer Pizza war ich so müde, dass ich nur noch schlafen wollte.

Mitten in der Nacht weckte mich ein starkes Unwetter mit lang anhaltendem Blitz und Donner. Es stürmte und tobte und schüttete aus Eimern. Ich erwartete jede Sekunde einen Blitzeinschlag in das Dach über mir und Feuer – kein Waldbrand, sondern ein Hotelbrand. Erst weit nach Mitternacht beruhigte sich das Wetter, und ich konnte noch ein paar Stunden schlafen.

Lautes Rufen weckte mich am nächsten Morgen. Aufgeregtes Getrappel – Stimmengewirr. Was war hier los? Der ganze untere Bereich des Hotels stand 10 Zentimeter im Wasser. Die Angestellten des Hotels einschließlich der Führungsriege waren mit Eimern, Lappen, Besen, Gummischiebern bei geöffneten Fenstern und Türen damit beschäftigt, die Wassermassen auf die Straße zu schippen. Fast alle Geschäfte in der Altstadt kämpften mit dem eingedrungenen Wasser. Die Feuerwehr war mit Pumpen im Einsatz, doch so viele Pumpen, wie es gebraucht hätte, gab es längst nicht.

Dankbar war ich, diese Nacht nicht auf den Hängen um La Spezia im Zelt verbracht zu haben!

Die Marmorbrüche von Carrara

Fast 30 Jahre meines Berufslebens habe ich bei der Anlage von Privatgärten immer wieder mit dem Marmorstein aus Carrara gearbeitet. Sei es als Bodenbelag im Wegebau der Gärten oder als Terrassenbelag, auch in Form von Figuren als Gestaltungselemente. Deshalb freute ich mich sehr auf den Abstecher in die weltbekannten Marmorbrüche von Carrara.

Ich fuhr mit dem Bus zu den Steinbrüchen, musste mehrmals umsteigen und traf viele hilfsbereite Menschen, die mich zum Teil sogar an der Hand nahmen und Bigletti für mich kauften.

Abenteuerliche Gestalten zwängten sich mit ihrem Gepäck in den Bus, der staubig, mit aufgeschlitzten Sitzen und losen Haltestangen keinen vertrauenerweckenden Eindruck machte. Einige Passagiere schleppten lange Stangen, die sie nur mit Mühe in den Bus hineinbrachten, andere trugen Strohmatten.

Zwischendurch suchten Rollen mit Teppichböden einen Platz und fanden ihn, weil alle Fahrgäste die Füße hoben. Allein diese Fahrt nach oben in die Brüche bis in die Wolken hinein war ein großartiges Abenteuer. In vielen Windungen ging es durch Vororte. Der Bus bebte und zitterte, ächzte und rußte.

Die Straße bot nur einem Wagen Platz, Ausweichbuchten halfen bei Gegenverkehr. Vor jeder Kurve ertönte zur Warnung das mehrfache Horn des Busses. Linker Hand immer tiefer das Tal und vor uns dicke Wolken – wie das? Unten im Ort war es bei strahlendem Sonnenschein warm, sogar heiß gewesen.

Die ersten Steinbrüche beginnen bei etwa 500 Metern Höhe, doch die meisten befinden sich bei etwa 1000 Metern. Ich fuhr bis zur Endstation Columnata, einem kleinen Bergdorf.

Kalter Wind und leichter Nieselregen empfingen mich. Und dann sah ich sie. Die weißen Wände von Carrara. Ich war begeistert. In mehreren Abbaustufen bot sich das Innere des Berges meinen Blicken dar. Bagger, Lastwagen und Arbeitsgerät erschienen als Spielzeuge in der Wand – wie mächtig waren diese Brüche. Immer wieder durchzogen von Adern mit taubem Gestein, dann wieder strahlend weiß und makellos.

Wie Spielzeug in der Wand

Zu gerne hätte ich mir mit Hammer und Meißel einen großen Brocken losgeschlagen. Den musst du dann aber auch tragen, meldete sich die Vernunft. So beließ ich es beim Schauen und Staunen – und konnte gar nicht satt werden von den hohen weißen Wänden, die irgendwo in den Wolken enden.

Siebenundsechzig

Der erste Schritt in die Öffentlichkeit

Alle Wege führen nach Rom – nach Pisa führte nur die Autobahn oder die Schnellstraße. Die Schnellstraße hatte ich bereits einige Kilometer lang kennengelernt und war froh, diesem rasanten Abenteuer lebend entronnen zu sein. Man soll sein Glück nicht herausfordern, und so musste ich zum zweiten Mal auf meiner Wanderung das eherne Gesetz brechen und einige Kilometer fahren, statt zu laufen. Ich kämpfte lang und zäh mit mir, mein Stolz wollte es nicht zulassen. Schließlich siegte die Vernunft, und ich beschloss, die gefahrenen Kilometer von meiner Gesamtstrecke abzuziehen.

So erreichte ich Pisa und den Fluss Arno, der für die nächsten Tage mein Begleiter sein würde, auf Schienen. In Pisa wimmelte es nur so von Touristen, ich schaute mir trotzdem viel Sehenswertes an, vor allem natürlich den schiefen Turm.

Dann rief mich der Fluss. Am Arno entlang wollte ich nach Florenz laufen. Doch wo genau war er, der Fluss? Viele Straßen in Pisa. Zu viele Straßen. Aber nirgends die Nebenstraße, die ich mir ausgesucht hatte für den Weg nach Florenz. Plötzlich stand ich auf der Schnellstraße. Kam nicht mehr runter. Musste einige Kilometer am Seitenstreifen laufen, immer in der Hoffnung auf eine kleinere Straße. Es gab keine. Bloß Brücken und Kreisel und Zubringer, ein Wirrwarr von Straßen, und ständig wurde ich angehupt, und wild fuchtelnde Autofahrer bedeuteten mir, dass Schnecken wie ich auf dieser Piste nicht willkommen waren.

Irgendwann wurde es mir zu viel, und ich stieg über Leitplanken und erklomm einen hohen Zaun dahinter in die Freiheit. Über Abhänge, durch dichtes Gebüsch und Dornenhecken suchte ich mir einen Weg und erreichte zerkratzt und verschwitzt die ersten Häuser eines kleinen Ortes. Wo war ich? Was nun?

Ein junger Mann, der rauchend an seinem zerbeulten Fiat Uno lehnte, musterte mich neugierig. Ich nahm meine Karte zur Hand, zeigte ihm die Straße, die ich suchte.

»O no! Non qui!« Dann folgte ein Wortschwall. In Italien sprechen auch die Männer gerne viel, nicht nur die Frauen, wie es in Deutschland häufig der Fall ist. Immerhin verstand ich so viel, dass ich völlig falsch gelaufen war. Frustrierend war die Richtung, die mir der junge Mann wies: Pisa. Ich war also mehr als zwei Stunden unter Lebensgefahr auf einer Schnellstraße Richtung Osten gelaufen und sollte jetzt wieder zurück?

Der junge Mann legte den Kopf schief, dann grinste er. Noch ehe ich mich versah, hob er meinen Rucksack an und bedeutete mir, ihn auf die Rückbank seines Wagens zu legen.

»Scusa?«, stammelte ich.

Er lachte, riss die Beifahrertür auf und bat mich einzusteigen. Nichts lieber als das! Kaum lief der Motor, wurde auch die Musikanlage angeworfen, und so wummerten wir in rasanter Fahrt zurück nach Pisa. Ich hatte keine Ahnung, wo genau wir uns befanden. Es ging mal links, mal rechts, rauf und runter – nach etwa fünfzehn Minuten bremste mein Chauffeur, strahlte mich an und sagte: »Alora!«

»Grazie molto«, strahlte ich zurück und wollte die Fahrt bezahlen.

Ein Wortschwall prasselte auf mich los. Wie im Schrotkugelhagel zog ich den Kopf ein. »Grazie, grazie«, wiederholte ich und stoppte damit den Redefluss. Der junge Mann seufzte. »Va bene!«

Er ließ es sich nicht nehmen, mir beim Anschirren meiner Rucksäcke zu helfen – und winkte im Rhythmus des Wummerns, als er mit quietschenden Reifen davonfuhr. Ich schüttelte mich einmal, um wieder in meinen eigenen Takt zu kommen, und freute mich, meine nächsten Etappen deutlich auf dem Radar zu haben: Cascina und dann Pontedera.

Gegen Abend, die Sonne verabschiedete sich langsam glutrot am westlichen Himmel, wanderte ich mit hungrigem Magen durch einen kleinen Ort. Die Geschäfte hatten schon geschlossen – also würde ich mir eine Pizza gönnen.

Kaum gedacht, da entdeckte ich ein Schild und trat durch eine Glastür in einen angenehm kühlen Raum. Vier kleine Tische, eine Theke, der Pizzaofen, ein großer Kühlschrank, das war die ganze Einrichtung. Hinter der Theke mit großer weißer Schürze der Wirt, daneben seine Frau und bis auf einen Tisch an jedem anderen zwei Gäste.

Ich legte meine Rucksäcke in eine Ecke und bestellte eine Pizza und ein Bier und streckte aufatmend die Beine aus. Welch eine Wohltat! Die Pizza schmeckte sehr gut, das Bier war kühl, wieder war ein schöner Tag zu Ende gegangen.

Es dauerte nicht lang, bis ich mit einem Ehepaar ins Gespräch kam. Die beiden hatten einen Tagesauflug unternommen, lebten als deutsch-italienisches Ehepaar in Pisa und waren in der Touristikbranche tätig.

Als die beiden meine Geschichte erfahren hatten, wollten sie diese nicht für sich behalten. Der Mann fragte mich, ob ich damit einverstanden sei, wenn er seinem Freund, der als Auslandskorrespondent der *Süddeutschen Zeitung* in Rom arbeitete, von mir erzählte.

»Warum nicht«, sagte und dachte ich. Ich sagte es einfach so dahin, ohne mir groß Gedanken darüber zu machen. Ich hatte ja keine Ahnung, dass ich damit eine Art Startzeichen gab. Wenn ich damals gewusst hätte, wozu ich müde und satt in guter Stimmung ja sagte, wer weiß, wie ich entschieden hätte.

Achtundsechzig

Neue Sohlen und Kohlen

Meine Wanderschuhe waren nun total erledigt. Die notdürftige Reparatur mit Klebstoff, Draht und Schrauben hatte sich aufgelöst – mit diesen Latschen würde ich Rom nicht erreichen. Kein Profil auf den Sohlen, rutschte ich immer öfter. Neue Schuhe mussten her! Aber wovon? Meine Wanderung hatte wesentlich mehr Geld verschlungen als erwartet. Nun stand ich kurz vor Florenz, und es sah alles danach aus, dass ich vorzeitig aufgeben musste: Ich war pleite.

Im Hinterkopf hatte ich so manches Mal das Angebot meines ehemaligen Arbeitgebers gehört: Herr Peipe, wenn es unterwegs Probleme gibt: Sagen Sie uns, was Sie brauchen, wir sind für Sie da.

Meine letzten fünfzehn Berufsjahre hatte ich in diesem Gartencenter verbracht, ein Familienbetrieb mit 140 Angestellten. Ich kannte meinen Juniorchef. Der meinte, was er sagte. Also rief ich ihn an und bat ihn um einen Kredit. Er hielt sein Wort.

In Florenz kaufte ich mir zunächst einmal neue Wanderschuhe, und dann lief und lief und lief ich durch die Hauptstadt der Toskana. Immer mal wieder horchte ich in meine Füße hinein, ob die Schuhe auch wirklich passten. Viel Auswahl hatte ich nicht gehabt, es war das einzige Paar in meiner Größe gewesen.

Florenz überwältigte mich. Wie ein großer Schwamm saugte ich all die Eindrücke auf. In jeder Straße neue Überraschungen, Impressionen. In allen Geschäften, Restaurants und Bars herrschte Hochbetrieb. An den Uffizien eine Hunderte Meter lange Besucherschlange, die auf Einlass warteten. Am Neptun-Brunnen vorbei ging ich über die Ponte Vecchio und spitzte die Ohren, wenn ich an Reisegruppen vorbeikam. Sehr müde und randvoll mit Erlebnissen kehrte ich am Abend in meine Unterkunft außerhalb von Florenz zurück.

Neunundsechzig

Auf den Spuren von Franz von Assisi

Am 138. Tag meiner Wanderung startete ich zu einem neuen Abschnitt: dem Franziskaner-Wanderweg Florenz – Rom.

Mit einem Vorortzug fuhr ich ans andere Ende von Florenz bis zu dem kleinen Bahnhof S. Ellroi, wo laut meinem Wanderbuch die Markierung, ein rot-weißer Strich, direkt am Ausgang beginnen sollte und tatsächlich, ich staunte, auch begann!

Der Franziskaner-Wanderweg hat seinen Ursprung in der Nachempfindung der Wege, die Franz von Assisi unternahm. Im Armenviertel von Florenz baute er um 1217 mit seinen Mitbrüdern einige Schutzhütten und eine kleine Kapelle. Dort befindet sich heute die große Kirche der Franziskaner, Santa Croce in Florenz. Diese Kirche ist eine Schatzkammer an Sehenswürdigkeiten. Auch die braune Kutte von Franziskus kann man hier bewundern.
Viele der Pfade, die Franziskus seinerzeit beschritt, führen heute durch Abgaswolken, doch der knapp 500 Kilometer lange Franziskaner-Wanderweg zieht sich auch weite Strecken durch fast unberührte Natur. Am Ende mündet er in der Altstadt von Rom und der Lateran-Basilika. Hier residierte seinerzeit der Papst

Innozenz. Franziskus und seine elf Mitbrüder wanderten 1210 von Assisi nach Rom, um die Genehmigung der Ordensregeln vom Papst zu erlangen.

So gut die Markierung begonnen hatte – so nachlässig wurde sie rasch … und verschwand schließlich völlig.

Am zweiten Tag folgte ich nur noch den Beschreibungen in meinem Wanderbuch. Viele Wege waren zugewachsen, und so manches Mal fühlte ich mich wie im Urwald. Am schwierigsten war dabei die Überquerung der Flusstäler. Manchen Meter lief ich umsonst, musste zurück und neue Pfade suchen. Eine sehr anstrengende Etappe, die mir alles abverlangte.

Als ich die kleine Stadt Stia erreichte, beschloss ich, das Zelt für heute im Rucksack zu lassen. Doch die Zimmersuche gestaltete sich schwierig, da die Preise für mich unerschwinglich waren. Endlich fand ich eine verständnisvolle Wirtin. Zwar kostete das Zimmer bei ihr 54 Euro, viel zu teuer für mich, doch sie telefonierte hilfsbereit nach einer günstigeren Alternative.

»40?«, fragte sie auf Italienisch und streckte vier Finger in die Höhe.

Ich schüttelte bedauernd den Kopf.

Sie telefonierte weiter und landete schließlich beim Ortsgeistlichen, der im Gemeindehaus Zimmer für Pilger vermietete. »20?«, fragte sie und formte das Victory-Zeichen.

»Molto Grazie!«

Das kleine saubere Zimmerchen war dringend nötig, denn meine Stomaversorgung hatte sich gelöst, und so konnte ich mich in aller Ruhe von Grund auf richten, eine Wohltat.

Am nächsten Tag durchwanderte ich den Naturpark des Casentino, ein sehr rauhes und waldreiches Gebiet. Ich rastete in Casalino und lief weiter durch schönen Buchenwald immer aufwärts nach Sacro Eremo. Die Parkplätze bei der Klausnerei, der Kirche und dem Kloster in Sacro di Camaldoli waren überfüllt. Dutzende von Familien mit Kind und Kegel, bepackt mit Tischen, Stühlen und Proviant, hatten sich im Schatten der Bäume zum Picknick niedergelassen. Hier hatte auch Franz von Assisi auf seiner Wanderung von Venedig über Florenz nach Assisi einen Monat ausgeruht.

In dem nahen Dorf Camaldoli ein Quartier zu finden, erwies sich als aussichtslos, so kaufte ich Proviant, füllte meine Wasserflaschen an einem Brunnen und wanderte Serpentine um Serpentine auf schmalen Pfaden durch den Hochwald zur Schutzhütte Cotozzo.

Spät am Abend erreichte ich die Hütte. Vor mir waren andere da gewesen und hatten viel Abfall hinterlassen. Die Schutzhütte war in einem so heruntergekommenen Zustand, dass ich beschloss, auf der kleinen Freifläche davor zu zelten.

Mitten in der Nacht wachte ich von seltsamen Geräuschen auf. Lange rätselte ich, was es sein könnte, bis ich dicht an meiner Zeltwand ein Grunzen und Schnauben hörte. Wildschweine! Sie suchten Futter und wühlten dabei den Boden um. Beruhigt legte ich mich zurück und schlief bald ein.

Am nächsten Morgen wanderte ich weiter durch die einsamen, bewaldeten Berge, unter mir im Tal ab und zu kleine Bergdörfer, sonst nichts als Stille über dem sonnendurchfluteten Land. Wohin ich auch blickte, große Trockenheit, alle Gräser braun und dürr. Der Wind wehte feinen Brandgeruch in meine Nase, die Brandgefahr im Buschland und

Wald war sehr hoch, wovon große abgebrannte Stellen zeugten.

Da die Markierung mehr als mangelhaft war, schlug ich mich zum Teil durch mannshohe Farne durch, immer in der Hoffnung, auf einen Fußweg zu stoßen. Die erste Hälfte des Franziskaner-Weges ist übrigens kein eigenständiger Weg, vielmehr führt er über vorhandene Weide- und Waldwege, die meist in keinem guten Zustand sind.

Eine besondere Herausforderung lag für mich darin, dass diese Wege oft nur vorübergehend meine Wege waren und ich deshalb den Wechsel vom einen zum anderen Weg nicht verpassen durfte. Verbindungen zwischen den Wegen waren meist schmale Pfade, die, da wenig benutzt, häufig zugewachsen waren. Viele Wege endeten im dichten Gestrüpp oder an Stacheldrahtzäunen. So kam ich nur sehr langsam voran. Die Zeitangaben in meinem Wanderbuch erschienen mir oftmals als der blanke Hohn.

Wieder einmal schlug ich mich durch Dickicht und mannshohe Farne, als es plötzlich direkt vor mir laut grunzte und quiekte. Eine Herde Wildschweine, die ich bei der Siesta störte! Ich hoffte, es wäre keine Bache mit ihren Jungen dabei, sonst hätte es für mich gefährlich werden können. Fünf ausgewachsene Wildschweine starrten mich an. Keine Ferkel. Ich knallte meine beiden Wanderstöcke aneinander, das gefiel den Schweinen nicht – eine Kehrtwendung und weg waren sie durch den hohen Farn. So leicht hätte ich es auch gern gehabt!

Siebzig

Der Trüffelhund

Die Sonne war gerade über den Bergen aufgegangen, ich kam von Bada Prataglia und Rimbocchi und wähnte mich alleine auf dem Poggio Montepoli in dieser herrlichen Natur, als ich vor mir eine Stimme hörte. Das kann doch nicht sein, dass von der anderen Seite bereits Wanderer hochgestiegen sind!

Schon schritt mir auf dem schmalen Gratweg, der sich durch Eichen- und Kiefernwald zog, ein alter Mann entgegen. In einer Hand trug er einen etwa zwei Meter langen, stabilen Stab mit einer massiven Eisenspitze in Lanzenform, neben ihm sprang eifrig wedelnd ein schwarzweißer Mischlingshund.

Nach einer freundlichen Begrüßung, bei der mich auch die rosa Zunge des Hundes nicht verschonte, fragte ich seinen Besitzer nach der Bewandtnis des Stabes. Bereitwillig gab mir der Mann Auskunft, indem er mir sogleich zeigte, wozu der Stock taugte: Ich war einem Trüffelsucher begegnet. Stolz streckte er mir die Ernte des frühen Morgens entgegen, gut zwei Handvoll Trüffel in einer Tüte. Trüffel leben in Symbiose mit den Wurzeln der Eichenbäume – und der Hund, die kleine Luna, erschnupperte sie. Der Mann gab dem Hund einen Befehl, Luna stürmte mit der Schnauze am Boden los – und es dauerte nicht lang, bis sie wie wild mit den Vorderpfoten zu graben begann, Erdbrocken flogen nur so durch die Luft. Nun kam der Lanzenstock zur Anwendung, mehrere Male stieß der Mann ihn in den Boden, suchte und grub und hob wieder einen Trüffel auf. Luna bekam zur Belohnung einen Keks, auf den sie ganz scharf war, und beschleunigte ihr Wedeln. Bald würde der kleine Hund abheben mit diesem nimmermüden Propeller.

Ohne es vorher besprochen zu haben, setzten wir uns an den Wegesrand ins dürre Gras, und der Trüffelsucher erzählte. Um diese Jahreszeit fahre er fast täglich mit seinem Auto aus dem Tal bis zur Passhöhe und laufe dann mit seiner Luna los. So verdiene er sich seinen Lebensunterhalt, da er nur eine geringe Rente erhalte. Er sei sehr zufrieden mit seinem schönen Dasein in dieser herrlichen Natur.

Er reichte mir ein Stück von seinem Brot und teilte seinen Ziegenkäse mit mir. Andächtig kauend saßen wir schweigend nebeneinander, der Hund lag vor uns und beobachtete uns aus seinen klugen Augen. Als wir fertig gegessen hatten, verabschiedeten wir uns voneinander.

Hinter Grenano braute sich ein Gewitter zusammen, und dann brach es los mit Urgewalten, so dass mir nichts anderes übrigblieb, als mich so klein wie möglich zu machen. Nach einer halben Stunde war der Weltuntergang vorbei. Die Natur atmete auf – endlich wieder Wasser, um zu wachsen und grün zu werden.

In dieser Nacht durfte ich mein Zelt im Garten eines Agriturismo aufstellen und gelangte am nächsten Tag in die Tiber-Ebene.

Kurz vor Sansepolcro hatte ich genug von Wegen, die im Nirgendwo endeten, und lief an einer wenig befahrenen Landstraße entlang. Es war wieder einmal sehr heiß. Unter mir lag der große Stausee Lago die Montedoglio, zu weit weg für mich, auch wenn die Idee lockte, dort mein Zelt aufzuschlagen.

In Sansepolcro selbst fand ich keinen geeigneten Zeltplatz. Es war schon dunkel, als ich neben der Kirche kampierte – ohne jemanden um Erlaubnis zu fragen, da niemand im Pfarrhaus auf mein Klopfen und Rufen geantwortet hatte.

In aller Frühe baute ich mein Zelt wieder ab, da hörte ich Motorengeräusch. Der Pfarrer kam nach Hause. Ich verhielt mich still in Deckung hinter den Büschen im Garten. So blieb ich vor der schwierigen Aufgabe verschont, in italienischer Sprache etwas erklären zu müssen. Außerdem zuckten meine Beine, ich wollte weiter, ehe es zu warm wurde.

Eine schöne Strecke führte mich unter Pinien entlang. Fußhoch lagen die langen Nadeln der Bäume, ein brauner weicher Teppich. Später lief ich neben weiten Getreidefeldern her, auch Tabak, Mais und Wein wurden hier angebaut. Trotz der sonntäglichen Ruhe arbeiteten viele Bauern auf den Feldern, die meisten brachten Wasser.

Am Abend erreichte ich Citta di Castello und hatte damit die Toskana verlassen. In dieser lebhaften Stadt im oberen Tiber-Tal im Norden von Umbrien fand ich auf Anhieb ein preiswertes Zimmer und bummelte dann noch eine Weile durch die Straßen und über den Marktplatz.

Am Ufer des Tiber lief ich weiter Richtung Umbertide und bereute meinen Entschluss, die schlechten Wanderwege in den Bergen verlassen zu haben, kein bisschen. Die Strecke durch Dörfer und Städte war eine schöne Abwechslung, die mich mitten hineinversetzte in die italienische Lebensart. Ich sah Menschen in Grüppchen beisammenstehen, wurde Zeuge manch fröhlicher Begegnung, freute mich an Jugendlichen bei romantischen Rendezvous, häufig mit Mopeds – Italien pur.

So lief ich beschwingt bis nach Pievantonio und weiter, immer in Sichtweite des Tiber. Die Luft hatte etwas abgekühlt. Nur mehr 30 Grad, eine Wohltat! Dann durfte ich auch noch viele Kilometer im Schatten der Bäume laufen, was ich sehr zu schätzen wusste. Unterwegs im Straßengraben, schon von weitem gerochen, lag ein ausgewachsenes Wildschwein, wohl von einem Auto angefahren, neben unglaublich viel Müll, der sich am Straßenrand sammelte. Die toten, oft schon skelettierten Katzen zählte ich nicht mehr. Seit der Po-Ebene hatte ich nicht so viele breitgefahrene Schlangen auf den Wegen gesehen, was mich mahnte, auf noch lebende Exemplare achtzugeben.

Am späten Nachmittag erreichte ich Perugia, die Hauptstadt Umbriens. Ich besichtigte einige Sehenswürdigkeiten dieser beeindruckenden Stadt – und geriet in Zeitnot.

Am nächsten Morgen schon sollte ich in Assisi sein, um den Auslandskorrespondenten der Süddeutschen Zeitung, Herrn Dr. Ulrich, für ein Interview zu treffen. Ich hatte keine Ahnung, was dabei herauskommen würde, er hatte mich angerufen, und wir hatten den Treffpunkt vereinbart. In dieser Ausnahmesituation löste ich ein Zugticket von Perugia nach Assisi und fand dort trotz der vielen Touristen schon beim dritten Anlauf ein einigermaßen erschwingliches Zimmer in einem Hotel am Bahnhof.

Einundsiebzig

Ein italienischer Liederabend

Kurz nach 20 Uhr trat ich in den großen Speisesaal des Hotels. Der Patrone, seine Frau, sein Sohn und die Küchenmannschaft servierten den zirka 80 Gästen das Abendmenü. Fast alle Gäste waren Italiener, und unter ihnen befand sich eine Reisegruppe aus New York. Die etwa zwanzig Personen im Alter von 50 bis 60 Jahren machten eine Städtereise durch Italien. Was sie vereinte, war das Heimweh nach Italien, das viele von ihnen seit Jahrzehnten nicht mehr gesehen hatten. Heimat ist ein großes Wort. Auf einen kleinen Nenner gebracht: Heimat ist da, wo man als kleines Kind die ersten Lieder der Mutter hört.

Die Hauptmahlzeit war gerade abgeräumt, als plötzlich Ruhe einkehrte – sehr untypisch für ein italienisches Restaurant. Neugierig blickte ich in die Runde und sah einen kleinen Mann, kräftig gebaut mit schütterem Haar, hinter seinem Stuhl stehen, die Lehne mit beiden Händen fest umklammernd. Er sprach ein paar Worte zu den Gästen an seinem langen Tisch, die diese mit Bravo-Rufen und Händeklatschen beantworteten. Das runde Gesicht des Mannes strahlte Freude und Anspannung zugleich aus – und dann fing er zu singen an.

Alle Augen richteten sich nun auf den Sänger in der Mitte des Saales, der voller Inbrunst eine italienische Volksweise vortrug. Kaum geendet, toste Applaus auf. Da capo! Der Sänger begann das nächste Lied. Und noch eines und noch eines und noch eines. Mucksmäuschenstill war es im Saal, nur zwischen den Liedern jubelten die Gäste begeistert – und ergriffen. Dies war ein besonderes Konzert. Ein besonderer Abend. Hier sang ein Mensch sein ganzes Heimweh heraus, angekommen im Land seiner Väter und Mütter. Der Applaus trieb ihn noch mehr an – und nicht nur ihn: Bald sangen die ersten Gäste mit, bis im ganzen Saal ein vielstimmiger Chor erklang.

Zu gern hätte auch ich mitgehalten, obwohl ich selten singe. Immerhin summte ich leise, was ich zu erahnen glaubte. So gehörte ich zu dieser Familie, zu der wir in jenen Augenblicken verschmolzen. Egal aus welchem Land, egal wie alt, alles egal. Wir waren Menschen. Und Sänger.

Jener erste Sänger, der unsere Seelen verzaubert hatte, uns alle in diesem Saal wie mit unsichtbaren Schnüren verband, sang bis zur physischen Erschöpfung. Als er zu keiner

Zugabe mehr imstande war und sich nach einer Verbeugung den Schweiß von der hohen Stirn wischte, kannte der Jubel keine Grenze. Ein jeder dankte mit gestenreichen Worten … und mittendrin ich, des Italienischen nicht mächtig, meine Ergriffenheit auszudrücken – selbst auf Deutsch wäre es mir schwergefallen.

Ohne nachzudenken, stand ich auf, ging quer durch den Saal auf den Sänger zu, schaute ihn an und nahm ihn einfach in meine Arme. Es kamen mir keine Zweifel, ob mein Handeln angemessen sei oder vermessen, nein, ich hielt diesen dicken, schwitzenden, wunderbaren Sänger im Arm und schämte mich meiner Tränen nicht. Wir schauten uns in die Augen. Ich spürte, dass er mich verstand. Dass ich keine Worte brauchte. Dass es etwas Größeres gab. Ein Amerikaner in seiner Heimat Italien und ein Deutscher weit weg von daheim und die Musik alle Kontinente und Menschen umspannend.

Zweiundsiebzig

Das erste Interview

Dieser Tag sollte eine entscheidende Wende in meinem Leben bringen – gut, dass ich zu diesem Zeitpunkt noch nichts davon wusste. Am Vormittag war ich mit Herrn Dr. Ulrich zum Interview verabredet. Er war mir sofort sympathisch und wir führten ein langes, ausführliches Gespräch, in dem ich mich kein bisschen ausgefragt fühlte, obwohl mein Gegenüber alles wissen wollte. Angefangen von meinen Lebensumständen über meine Beweggründe für die Wanderung bis hin zu den einzelnen Etappen.

Einige Stunden saßen wir beisammen, und Herr Dr. Ulrich hat einen beeindruckenden Artikel über unser Gespräch verfasst, in dem ich mich ganz und gar wiederfand. Der Artikel erschien am 3. September 2007 in der Süddeutschen Zeitung und brachte einiges in Bewegung, zum Beispiel auch, dass Sie nun dieses Buch lesen. Das alles hätte ich mir nicht mal zu träumen gewagt.

Das Einzige, was ich unmittelbar merkte, war die Explosion meiner Handyrechnung. Ich wurde nach Erscheinen des Artikels oft angerufen und – da ich mich im Ausland aufhielt – auch kräftig zur Kasse gebeten.

Dreiundsiebzig

Zurück in den Bergen

Ich beschloss, nicht mehr über die Landstraßen zu wandern, sondern es noch einmal mit dem Franziskaner-Weg zu versuchen. Vielleicht würde er hinter Assisi in einem besseren Zustand sein.

So brach ich auf nach Spello. Zuerst ließ es sich gut an, ich fand sogar mehrere Markierungen. In der Hoffnung, es würde so bleiben, schritt ich frohen Mutes auf dem immer steiniger und steiler werdenden Weg nach oben. Viele rückwärts gerichtete Blicke auf die Stadt Assisi unter mir erfreuten mich.

Der Weg vor mir erfreute mich immer weniger – er wurde schlechter, als ich mich dem Kloster Eremo delle Carceri, in einen steilen bewaldeten Berghang gebaut, näherte. Aus dem Tal führt eine schmale asphaltierte Straße zum Kloster, die von vielen Touristen genutzt wird. Nach eingehender Besichtigung verließ ich diesen schönen Platz mit den vielen Menschen und genoss es dann sehr, wieder allein zu sein mit der herrlichen Bergwelt und meinen Gedanken.

Am späten Nachmittag hatte ich mein Tagesziel Spello erreicht, und es kam mir vor, als wäre ich in die Zeit des Mittelalters zurückversetzt. Von einem kurzen, heftigen Gewitter durch und durch nass geworden, musste ich mir in der Stadt ein Zimmer suchen und wanderte erst am nächsten Tag weiter durch das Mittelalter. Eine alte Stadt nach der anderen. Ich konnte mich kaum sattsehen.

Unterwegs nach Montefalco lief ich wieder einmal ohne Markierung nur nach meinem Wanderbuch, das mir ein dienlicher Begleiter war. Doch es war nicht die neueste Ausgabe – manches hatte sich geändert, und ich musste stets auf der Hut sein, um nicht falsch zu gehen.

Durch das breite fruchtbare Valle Umbria lief ich an Weingärten vorbei nach Bevagna. Am Ortsausgang befindet sich ein öffentlicher Waschplatz: große gemauerte Becken, an denen manche Frauen heute noch Wäsche waschen.

Mit schöner Aussicht auf die umliegenden Hügel erreichte ich Montefalco. Man nennt das Städtchen auch den Balkon Umbriens, mit seinem weiten Ausblick über die Umbrische Ebene. Durch Zufall stieß ich in einer Seitenstraße auf eine Weinhandlung, die von zwei älteren Schwestern betrieben wurde. Sie hatten einen ausgeprägten Geschäftssinn, besaßen drei Häuser, vermieteten Zimmer und führten zudem ein rustikales Restaurant.

Ich bekam eine kleine Wohnung im Stammhaus der Familie zugewiesen, in der ich mich gleich sehr wohl fühlte – ausgestattet mit alten Möbeln, geschnitzten Balken und bunten Fresken an den Wänden. Abends beim Essen erfuhr ich viel Interessantes über italienische Familientraditionen, den Wein- und Olivenanbau. Außerdem überreichten mir die Damen eine Empfehlung für meine nächste Station Spoleto: die Adresse eines Verwandten.

Frohgemut besichtigte ich früh am nächsten Morgen das Kloster San Fortunato. Ich war der erste Besucher und konnte so in aller Ruhe im Innenhof die Fresken aus dem Leben des Franziskus betrachten. Dunst am Himmel versprach einen heißen Tag, ich sollte mich also sputen.

Waschküche im Freien

Eine tiefe Ruhe lag über dem Land. Kein Auto, keine Geräusche. Ich war ein Fußgänger im Mittelalter auf den Spuren des Franz von Assisi. Links und rechts säumten große Olivenbäume und Weingärten meinen Weg.

Kurz bevor ich von der schmalen Landstraße in einen Feldweg abbiegen wollte, zirka drei Stunden Fußweg hinter Montefalco, hörte ich jäh wildes Hupen. In einer Staubwolke hielt auf der Straße ein kleiner roter Fiat. Darin saßen die beiden Schwestern. Hatte ich wieder einmal ein Paar Socken vergessen? Nein, eine der beiden schwenkte ein Blatt Papier in der Hand, legte dieses auf die Motorhaube und schaute mich auffordernd an. Neugierig beugte ich mich über das Papier. Die guten Damen hatten für mich, wohl wissend um die schlecht markierten Wege, eine Skizze nach Spoleto aufgezeichnet und sie mir zehn Kilometer nachgefahren.

In der Tat lief ich ja bereits seit drei Tagen ohne Markierungen. Diese Freundlichkeit und Hilfsbereitschaft rührte mich sehr. Zwei Minuten später, und wir hätten uns verfehlt, und ich hätte nie davon erfahren. Lang und breit erklärten die Schwestern – die eine geduldig, die andere ungeduldig – mir die Skizze, nahmen mich beim Abschied herzlich in die Arme und wünschte mir viel Glück.

Vierundsiebzig

Am Limit

So weit das Auge reicht Wein, Oliven, Feigen, eine Strecke wie im Paradies, wenn, ja wenn nur die Wege besser gewesen wären. Und wenn die Trocken- und Brandschäden nicht gewesen wären. Sie waren auch der Grund dafür, dass ich in dichter besiedelten Gebieten nur ungern mein Zelt aufschlug. Wie schnell konnte ich durch den Leichtsinn anderer Opfer eines Feuers werden.

Ich stolperte über Feldwege, den Blick in die Ferne gerichtet nach Anhaltspunkten für meinen Weg – nur keinen Kilometer umsonst laufen. Kein Schatten, der zum Verweilen einlud, kein Windhauch, der kühlte. Unbarmherzig stach die Sonne vom Himmel. Ich litt großen Durst, nirgends Trinkwasser, in den Gräben nur Brackwasser.

Es wurde heiß und heißer, beim Gehen durch einen kleinen Ort entdeckte ich ein Thermometer im Schatten eines Baumes. Ich mochte es kaum glauben: 45 Grad! Mein Gepäck wurde unerträglich schwer, und in der Hitze löste sich meine Stomaversorgung vom Körper.

Ich war völlig erschöpft und wunderte mich, dass ich trotzdem unbeirrbar meinen Weg verfolgte und nicht einmal daran dachte aufzugeben.

Immer wieder memorierte ich in Gedanken: *Kurt, du musst langsam gehen, sonst bekommst du einen Hitzestau und einen Kreislaufzusammenbruch.*

Was ich trieb, war gefährlich. Ich merkte deutlich, dass ich am Limit stand. In weiter Ferne ein paar kleine Dörfer – viel zu weit weg im Ernstfall. Mir durfte nichts passieren, jede Hilfe käme zu spät.

Immer wieder blieb ich stehen, versuchte meine schmerzenden Schultern zu entlasten, tief hatten sich die Riemen eingegraben. Immer wieder meinen Weg wechselnd, links, rechts, geradeaus, manchmal nur 50 Meter auf dem gleichen Weg, musste ich mich voll konzentrieren.

Ich sehnte den Abend herbei und den Untergang der Sonne. Einem jeden hätte ich geraten aufzuhören, ich selbst war unbelehrbar.

Fünfundsiebzig

Eine Hochzeit, eine Brücke und ein Kloster

In Spoleto wollte ich einen Tag rasten – doch als ich am Morgen in meiner Unterkunft aufwachte, fühlte ich mich ausgeruht genug, um weiterzuwandern. Vielleicht hatte auch ein Erlebnis des vorigen Abends dazu beigetragen.

Nach der Besichtigung der Stadt, ich stand gerade mitten auf der Piazza, fuhren plötzlich drei Streifenwagen auf den Platz, sämtliche Straßen wurden gesperrt. Mafia im Anzug? Nein, eine Hochzeit. Im offenen Wagen rollte das Brautpaar unter dem Jubel der Passanten Runde um Runde über die Piazza. Alle gratulierten, klatschten Beifall, die ganze Stadt, so schien es mir, nahm Anteil an dem Glück des Paares. Es wurde getanzt, gefeiert, gesungen – pure Lebensfreude. Und dann war der Spuk auch schon wieder vorbei. Die Polizisten hoben die Straßensperrung auf, die Hochzeit zog weiter, das Treiben auf der Piazza nahm seinen gewohnten Lauf und auch ich lief weiter.

An der Brücke Ponte delle Torri aus dem 14. Jahrhundert entdeckte ich eine Gedenktafel. Am 27. Oktober 1786 überquerte Goethe auf seiner Italienreise diese 230 Meter lange und 80 Meter hohe Brücke, die Spoleto mit Monteluco ver-

Auf den Spuren von Goethe

bindet. Ich hätte die Brücke auch gern überquert. Das war leider nicht möglich: Wegen Bauarbeiten war sie gesperrt.

Alle Versuche, über die steile Felswand doch noch irgendwie auf die Brücke zu gelangen, schlugen fehl. Tief unter mir unerreichbar die Schlucht, kein Weg führte hinunter und auf der anderen Seite, wo mein Weg verlief, hinauf. In meinen Karten las ich, dass es einen Umweg von mindestens 17 Kilometern bedeutet hätte, wenn ich auf der anderen Seite durch die Berge wollte – mit der großen Unsicherheit, ob ich im Gebirge auf meinen Weg getroffen wäre.

So blieb mir nichts anderes übrig, als zurück nach Spoleto zu laufen und mit dem Zug nach Terni zu fahren, wo ich das Ende der Hügelkette erreichte. Mit dem Bus fuhr ich dann zurück auf die andere Seite des Gebirges nach Ferentillo, dem Ziel der Etappe. Keine Straße führte über diese hohen Berge, und ich war froh, in der brütenden Hitze dieses Tages einen Ausweg gefunden zu haben.

Von Ferentillo aus lief ich am nächsten Tag zum Carpio-Pass. Die Markierungen auf diesem steilen Stück waren wieder einmal sehr mangelhaft, dafür genoss ich eine tolle Fernsicht am Pass.

Auf meinem einsamen Weg durch Busch und Eichenwald, tief unter mir im Tal das Dorf Polino, begegneten mir zwei Waldarbeiter, die am Wegesrand auf Baumstämmen sitzend Mittagspause hielten. Nach einer kurzen Begrüßung setzte ich mich zu den beiden, sie luden mich ein, an ihrer Brotzeit mit Wein, Käse, Brot, Salami und Mortadella teilzunehmen. Ich wollte sie nicht beleidigen, aber auch nicht ihr weniges Essen schmälern, so deutete ich auf meinen Rucksack und zeigte an, ich hätte schon gegessen. So leistete ich den beiden noch ein wenig Gesellschaft oder besser gesagt sie mir.

Nach einer Übernachtung in der Herberge eines italienischen Priesters in den Bergen führte mich mein Weg am nächsten Tag über die Hochebene in Richtung Poggio Bustone/Kloster. Wie immer war es heiß. Brütend heiß. Die Rinder fanden hier oben nichts zu fressen, wurden von den Bauern gefüttert, zu lange schon dauerte die Trockenheit, die Berge waren alle braun.

Eine schöne Wanderung über Landwege durch das Bergdorf Cantalice führte mich zu den vielen Stufen hoch zur Piazza de Popolo in Richtung zum Kloster Convento della Foresta. Ein Bruder führte mich gerne durch die gepflegte Anlage und zeigte mir die Fresken aus dem 15. Jahrhundert in der Apsis. Besonders hatte es mir der große gepflegte Garten angetan, eingefasst von einer langen Steinmauer. Obst, Gemüse, Blumen – alles in sauberen Beeten.

Nach einer Ruhepause machte ich mich in der heißen Sonne auf den langen Weg hinunter nach Rieti Stadt. Dort besichtigte ich den romanischen Dom und musste dann lange suchen, bis ich meinen Weg nach Convento di Fonte Colombo fand.

Leider konnte ich den Aufenthalt in Rieti nicht nutzen, um Proviant einzukaufen: Siesta. Zwischen 13 und 17 Uhr waren alle Geschäfte geschlossen. In meinem Wanderbuch war die Rede von einer Bar, wo man auch Lebensmittel kaufen könne, ehe der Pfad in die Berge führte. Ich erreichte die Bar planmäßig. Doch sie hatte Ferien, Vacanze. Was tun? Zurück in die Stadt? Nein danke! Also weiter in die Bergwelt, trotz Hunger und Durst.

So nahm ich den mühevollen Anstieg in Angriff, der steinige Pfad schlängelte sich in die vom Buschwald überwucherten Berge. Nach vielen Stufen stand ich endlich auf dem sauberen Vorplatz des Klosters. Eine imposante Anlage mitten in der Felswand.

Auf den ersten Blick war mir klar, dass ich hier nicht zelten konnte. Es war auch niemand zu sehen, den ich um Proviant bitten konnte. Also sollte ich mich sputen, weiterlaufen, es war schon spät. Ohne Essen? Während ich noch überlegte, entdeckte ich einen kleinen Brunnen. Silbrig glänzender Wasserstrahl, der in ein steinernes Becken floss. Verdursten würde ich hier nicht! Bei einer steinernen Bank nahe der geschlossenen Pforte nahm ich meine Rucksäcke von den schmerzenden Schultern und trank und trank und trank langsam Schluck für Schluck in mich hinein. Leben kehrte zurück. Ich genoss das herrliche Gefühl, ohne Durst zu sein, und ruhte mich auf der Bank von dem langen steilen Anstieg aus.

Wunderbar still war es in der Klosteranlage, nur das Plätschern des Wasserstrahls und einige Vogelstimmen im Wald waren zu hören. Ich war müde. Sehr müde. Und hatte Hunger bis unter beide Arme. Leer mein Rucksack. Was tun? Klopfen? Warum nicht? Gesagt, getan, wenn auch sehr zögerlich. So schwer die Beine auf einmal.

An der Pforte suchte ich nach der Glocke. Ein heller Klang stieg empor in den Abendhimmel, wehte durch den Klosterhof, traf sich mit dem Plätschern des Wassers und den Stimmen der Vögel – und erreichte auch die Ohren des Bruders Pförtner. Schritte hinter der Türe, ein Schlüssel drehte sich im Schloss, zwei Riegel knarrten in den Führungen und mit leichtem, knarzendem Widerstand öffnete sich das Tor.

Ein Bruder mittleren Alters in seiner braunen Kutte, mit

nackten Füßen in Sandalen stand mit fragendem Blick vor mir. Nicht unfreundlich hörte er meiner Bitte nach einem Platz für die Nacht im Kloster zu, nickte, bat mich dann zu warten, er müsse fragen. Die Pforte ließ er offen, und ich sah ihn durch eine der vielen Türen unter dem Kreuzgang verschwinden.

Lang dauerte es, bis er zurückkehrte, das ganze Gesicht ein einziges Strahlen, den Daumen hochgereckt:

»Okay, okay!« Und dann winkte er, als könne es ihm nun nicht schnell genug gehen. Ich folgte ihm über den mit Blumen geschmückten Klosterhof durch mehrere Gänge und Korridore, bis er eine Tür öffnete und mir bedeutete einzutreten. Ein großer dämmriger Raum, darin ein langer Tisch, zwei Stühle, ein Schrank. Hier könne ich die Nacht über bleiben.

Ich bedankte mich herzlich und befürchtete, er würde verschwinden, ehe ich ihm deutlich machen konnte, dass ich so großen Hunger hatte. So klopfte ich mit meinen Händen auf den Bauch und fragte, ob ich etwas Essbares bekommen könnte.

»Momento, momento«, lachte der Bruder und verschwand durch die dunkle schwere Holztür. Ich blies meine Matratze auf, legte sie auf den Boden, rollte den Schlafsack darüber und bereitete alles für die Nacht.

Ich dachte schon, der Bruder habe mich und meinen Hunger vergessen, da kam er, vollbeladen beide Hände mit drei Tellern und unter den Armen je eine Flasche Wasser, zwischen Daumen und Zeigefinger ein paar Servietten eingeklemmt. Er stellte die Herrlichkeiten auf den Tisch. Ein Teller randvoll mit belegten Broten, ein Teller mit Pfirsichen und einer mit Feigen, dazu das Wasser, was für ein köstliches Abendessen, vor einer Stunde hätte ich an so etwas nicht einmal im Traum gedacht.

Aus vollstem Herzen dankte ich und fragte nach dem Preis. Da hob der Bruder abwehrend beide Arme. »No! No!« Er legte die Hände wie zum Gebet zusammen und bedeutete mir, ich solle Gott danken. Gefügt, geführt, dachte ich da und bedauerte es, dass mir die Worte fehlten, es dem Bruder zu erklären. So blieb die Hoffnung, er möge es in meinen Augen lesen.

»Buona notte«, wünschte er mir mit einem freundlichen Lächeln und ließ mich, einen glücklichen Menschen, zurück.

Ich teilte mein Essen mit Bedacht, packte etwas davon für den nächsten Tag in die Servietten und aß hungrig die andere Hälfte. Etwas später lag ich auf meiner Luftmatratze, schaute den Schattenspielen des Oberlichtes meines Zimmers zu, hörte den milden Wind und wartete auf den Schlaf. Glocken läuteten. Lang und melodisch. Die Abendandacht?

Ich zog meine schweren Wanderschuhe an und suchte durch viele Gänge den Weg zur Kirche, wo die Andacht gerade begonnen hatte. Zwölf Brüder in braunen Kutten mit weißer Hüftschnur und nackten Füßen in Sandalen standen in einem Halbkreis vor dem Altar, sangen und beteten ihre Liturgie. Ich verstand zwar nicht, was genau sie sagten, doch ich fühlte sehr wohl die besondere Stimmung, die mich tief ergriff und berührte. So nahm ich auf einer Bank Platz. Weiter vorne saß ein Ehepaar, sonst gab es keine Besucher.

Wie fröhlich und fromm die Franziskaner-Brüder wirkten. Junge und alte. Heitere Gesichter. Sie zelebrierten einen Kreuzgang, trugen das große Altarkreuz vor sich her, machten vor jedem der 12 Eisenkreuze, je 6 an den Längswänden der Kirche, Station, sprachen ein Gebet, sangen einen Teil der Liturgie, und weiter zur nächsten Station.

Auf einmal flog eine Wespe über die Köpfe der betenden Mönche. Vielleicht suchte auch sie einen Platz für die

Nacht – und glaubte ihn wohl schon gefunden zu haben im prächtigen dunklen Lockenkopf eines jüngeren Bruders. Der Bruder drehte und schüttelte den Kopf, doch die Wespe hatte sich in der Lockenpracht verfangen. Immer wilder schüttelte der Bruder das Haupt, während er sang und betete.

Seine Mitbrüder bekamen das wohl mit, unterbrachen das Ritual allerdings nicht, sondern beteten und sangen weiter, wenn auch schmunzelnd. Endlich befreite sich die Wespe und suchte den nächsten Wirt, summte über die Köpfe der Brüder, die ihrerseits mit gefalteten Händen versuchten, sie zum Weiterfliegen zu bewegen.

Flugs schlüpfte die Wespe da unter den Rock des ältesten der Brüder, der hoch in den Achtzigern stand. Hatte dieser eben noch über das Missgeschick seines Mitbruders geschmunzelt, vollführte er nun selbst einen kleinen Tanz, ohne Gebet und Gesang zu unterbrechen. Er lupfte die Kutte, schüttelte sie, hob das eine, dann das andere Bein, um den ungebetenen Gast unterm Rock loszuwerden. Endlich erschien die Wespe wieder und brummte Richtung Tür. Sehr erleichtert stellte der Bruder seinen Tanz ein, und es kehrte Ruhe und Andacht in die Gesichter der Brüder zurück.

Ich blieb bis zum Schluss in der Kirche, reich beschenkt von dieser fröhlichen Frömmigkeit, Nahrung für meine Seele, und tiefe Dankbarkeit erfüllte mich, dass ich hier sein durfte.

Sechsundsiebzig

Im Schussfeld

Die Sabiner Berge sind eine bewaldete Bergregion nordöstlich von Rom, durchzogen von der alten Heerstraße, der Via Salaria, und mittelalterlichen Dörfern aus Tuffstein mit schmalen Gassen, die wirken wie von der Zeit unberührt. In dieser Gegend gibt es viele Klöster, die Abtei von Farfa, die Einsiedelei Fonte Colombo und das Kloster Greccio.

Während ich an den Klöstern einige Hinweistafeln fand, wie man von einem zum nächsten Kloster gelangte, brachen die Markierungen später wieder einmal ganz ab. Ich verließ mich auf mein Wanderbuch und landete in der Wildnis inmitten mannshoher Brombeerfelder, gut drei Meter hohen Schilfgräsern und überwucherten Wassergräben. Weit in der Ferne am Horizont sah ich den Berg und den Ort Contigliano, eines meiner Ziele, und dahinter, fast nicht sichtbar, oben in den Bergen Greccio, dort wollte ich hin – aber wie?

Nach langem Suchen entdeckte ich einen schmalen Wildwechsel, der mich in die Auwildnis führte und in riesengroße Maisfelder. Es war sehr heiß, und die Mücken umschwirrten mich begierig. Ich war am ganzen Körper zerkratzt von Dornen, auch meine Kleidung hatte etliche Risse, ich litt Durst, und die Mücken sirrten, lief ich schon im Kreis? Wo war der Ausgang? Es war zum Verzweifeln! Zurückgehen? Und dann?

Plötzlich eine Serie von Schüssen in der Nähe. Das hatte gerade noch gefehlt. Hinlegen? Rufen? Da sah ich die Schützen, einer nach dem anderen im grünen Drillichanzug, die Schrotflinte in der Armbeuge, pirschten sie durch das Gehölz und durch die Maisäcker. Eine Gruppe von zirka 15 Mann auf der Vogeljagd, Volkssport in Italien. Sobald sich die aufgeschreckten Vögel am Himmel zeigten, krachte es aus allen Richtungen. Ich wollte nicht mit einem Vogel verwechselt werden, so machte ich mich bemerkbar und nutzte die Gelegenheit, nach Greccio zu fragen. Ein Jäger schaute mich entgeistert an.

»Greccio?«, wiederholte er.

Ich nickte.

Natürlich war ich total verkehrt. Ich versuchte mir zu merken, wie ich laufen sollte, über die Äcker in südliche Richtung, bei einem Gehöft rechts und so weiter. Ich ahnte nichts Gutes, doch immerhin hatte ich nun einen Anhaltspunkt.

Ich ging einen schmalen Grasweg durch hohe Maisfelder, hinter mir das Schießen der Jagdgruppe, dann endete der Weg vor einem tiefen Wassergraben, und ich musste zurück. Die Schützen, erstaunt über mein Auftauchen, schüttelten die Köpfe, und einer von ihnen erklärte den Weg noch einmal – oder einen anderen? Ich verstand nur Bahnhof. Mit einem »Grazie« verabschiedete ich mich und gedachte nicht, dieser Jagdgesellschaft erneut zu begegnen. Ich würde meinen Weg schon finden!

Mühsam zwängte ich mich durch das hohe Schilf und versuchte verbissen, den Teppich mannshoher Brombeeren zu überwinden. Oft verfing ich mich in den langen Ranken, es ging nicht vorwärts und nicht zurück, ich lag mehr, als dass ich ging.

Schließlich stand ich vor einem breiten Flussbett, eine tiefe mit Brombeeren bewachsene Böschung wie eine unüberwindbare Grenze. Jetzt war es auch schon egal. Ich schlug mich durch die Dornen. Erreichte den Fluss total erschöpft und aus vielen Wunden blutend.

Wegen der Hitze der vergangenen Wochen stand das Wasser nur mehr knietief. Ich watete quer durch den Fluss, wollte das andere Ufer erklimmen – doch die steile zugewachsene Böschung verschloss ihre Pforten vor mir. Wenigstens hatte ich jetzt nasse Füße. Eine Wohltat. So stand ich im Wasser und kam nicht raus, kam auch nicht zurück. Also weiter im Fluss. Wassertreten soll ja recht gesund sein.

Nach rund anderthalb Kilometern entdeckte ich am

Ufer einen schmalen Wildwechsel, zog mich an Zweigen die Böschung hoch, mitten hinein in die Brombeerranken. Dutzende von Mücken auf meinen blutenden Rissen. Egal. Weiter durch die Wildnis.

Schließlich stand ich vor einem hohen eingewachsenen Maschendrahtzaun. Mühsam erweiterte ich eine Lücke im Zaun, wollte mich durchzwängen, blieb mit meinen Rucksäcken hängen, versuchte mich zu befreien, der Schweiß rann mir am ganzen Körper hinab, und nun löste sich auch noch meine Stomaversorgung. Auf den Knien ließ ich mich nach vorne durch den Zaun fallen. Blieb ein, zwei Minuten liegen. Selber schuld. Ich hatte es so gewollt. Kam auf die Knie, rappelte mich hoch. Weiter. Weiter. Nur nicht liegen bleiben!

Später saß ich neben einem Schäfer unter einer Gruppe von Kiefern, vor uns der hechelnde Hirtenhund, aufmerksam seine Herde beobachtend. Sah ein bisschen aus wie der Schäfer selbst, dessen klarer Blick unter buschigen Augenbrauen hervorstach. Immer wieder einmal sagte der Schäfer einige Sätze, die ich irgendwie verstand. Dass die Trockenheit ihm Sorge mache, sagte er und wies auf die braunen Stellen überall. Während er sprach, kraulte er den großen schwarzen Hund. Dass er in den Sommermonaten immer hier sei, in den Bergen Umbriens, sagte er, bei seiner Familie.

Es kam mir nicht seltsam vor, dass er die Schafe und den Hund als seine Familie bezeichnete, und als ich mich verabschiedete, verabschiedete ich mich von allen.

In brütender Hitze erreichte ich das kleine Bergdorf Pradi und nach einem langen steilen Abstieg Stroncone. Auf schlechtem Weg stürzte ich schwer und hatte wieder einmal großes Glück. Außer Prellungen und Abschürfungen, die mich noch eine Weile schmerzhaft begleiten sollten, geschah mir nichts.

Ich beschloss, mir eine Unterkunft zu gönnen, und fragte bei der im Wanderbuch empfohlenen Pension Cristina mitten in der Altstadt an. Das sehr geschmackvoll eingerichtete Zimmer und ein im Nebengebäude befindliches historisches Lokal verführten mich dazu, hier einen Ruhetag einzulegen.

Siebenundsiebzig

Im Labyrinth

Frisch gestärkt verabschiedete ich mich von meiner freundlichen Gastgeberin Cristina und fand meine Markierung zum Kloster Lo Speco auf Anhieb. Ich nahm es als gutes Zeichen. Leider brach die Markierung hinter dem Kloster ab.

Jetzt galt es zu suchen, die Wege mit den Aufzeichnungen in meinem Buch zu vergleichen und darauf zu hoffen, dass ich mich an jeder Gabelung richtig entschied.

War das Wetter anfangs wie gewohnt sonnig und heiß, so änderte es sich mit jedem Schritt nach oben mehr. Es wurde zunehmend neblig, und die Luft erschien mir schwer und feucht.

Als ich nach Stunden steilen Aufstiegs die Hochebene erreicht hatte, war das Wetter total umgeschlagen. Dichter Nebel ließ Büsche und Bäume gespenstig erscheinen, Wassertropfen wie Perlen kullerten im Gras. Zuerst regnete es schwach, dann immer stärker.

Lange wollte ich es mir nicht eingestehen, doch schließlich musste ich den Tatsachen ins Auge sehen: Ich hatte mich verlaufen. Nach vielen Fehlversuchen und Umwegen wurde mir klar, dass ich zurück ins Tal musste. Zu den Menschen. Ich konnte – ohne Proviant – nicht einfach mein Zelt aufschlagen und auf bessere Zeiten warten. So nahm ich meinen Kompass zu Hilfe, stellte die angestrebte Richtung fest und versuchte mir durch das Buschwerk und die vertrockneten Gräser, die mir oft bis zur Brust reichten, einen Weg zu schlagen. Nach einer halben Stunde ging es nicht mehr weiter, ein steiler tiefer Felsabhang tat sich vor mir auf, der Grund im Nebel nicht sichtbar, das Tal waberte irgendwo in dieser Watte.

Hier konnte ich beim besten Willen nicht absteigen, es wäre der pure Leichtsinn. Also schweren Herzens zurückgelaufen, obwohl ich laut meinem Wanderbuch nur ca. 3 bis 4 Kilometer vor meinem Tagesziel stand. Ich hätte mein Ziel nicht einmal gesehen, wenn es 30 bis 40 Meter vor mir gelegen wäre, so undurchdringlich war die graue Wand.

Nach fast drei Stunden Gewaltmarsch durch dichtes Unterholz und Wälder, steile Abhänge nach unten rutschend, erschöpft und durchnässt, erreichte ich eine schmale, geteere Waldstraße, die ich trotz meiner beschlagenen Brille sogleich als Zeichen der Zivilisation willkommen hieß. Welch eine Freude! Vielleicht käme sogar ein Auto, das mich ein Stück mitnehmen würde, ausnahmsweise? Doch es kam nichts. Eine Viertelstunde tat sich rein gar nichts. Kein Auto, kein Vogel, nur das stete Tropfen des Regenwassers von den Bäumen … und dann doch: ein kleiner grüner Fiat.

Ich blieb mitten auf der Straße stehen und winkte. Ein Mann Anfang dreißig mit Vollbart öffnete sein Seitenfenster einen Spalt. Mit Händen und Füßen erklärte ich, dass ich mich im Nebel verlaufen hatte und nach Calvi dell Umbria wollte.

Der Mann riss die Augen auf.

»Stazione autobus? Omnibus? Zug? Treno? Prego?«, fragte ich.

Der Mann wies auf seine Armbanduhr und ließ einen Wortschwall folgen. Ich verstand, dass er schon spät dran sei, dringend zur Arbeit musste, irgendwas mit einem Wasserwerk, vielleicht schimpfte er aber auch nur über das Wetter.

»Na, da kann man nichts machen«, seufzte ich. Ich hatte den Verweis auf die Uhr als Absage interpretiert. Von wegen! Die Fahrertür öffnete sich, der Mann sprang heraus und half mir, meine Rucksäcke im Kofferraum zu verstauen.

Ich war noch gar nicht angeschnallt, da ging es schon los. Und wie! Formel-1 im Nebel auf einem Waldpfad. Als wir einem Traktor begegneten und mein Pilot heftig bremste, glaubte ich zuerst, wir seien gerammt worden. Stattdessen wollte mein Chauffeur eine Auskunft. Dem schnellen Hin und Her zwischen ihm und dem Bauern auf dem Traktor entnahm ich, dass er selbst in dieser Gegend fremd war und sich erkundigte, wohin er mich bringen könnte. Er musste wirklich in schrecklicher Zeitnot sein, so schnell sprach er, und es wunderte mich umso mehr, dass er mich hatte einsteigen lassen und bei sich behielt, anstatt mich beispielsweise dem Bauern zu übergeben, der mich neugierig musterte und genüsslich bekannt gab, dass keine Straße über den Berg nach Calvi dell Umbria führe. Wir müssten um den ganzen Höhenzug herumfahren bis zur nächsten großen Stadt Narni, dort könne ich einen Bus nehmen.

Ich spürte und sah deutlich, wie mein Fahrer mit sich kämpfte. Seine langen schlanken Finger trommelten noch schneller auf das Lenkrad als zuvor. Dann ein Seufzer, der fast wie Aufschrei klang. Er legte den ersten Gang ein, die Räder drehten durch und wir schossen los. Ich weiß nicht, ob der Bauer mein Winken noch zu Gesicht bekam, so rasant waren wir um die nächste Kurve und um die übernächste, Serpentinen hinunter, dass mir angst und bang wurde, die Hände des Fahrers um das Lenkrad gekrampft. Manchmal warf er mir einen schnellen Blick zu, den ich stets lächelnd erwiderte, Junge, schau auf die Straße, dachte ich bei mir, merkte aber dann, dass er ein wirklich guter Autofahrer war.

Trotzdem war ich froh, als wir nach 20 Kilometern den Marktplatz von Narni erreichten. Ich griff nach meiner Börse und meinen Rucksäcken, um meinen Chauffeur nicht noch länger aufzuhalten und gleich aus dem Wagen zu springen.

Er schüttelte den Kopf, »Moment please«, und bedeutete mir, im Wagen sitzen zu bleiben. Er selbst ging in eine Bar. Was bedeutete das nun? Brauchte er einen Kognak? Da hätte ich glatt mitgehalten. Wahrscheinlich war ich grün im Gesicht. Schon tauchte mein Fahrer wieder auf und wedelte mit einer Busfahrkarte und einem Zettel durch die Luft. Er las mir zweimal langsam vor. Die Nummer des Busses und den Platz, von wo der Bus abfahren würde, und fragte immer wieder: »Capisci?«

»Si, si, si«, nickte ich schnell, obwohl ich überhaupt nichts kapierte, ich war grenzenlos gerührt von dieser Fürsorge.

Zum Schluss stritten wir uns fast noch, denn der junge Mann wollte absolut kein Geld annehmen für seine Bemühungen und das Ticket, so dass ich mich nur mit einem kräftigen Händedruck bedanken konnte. Kaum stand ich mit meinen Rucksäcken auf der Straße, heulte der Fiat auf und war verschwunden.

Ein Polizist, der dies alles beobachtet hatte, ließ es sich nicht nehmen, mich zu einer Haltestelle zu führen und bei jedem Bus, der sie anfuhr, ein lautes »No!« über den Platz zu rufen, bis endlich der richtige Bus kam: »Si!«

Ich stieg ein und winkte dem Polizisten und all den freundlichen, hilfsbereiten Menschen zu, egal, ob ich sie kannte oder nicht.

Nach einer langen Fahrt durch viele Dörfer, Schluchten und über Berge erreichte ich nach 19 Kilometern Calvi dell

Umbria. Mit einem Umweg von fast 40 Kilometern hatte ich es nun doch noch geschafft in diese kleine Stadt, von der ich einige Stunden zuvor nur 3 oder 4 Kilometer entfernt gewesen war.

Achtundsiebzig

Erste Schritte in der Medienlandschaft

Von Calvi dell Umbria führten mich 582 Stufen zur Straße. Es war noch sehr früh am Tag und hier in den Bergen auch ein wenig kühl, als ich langsam die Treppen hinabstieg. Die herrliche Aussicht über die schöne Landschaft im Morgenlicht begeisterte mich.

Eine ältere Frau, schwarz gekleidet mit einem kunstvollen Haarknoten mit Netz im grauweißen Haar, kam mir, mühsam Stufe um Stufe hochsteigend, entgegen. Wir grüßten uns, und es war mir ein Bedürfnis, ihr zu sagen, wie fantastico ich ihre Heimat fände. Da ging ein Lächeln auf in ihrem Gesicht, lange schaute sie mich an und senkte den Blick dann auf meine nackten Arme mit Gänsehaut. Nahm zuerst meinen linken, dann meinen rechten Arm und rieb mir mit ihren von Arbeit und Rheuma gezeichneten Händen darüber, sie zu wärmen.

Ich wanderte durchs Latium. Blauer Himmel über mir. Ein strahlender Morgen. Hauptstadt des Latiums ist Rom. Rom! Stand nun auch immer angeschrieben an Straßenkreuzungen: Roma.

Ich wagte es nicht, mich darüber so richtig zu freuen. Schließlich war ich noch nicht da. Ich musste aufpassen. Jetzt erst recht. Noch war ich nicht am Ziel. Nicht zu übermütig werden, Kurt, sagte ich mir. Schritt für Schritt weiter und gut aufpassen. So näherte ich mich meinem Ziel, das in greifbare Nähe gerückt war. Manche Erlebnisse aus den vergangenen Wochen fielen mir ein. All die Momente, in denen ich befürchtet hatte, aufgeben zu müssen. Meine Schwäche. Meine Schmerzen. Meine Verirrungen. Meine Stürze. Besonders der letzte. Wenn die Krüppelkiefer nicht gewesen wäre, in der sich mein Rucksack glücklicherweise verhakt hatte … Aufpassen, Kurt!

Trotzdem ließ mich jedes Schild mit den vier Buchstaben »Roma« lächeln, und ich genoss die Strecke – aus dem Apennin mit dem Corno Grande ins Gran-Sasso-Massiv kommend –, die mich über alte römische Heerstraßen, durch riesige Oliven- und Weingärten und Plantagen mit reifen Pfirsichen führte.

An vielen Hausecken wuchsen große Feigenbäume, deren reife Früchte achtlos auf der Straße lagen. Schubkarrenweise hätte ich sie einsammeln können. Doch ich hatte keine Hände frei. Ständig klingelte mein Handy.

Mittlerweile war der Artikel in der Süddeutschen Zeitung erschienen, und viele Menschen wollten mit mir in Kontakt treten. Es riefen Zeitungsredaktionen, Fernsehsender, Radiostationen aus ganz Deutschland bei mir an. Und das alles nur, weil ich damals in dieser kleinen Pizzeria eingekehrt war, sonst hätte wahrscheinlich niemand von mir erfahren!

Ich begriff gar nicht, was all die Menschen von mir wollten. Ich wollte doch nur gehen. Weiter. Nach Rom. Ich gab allen freundlich Auskunft und ahnte nicht, dass ich damit die Lawine immer mehr ins Rollen brachte, die mir manches Mal schon unangenehm war, wenn ich schnaufend ein schweres Stück Weg zu bewältigen hatte.

Und so stand ich kurz davor, dem Spuk ein Ende zu bereiten, als ich ein Telefonat mit einer sehr sympathischen Journalistin hatte, das anders verlief als viele Telefonate, in denen es manchmal nur darum ging, meine Story auszuschlachten. Diese Frau verstand mich. »Sie haben eine Botschaft«, sagte sie und erklärte mir, dass das Angebot der Medien eine Chance sei, meine Botschaft zu vielen Menschen zu bringen.

Eine Botschaft. Wie klang denn das? Aber es stimmte: Ich hatte eine Botschaft: Die Menschen sind besser als ihr Ruf. Und außerdem wollte ich allen Schwerkranken Mut machen, es zu wagen, das zu tun, was sie sich wünschten, und möge es noch so verrückt anmuten.

Ich selbst war losgelaufen mit einem HB-Wert von 7,5. Bei der ersten Untersuchung nach meiner Reise sollte er sich verbessert haben auf 12,5. Nicht, dass ich meine, eine solche strapaziöse Unternehmung würde zwingend zu einer Kräftigung der Gesundheit führen. Bei mir war es eben so. Und meine Botschaft ist es, dass jeder das Richtige für sich selbst finden sollte, der Stimme seines Herzens folgen … günstigstenfalls vor einer Erkrankung. Den richtigen Weg findet man allerdings oft erst nach vielen falschen Fährten.

Zum Glück stand mir Herr Dr. Ulrich zur Seite, der mir freundlich angeboten hatte, mich mit Fragen an ihn zu wenden. Schließlich war ich ein absoluter Neuling in der Medienlandschaft. Mit seiner Hilfe habe ich viele Anfragen abgelehnt und andere, wie ich hoffte seriöse, angenommen. Darunter das ZDF und der NDR, die je ein Fernsehteam schicken wollten, das mich bei meiner Ankunft in Rom filmen sollte.

Dann stellte ich das Handy ab und lief weiter. Der Weg war schlecht genug, ich brauchte meine ganze Konzentration, ich musste schauen, wohin ich jetzt im Moment trat.

Neunundsiebzig

Die letzten Tage

Von La Pineta über Poggio Mirteto am 163. Tag im Benediktiner Kloster Farfa in der Nähe von Farfa Sabina angekommen.

An der Pforte der Abtei bat ich höflich um ein Quartier für die Nacht und wurde daraufhin in das Büro des Abts geleitet. Nachdem er mich begrüßt und ich meinen Pass vorgezeigt hatte – er wurde fotokopiert –, bekam ich ein einfaches Zimmer zugewiesen.

Der Blick aus meinem Fenster ging in den großen Klostergarten. Klare Wegeformen unter Zitronen- und Orangenbäumen. Ich war glücklich, manchmal fast übermütig, rief mich zur Räson: Noch bist du nicht da, wurde doch wieder übermütig, spürte Freude und Neugier, war müde und aufgeregt, melancholisch und hoffnungsfroh, alles miteinander und durcheinander.

Am Abend kam ein Bruder, um mich in den Speisesaal zu führen. Durch viele Gänge und über Treppen ging es in die unteren Geschosse. Eine italienische Jugendgruppe, etwa 20 Personen, hatte an dem langen Tisch Platz genommen, und es wurde ein zwangloser, lustiger Abend mit dieser Tischgemeinschaft, bei dem ich alle meine Gedanken an die Vergangenheit und die Zukunft vergaß.

Sehr früh am nächsten Morgen besichtigte ich die Klosteranlage und wartete dann auf das NDR-Team, alles sehr nette Menschen, die Redakteurin aus Hamburg und das Filmteam aus Rom. Eigentlich hatten sie geplant, mich den ganzen Tag zu begleiten. Doch ihr Schuhwerk war für meine Wege nicht geeignet. So beschlossen wir, ich sollte alleine laufen und das Team in jedem Dorf, das ich durchwanderte, treffen, um ein paar Sequenzen zu drehen und Interviews zu führen.

Ich war noch nie von einer Fernsehkamera gefilmt worden. Ich hatte mir zuvor keine Gedanken darüber gemacht und machte mir auch währenddessen keine. Ich war so beschwingt und beseelt von meiner langen Wanderung und dem Ziel in Sichtweite, dass ich mich einfach freute, es den Menschen mitzuteilen. Dass ich es mitteilen durfte. Dass es jemand hören wollte.

In dem kleinen Ort Canneto, abseits meiner Strecke inmitten eines großen Olivenhains, suchte und fand ich den olivo piu grande d' Éuropa, den ältesten Olivenbaum Europas, dem ich unbedingt einen Besuch abstatten wollte. 2000 Jahre alt soll dieser Baum sein. Um den mächtigen Stamm zu umfassen, bedarf es mehrerer Menschen.

Endspurt

In Monte Libretti auf dem Marktplatz wurde ein letztes Mal gedreht – und dann war ich wieder allein. Fand eine Herberge. Ging in ein Restaurant. Genoss die ausgelassene italienische Stimmung. In Italien herrscht in Lokalen keine andächtige Ruhe wie so oft bei uns, laut geht es zu, und alle sind sie zusammen. Eltern, Kinder, Großeltern, Urgroßeltern, Tanten und Onkel.

Ich war müde von dem ungewöhnlichen Tag, gönnte mir ein Gläschen Wein und freute mich, mittendrin zu sein in Italien – und bald schon auch mit meiner eigenen Familie an einem Tisch sitzen zu dürfen.

Plötzliche Stille im Raum, es dauerte, bis ich das überhaupt registrierte, zu tief war ich in meine Gedanken versunken. Die Stimme von Luciano Pavarotti erklang. Und da sah ich ihn auf dem Bildschirm neben dem Tresen. Er sang »Nessun dorma«. Seine wunderbare Stimme erfüllte den ganzen Raum. Mehrere Gäste an den Tischen um mich brachen in Tränen aus. Ich begriff erst nach einer Weile: Pavarotti ist tot. Seine Stimme lebte weiter.

Achtzig

Der letzte Wandertag

Stolzer Wassertransport

Auszug aus meinem Tagebuch:

165. Tag
Wetter sonnig
und sehr warm.

Das war's dann, heute der letzte echte Wandertag.
Wie lange habe ich auf diesen Tag gewartet, gehofft und gebangt. Ich habe meine Sache vollenden dürfen.
Heute über eine alte Römische Heerstraße durch eine wunderschöne Landschaft, geprägt vom Anbau der Weintrauben, Oliven, Kirschen und Pfirsiche, gelaufen.
Einen alten Bauern mit seinem Kuhgespann getroffen, eine Szene wie vor 150 Jahren. Die Bauern tragen das Leben, das Wasser, mit viel Fleiß und Mühe zu ihren Pflanzen in den Gärten, hoffen auf die Ernte.

Rom

Morgens von meinem Hotel in einem Vorort von Rom kommend, traf ich in der Stazione Tiburtina-Roma die Fernsehteams von NDR und ZDF. Nach kurzer Besprechung wanderte ich über die Via Tiburtina, vorbei an zu Stein gewordenen Erinnerungen, immer beide Teams auf den Fersen, die die Sehenswürdigkeiten und mich filmten. Weiter zur Piazza di Porta Maggiore mit den Resten der alten Stadtmauer, Piazza di Porta S. Giovanni und schließlich das große Bronzemonument des Franz von Assisi.

Ich war am Ziel. Ging die letzten Schritte. Stand auf den Stufen.

Ich schämte mich meiner Tränen nicht. Alle Anspannung der letzten Monate fiel von mir ab. Dankbarkeit und Glücksgefühle überwältigten mich. Die Teams schalteten ihre Kameras ab, feucht glänzende Augen, wohin ich auch blickte.

Am Ziel

Ich drehte mich um und schaute zur Franziskus-Statue. Lang.

Und dann ging ich allein, jeder Schritt bewusst, in die Lateran-Basilika. Durch die prächtige Halle zum reichgeschmückten Altar. Blieb lange dort. Bedankte mich. Bei dem da oben und allen da unten, die mir geholfen haben. Hoffte sehr, mein Dank möge ankommen.

Unendlich erleichtert. Unendlich glücklich.

Angekommen.

Zweiundachtzig

Letzte Tagebuch-Einträge

167. Tag
Was für ein Erlebnis!!!
Die gesamte Wanderstrecke waren 3350 km, Verirrungen nicht mitgezählt.
Zusätzlich, weil es anders nicht möglich war, 64 km mit Bus und Bahn.

168. bis 170. Tag, Rom
Besichtigung der Stadt mit Sigrid und Sabine und Birgit.
Treffen mit Dr. Ulrich in Rom, dessen guter Artikel alles in Bewegung gebracht hat.

170. Tag
16 Uhr Heimflug nach Stuttgart.

Hoch über Italien schaute ich aus dem Fenster, sah unter mir dieses braune, vertrocknete Land, durch das ich mich monatelang gequält und gefreut habe. Bald schon die schneebedeckten Alpen, viel zu schnell der Flug. Dann über der Schweiz langsam in den Sinkflug, überall grüßten grüne Wiesen und Wälder, welch ein Kontrast!

Über die Schwäbische Alb, immer tiefer hinab, sah ich den Neckar, die sauberen Dörfer, die gepflegten grünen Wiesen, Äcker und Wälder, schwebte über Esslingen im großen Bogen auf die Fildern zu.

Und da spürte ich es mit allen Fasern meines Seins: Kurt, du bist wieder daheim!

Epilog

Seit Jahrtausenden wandern wir Menschen auf unserem Planeten. Vertrieben aus dem Paradies, der Urzelle unseres Daseins. Wie die Äste einer großen Buche zum Himmel, zum Licht streben. So breitete sich Generation auf Generation auf der Erde, diesem einzigartigen blauen Planeten, aus. Immer auf der Suche.

Letztendlich auf der Suche nach dem verlorenen Paradies. Kaum ahnend, dass dieses Paradies ein jeder in sich trägt. Begraben unter einem Berg aus Angst, Zweifeln und dem Unvermögen, sich selbst zu lieben und dadurch auch seinen Nächsten. Immer auf der Suche nach dem eigenen Ich. Verblendet von auferlegten Zwängen, deren Schöpfer er selbst ist.

Diesen Teufelskreis zu durchbrechen, diese letzte Chance wahrzunehmen und sich in ein neues Leben fallen zu lassen, bedingungslos, das war mein Traum. Gehegt jahrelang, tief im Unterbewusstsein. Verschlossen durch die Zwänge des Alltags.

Den ungleichen Kampf gegen das vernichtende Feuer, Krebs genannt, habe ich vor vier Jahren aufgenommen. Nicht ahnend, wie dieses Gebilde aus meinem eigenen Fleisch und Blut sich gegen mich wendet. Und mich am Ende sich selbst vernichtend mit in den Tod reißt.

Was macht ein Wanderer, vom rechten Weg abgekommen, ohne Rat und Hilfe? Er geht zurück. Zurück zu dem Punkt des Weges, der ihm vertraut ist, der das Zeichen seines Weges trägt.

Das war auch mein Antrieb. Heraus aus dem Dschungel der Tausende von Meinungen und Ratschlägen. Wie ich dieses Zellwachstum verhindere, das ohne Unterlass sich teilt und vermehrt. Zellen, die aus dem Bauplan meines Körpers sich selbständig gemacht haben, keiner Regel unterliegen und wie in einem wilden Rausch wachsen, wachsen, wachsen.

An diesem Punkt angelangt, war mein Licht am Ende des Tunnels, mich auf den Weg zu machen und das, was den Menschen Jahrtausende ausgezeichnet hat, in mir zu aktivieren: Ich wollte laufen, laufen, laufen.
Mich an dieser Herausforderung messen, um einen Absturz in tiefe Depressionen, Mutlosigkeit und Selbstaufgabe zu verhindern. Niemand und auch nicht noch so gute Ratschläge können wirklich helfen. Wenn doch eine Hilfe möglich ist, so muss sie und kann sie nur aus uns selbst kommen – in Verbindung mit einem Arzt unseres Vertrauens.

Unser Schöpfer hat, als er uns Menschen schuf, keinen Fehler gemacht. Nur wir Menschen selbst haben durch die Möglichkeit der Selbstbestimmung ganz vergessen, welch wunderbare Kräfte in uns schlummern. Diese in mir zu wecken, diese Ahnung eines göttlichen Geschenkes, das darauf wartet, angenommen zu werden, das war mein Ziel.

So habe ich mich auf den Weg gemacht. Auf der Suche nach mir selbst, zu den Menschen und der Wahrheit. Mit hohem Einsatz, im schlimmsten Falle mit dem Einsatz meines Lebens, habe ich diesen Weg mit seiner Mühsal, aber auch unbeschreiblich glücklichen Momenten auf mich genommen. Der Einsatz war hoch, der Gewinn für mich war ungleich höher.

… Wenn ich tauschen könnte … zurück ins alte Leben oder dieses neue mit dem Krebs und allem, was dazugehört … dann würde ich schwer ins Grübeln kommen, denn ich habe Überwältigendes erfahren dürfen.

Und so kann ich jedem Menschen nur raten: Mache den ersten Schritt, mache, was dir Freude und Erfüllung bringt, und sei dein Wunsch in den Augen deiner Mitmenschen noch so verrückt. Schon der Beginn weckt ungeahnte Kräfte in dir. Eine große Zufriedenheit und ein Glücksgefühl erfassen dich, verändern dein Leben und die Einstellung zu deiner Krankheit. Ein jeder Betroffene muss für sich sein Schicksal akzeptieren, es annehmen und das Beste daraus machen, um damit ein hohes Maß persönlicher Befriedigung und einen tiefen inneren Frieden zu finden.

Ich habe erfahren dürfen, wie Schritt für Schritt eine Wandlung in mir stattfand. Wie ohne ein bewusstes wissentliches Zutun, aus dem tiefsten Inneren der menschlichen Seele, Gedanken an die Oberfläche kamen. Sich breitmachten, alles Gewesene verdrängten und mich neu formten. Ich musste es nur zulassen.

Gewandert in tagelanger Einsamkeit, keine Begegnung mit den Menschen und ihren Siedlungen, hatte meine Seele Zeit, aufzuarbeiten, was jahrelang versäumt war. Den gedanklichen Müll auszusortieren und dem Denken eine neue Gewichtung zu geben.

Die mir während meiner Wanderung in einem nie geahnten Ausmaß entgegengebrachte Hilfe und Zuneigung hat mich sehr schnell veranlasst, mein bisheriges Menschenbild einer Prüfung zu unterziehen und ganz neu zu formen. Dieses überwältigende, positiv Erlebte gab mir den Anstoß, gerade auch jungen Menschen zu zeigen: Seht, die Menschen sind nicht so schlecht und egoistisch, wie es allgemein geglaubt wird.

Ich wünsche mir, dass auch Sie daraus einen persönlichen Gewinn ziehen und spüren, wie wir Menschen uns doch gleichen, wie ein jeder Hoffnungen und Träume hat. Zur Krone der Schöpfung, für die wir uns laut Verheißung halten, ist es noch ein weiter Weg. Die Liebe zu seinem Nächsten ist sicher ein erster Schritt dahin.

Kurt Peipe, im Juni 2008

Danksagung

Dass ich meinen langen Weg unternehmen, mir eine totale Auszeit nehmen konnte und als ein Mensch mit reicher Erfahrung zurückkehren durfte … das habe ich vielen Menschen zu verdanken.

In erster Linie meiner lieben Frau Sigrid, die in dieser Zeit alle Arbeiten auf sich nahm und sich selbst und ihre Wünsche hintanstellte. Die mich zum Teil begleitet hat und der meine Krankheit sehr zu schaffen macht.

Ein tiefes Gefühl des Danks an meine drei Töchter Sabine, Ellen und Birgit, ohne deren Hilfe ich meinen Weg so nicht hätte gehen können.

Danke meinem Bruder Martin und meiner Schwägerin Rose, die mir auf vielfältige Weise geholfen haben. Meinem Bruder Martin auch danke für die aufmunternden Worte und seine nie nachlassende Überzeugung, dass ich es schaffen werde, sowie seine Begleitung über mehrere Tage.

Danke meiner Schwester Helene und meinem Schwager Peter, die voll hinter meinem Vorhaben standen und deren gute Wünsche mich begleitet haben.

Danke meiner Mutter, die in großer Sorge meinen Weg verfolgt hat, oft in Gedanken an die Zeit, als ich an ihrer Hand meinen ersten langen Weg im Winter 1945 auf der Flucht aus Schlesien zurückgelegt habe.

Danke meinen Verwandten und Bekannten, die, wenn auch manchmal mit Unverständnis, trotzdem hinter mir gestanden sind.

Meinem Schwager Helmut danke für die Arbeit und die Sorge um unseren Obstgarten.

Ein tiefempfundenes »Vergelts Gott!« meinem Freund Hermann und seiner lieben Frau Meta, die mich jeden Tag in ihr inniges Gebet einschlossen und sich wie über Satellit mit mir verbunden fühlten.

Danke der Geschäftsführung der Firma Pflanzen Mauk, die mir in Florenz finanziell ausgeholfen hat, damit ich meinen Weg zu Ende gehen konnte.

Danke dem Team des Krebsberatungszentrums in Remshalden-Buoch unter der Führung von Herrn L. Hirneise und danke an Frau A. Traub, die mir klar aufzeigte, dass es nicht egoistisch ist, wenn ich mich auf den Weg mache.

Danke dem »besonderen Jahrgang 1941« aus Hohenhaslach, mit dem ich viele Wanderungen unternehmen durfte. Menschen, die meinen Weg verfolgt und meiner lieben Frau Mut zugesprochen haben.

Und dann gilt mein tiefer Dank noch all jenen Menschen, denen ich unterwegs begegnet bin. Von den meisten kenne ich nicht einmal den Namen. Mit manchen stehe ich heute noch in Kontakt. Sie alle haben dazu beigetragen, dass ich die Kraft und Mut fand, meinen Weg zu vollenden.

Danke – Würdigung

Es ist mir ein besonderes Anliegen, die Arbeit meiner Mitautorin Shirley Michaela Seul zu erwähnen.

In einer Reihe von langen Gesprächen hat sie sich tief in meine Person und in meine Geschichte eingearbeitet.

Sehr intensiv ist sie jeder Spur meines Wesens, meinen Erfahrungen nach»gegangen«. Geduldig und einfühlsam hat sie lange Begrabenes hervorgeholt und sich sehr gut in mich hineinversetzt.

Sie hat dafür gekämpft, dass meine Geschichte auch ein gutes Buch wird, weil sie wusste, wie sehr es mir am Herzen liegt, eine Botschaft zu vermitteln.

Dafür, liebe Frau Seul, »Complimenti!« und meinen sehr herzlichen Dank.

Kurt Peipe

Die Wegstrecke mit den wichtigsten Orten

(insgesamt 3350 Kilometer – Start am 29. März 2007)

Schleswig-Holstein – Nordheide (1. – 30. Tag)
Dänische Grenze (Kupfermühle) – Flensburg – Schleswig – Kiel – Eutin – Lübeck - Ratzeburg – Mölln – Güster – Hamburg – Lüneburger Heide – Soltau – Müden

Südheide und Hannoversches Bergland (31. – 38. Tag)
Celle – Steinhuder Meer – Hameln/Weser .

Lippisches Bergland – Teutoburger Wald (39. – 46. Tag)
Hameln – Lemgo – Detmold – Externsteine – Altenbeken

Eggegebirge (47 – 49 Tag)
Altenbeken – Willebadessen – Iburg – Blankenrode – Marsberg

Sauerland (50. – 58. Tag)
Marsberg – Niedersfeld – Kahler Asten – Bad Berleburg – Laasphe – Siegen - Herdorf

Westerwald (59. – 65. Tag)
Herdorf – Bad Marienburg – Montabaur - Nassau

Taunus (66. – 69. Tag)
Nassau – Kloster Arnstein – Idstein – Großer Feldberg – Hohemark – Frankfurt / M

Odenwald (70. – 80. Tag)
Frankfurt/Main – Ober-Ramstadt – Felsberg – Reichenbach – Heidelberg/Ziegelhausen – Bretten – Pforzheim

Schwarzwald (81. – 96. Tag)
Pforzheim – Hornisgrinde – Mummelsee – Schliffkopf – Hausach – Feldberg – Schluchsee – Wutachschlucht – Konstanz/Bodensee

Ostschweiz (97. – 100. Tag)
Konstanz – Kreuzlingen – Weinfelden – Wil – Wattwil - Rapperswil

Zentralschweiz (101. – 106. Tag)
Rapperswil – Schwyz – Flüelen – Vierwaldstättersee – Andermatt

Südschweiz/Höhenwanderweg »Strada Alta« (107. – 114. Tag)
Andermatt – Gotthard/Gottardo – Airolo – Biasca – Bellinzona – Isone –Tesserete – Lugano – Morcote

Campo dei Fiori – Parco del Ticino (117. – 123. Tag)
Lugano – Pavia – Tortona

Ligurischer Apennin (124. – 125. Tag)
Tortona – Genua

Ligurischer Apennin / Wanderweg »Alta Via« (126. – 130. Tag)
Passo della Bocchetta – Passo dei Giovi – Crocetta d`Orero – Colle di Creto – Passo della Scoffera – Sella della Giassina – Barbagelata – Passo della Ventarola – Passo della Forcella

Küstenstraße (131. – 137. Tag)
Chiavari – Deiva Marina – Levanto – Riomaggiore – La Spezia – Carrara/Marmorbrüche – Marina di Massa – Viareggio – Pisa – Castelfranco – Empoli – Florenz)

»Franziskaner Wanderweg« (138. – 165. Tag)
Florenz – S. Ellero – Passo della ConsumaStia – Camaldoli/Dorf – Badia Prataglia – Chiusi della Verna – Pieve Santo Stefano – Sansepolcro – Lama – Bocca Serriola – Oietralunga – Casamorica – Gubbio – Agriturismo Valdichiasico – Valfabbrica – Assisi – Santa Maria degli Angeli – Monte Subasio – Spello – Bevagna – Montefalco – Spoleto/Kloster – Patrico – Ferentillo – Don Bosco – Poggio Bustone/Kloster – Rieti/Kloster – Greccio/Dorf – Creccio/Kloster – Stroncone – Calvi dell`Umbria – Albergo La Pineta – Poggio Mirteto – Montopoli-Farfa – Monte Libretti – Hotel Sylvan

ROM (166. Tag)

Sophie van der Stap

Heute bin ich blond

Das Mädchen mit den neun Perücken

Eine andere Frisur, ein anderer Mensch? Als man bei Sophie van der Stap mit einundzwanzig Jahren Krebs diagnostiziert, möchte sie sich am liebsten verwandeln. Und genau das tut sie schließlich auch …

Wie Sophie mit ihrer Krankheit fertig wird, ist einzigartig: Nie zuvor hat jemand den Kampf gegen den Krebs derart freimütig, aber auch mit so viel Lebendigkeit beschrieben. Besser kann man die eigene Verletzlichkeit nicht zeigen.

»Die Größe ihres Buchs liegt nicht in der Beschreibung von Leid, sondern in Sophies Lebensmut. (…) Mit ihrem Buch gelingt van der Stap eine große Kunst – sie findet das Leichte im Schweren.«
Der Spiegel

Droemer

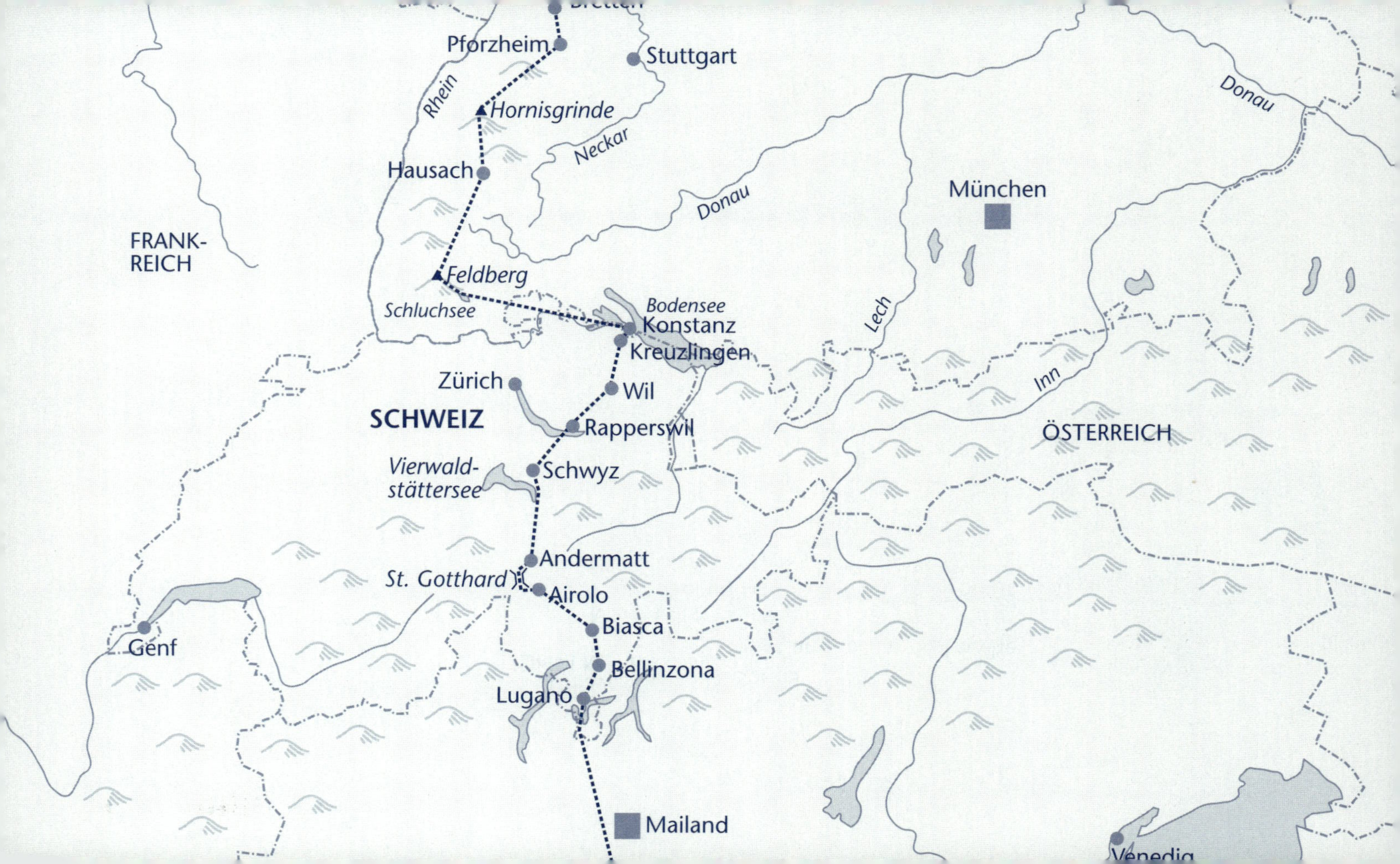
Pforzheim
Stuttgart
Rhein
Hornisgrinde
Neckar
Hausach
Donau
München
FRANK-
REICH
Feldberg
Schluchsee
Bodensee
Konstanz
Kreuzlingen
Lech
Zürich
Wil
Inn
SCHWEIZ
Rapperswil
ÖSTERREICH
Vierwald-
stättersee
Schwyz
Andermatt
St. Gotthard
Airolo
Genf
Biasca
Bellinzona
Lugano
Mailand